THE COMPLACENT CLASS:
The Self-Defeating Quest for the American Dream

Tyler Cowen
タイラー・コーエン
渡辺靖 解説　池村千秋 訳

大分断

格差と停滞を生んだ「現状満足階級」の実像

NTT出版

THE COMPLACENT CLASS
The Self-Defeating Quest for the American Dream
by Tyler Cowen

はじめに——日本は「現状満足階級」の先駆者だ

この本では、アメリカ人がリスクを嫌い、現状維持志向を強めて不活発になるあまり、大きな業績を成し遂げることへの興味を失っている現状を指摘した。このような生き方を選んだ多くの個人は、心地よい人生を送っているかもしれない。実際、今日の暮らしは非常に快適だ。しかし、社会全体には壊滅的なダメージが及んでいる。アメリカ人は昔に比べて土地を移動したがらず、ダイナミズムを失い、イノベーションに消極的になり、大規模なプロジェクトを成功させる能力も衰えた。

本書に記した主張の一部は、何度も中国を訪問するなかで形づくられた。中国を通して見たアメリカを描いたと言ってもいいだろう。中国は、劣悪なガバナンスや大気汚染など、深刻な問題を抱えているが、ダイナミズムと流動性がある。アメリカは、それらを失ってしまったように見える。2016年のアメリカ大統領選でドナルド・トランプが掲げたキャッチフレーズは、「アメリカを再び偉大にする」というものだった。過去の大統領が打ち出した「新しいフロンティア」や「偉大な社会」といったキャッチフレーズとは対照的に、きわめて後ろ向きのビジョンと言わざるをえない。

比較の対象としては、日本も興味深い国だ。私は、本書の日本語版が刊行されることをうれしく思っている。私に言わせれば、日本は、本書で描く現状満足の時代の先駆者だ。しかも、ほかのどの国よりも上手にそのような時代を生きている。

日本のみなさんはご存じのように、1980年代の日本経済は快進撃を続けていた。右肩上がりの成長が永遠に続くかと思われた。1992年にはじめて日本を訪れたとき、私はすぐにソニーの旗艦店に足を運び、最新のハイテク製品を見た。そこには、ほかの国が追いつこうと足掻いても、けっして追いつけない未来があるように思えた。

しかしその後、歴史は思わぬ急転換を遂げる。日本の資産バブルがはじけ、経済成長が減速し、円の価値も下落した。日本の投資家が世界を買い占める時代も終わった。日本社会は、長引く低成長の時代（その時代はいまも続いている）に適応せざるをえなくなったのだ。しかも、しばらくすると人口も減少しはじめた。日本では、世界のどの国よりも急速に高齢化が進行している。その結果、成長への勢いがさらに失われてしまった。

ビジネス界も現状に満足しているように見える。ソニーはもはや世界随一のイノベーション企業ではなくなり、日本もハイテク製品の最先端を行く国ではなくなった。もちろん、業績好調な日本企業は多い。しかし、高品質のトヨタ車が世界を席巻し、ほかの国の自動車メーカーがこぞって模倣したがった時代とは状況が違う。長く世界の先頭を走っていたロボット工学の分野も、日本の牙城とは言えなくなり、巨大な国内市場という強みをもつ中国とアメリカの前進が目覚ましい。

日本経済の快進撃は、(少なくとも私たちが生きている間は) おそらくもう戻ってこないだろう。そこで、日本はみずからの足もとを見つめ直し、猛烈な経済成長以外のものを重んじる発想に転換するほかなかった。

幸い、日本は、そうした急転換に適応しやすい歴史、社会、文化をもっていた。日本人は昔から、小さな漸進的改善が得意だ。日本企業が品質管理に長けている理由の一端もここにある。日本人は、このスキルを活用して停滞の時代に適応しはじめた。レストランの水準がさらに高まり、デザインもいっそう洗練され、人々は細部に人生の楽しみを見いだすことを学んだ。日本で進歩が止まったという見方は正しくない。外から見て胸躍るような進歩が生まれなくなっただけだ。

いまでも日本の生活の質は高く、多くの人の生活水準は上昇し続けている。昔よりそのペースが遅くなり、上昇が目に見えにくくなったにすぎない。今日の日本にも、世界有数の住みやすい都市がいくつもある。人々を破産に追い込むような家賃高騰も起きていない。一般消費者向けの商品やレストランのメニューの選択肢が豊富なことには、目を見張らされる。世界を旅して視野を広げられるだけの経済力がある人も多い。クラシック音楽愛好家のレベルの高さでも、日本に勝る国はそうそうない。つまり、経済学の言葉を借りれば、日本の成長は「内部化」した、もしくは「内延」で起きるようになったのである。

日本では社会の平穏が乱されることはなく、政治が機能麻痺に陥ることも避けられている。世界中の人たちがいまも日本を称賛している。最近は、中国との関係もいくらか改善したようだ。この停滞期にどれほど多くの素晴らしい才能が日本に登場したかを考えれば、のちに振り返ったときに、日本の黄金時代と呼ばれても不思議でない。

　要するに、日本は現状に満足して生きる方法を学んだのだ。現実離れした期待をいだかず、快進撃の時代から停滞の時代へと社会規範を素早く転換させた。これは、日本にしかできない離れ業にも思える。日本は、見事に強さと柔軟性を発揮したと言えるだろう。現時点で、この黄金時代が終わる兆候はない。日本人は、国の輝かしい栄光の日々が終わっても不満なく生きられることに気づいた。この点は、日本がこれまでの長い歴史で成し遂げた最も大きな偉業かもしれない。

　しかし、日本はともかく、ほかの国々の状況は気がかりだ。イギリス国民は、2016年の国民投票で欧州連合（EU）離脱を選択したことにより、自国に途方もない損害を与えた。本稿執筆時点でこの問題がどのように決着するかはわからないが、イギリスが大きな痛手を被ったという事実は動かない。イギリス人は、世界に冠たる大英帝国から、ヨーロッパの片隅のミドルパワーへの転換を優雅に成し遂げられなかった。賃金の停滞と階級の分断がイギリス人の精神に与えた傷はあまりに大きい。

　東ヨーロッパも心配だ。ポーランドやハンガリーでは、ファシズムが再び頭をもたげている。ポーランドは、1990年代に市場経済への転換を遂げて以来、4％程度の経済成長を続けているが、国民の不満は高まっている。人々はさらなる刺激を求めたり、増えはじめた外国人やイスラム教徒に戸惑ったりしているようだ。外から見ると、これらの問題は、ポーランドがこれまで得てきた恩恵に比べれば些細な問題に見える。国内が貧しい移民で溢れ返っているようには、とうてい見えないからだ。しかし、ポーランドをはじめ、東ヨーロッパの多くの国は、分厚い中流層と当たり前の生活様式をもった安定した国の文化への転換を果たせていないのである。

では、私の国であるアメリカはどうか？　アメリカは、フロンティアを開拓し、ある意味で世界規模の「帝国」を築き、人類を月に送った。この100年間の大半の時期は、世界の絶対的なリーダーだった。しかしいま、経済成長は減速し、人口もあまり増えなくなり、賃金も伸び悩んでいる。国際的な地位も低下しはじめた。それでも、アメリカが大きな問題に見舞われると決まったわけではない。潤沢な資源と人材、巨大な国内市場、強大な軍事力といった強みは、いまも健在だ。

とはいえ、アメリカの威信がかなり失われたことは否定できない。2001年の9・11テロ、イラクとアフガニスタンでの軍事的失敗、2007~08年の金融危機、中国の台頭などがその原因だ。アメリカ人は日本人のように、変化に適応する心の準備ができているのか？　もしかすると、現状に満足し、ダイナミズムの減退に慣れて、その状態でうまくやっていく道を見いだすかもしれない。経済に莫大な債務が積み上がっていて、さまざまな社会問題にも悩まされていることを考えると、このシナリオの実現は簡単ではない。しかし、ありえない話ではない。

もう1つの可能性は、アメリカ人が無責任な政治指導者に――「永遠のフリーランチ」を約束し、まったく代償を払わずに何かが手に入るという甘い言葉をささやく指導者に――魅了されていくというものだ。この場合、アメリカはレトリックだけで過去の栄光を取り戻そうとし、これまで積み上げてきた威信をたちまち失いかねない。

中国はどうか？　最初に述べたように、私が本書を執筆したきっかけは、自分の目で中国社会を見たことでアメリカの現実が見えてきたことだった。しかし、日本がそうだったように、中国も永遠に成長し続けることはない。社会の高齢化は避けられず、すでに労働力人口が減りはじめている。

中国の人々はいずれ、大気の浄化、汚職の根絶、政府の説明責任の強化をいっそう強く求めるようになるだろう。国際社会の成熟したメンバーへとその文化を大きく転換させ、国際的な責任を果たすことも求められるようになる。そのプロセスがどのように進むのか、私には予想がつかない。そもそも、中国がそのような転換を遂げられると断言する自信もない。

話を日本に戻そう。この文章を読んでいる読者のなかには、現状に満足して生きている人もいれば、ダイナミズムのある人生とキャリアを実践している人もいるだろう。いずれにせよ、私が見る限り、日本ほど、この両方のタイプの人たちが混ざり合う状況をうまく機能させている国はほかにない。

世界は、日本から学んだほうがよさそうだ。最後に、本書を手に取ってくれた読者へのお礼の言葉を述べて、この文章を締めくくりたい。

タイラー・コーエン

大分断——格差と停滞を生んだ「現状満足階級」の実像｜目次

はじめに――日本は「現状満足階級」の先駆者だ…i

第1章 現状満足階級の誕生…3
「変わらない」時代の快適さ…9
物理的な世界が脇役に…12
社会の停滞が広がっている…17
マッチング志向の文化…21
平穏と安全が最優先…24
子どもたちがおとなしくなった…27
やがて訪れる「大いなるリセット」…32

第2章 移住大国の変容…34
人が新天地を目指す理由…35
移住しなくなったアメリカ人…40
転職が減っている…43
労働市場の変化が背景に…47
雇用の不安定を「アウトソーシング」…49
移住しないことの悪影響…53
格差がますます固定される…58

第3章 甦る社会的分断…62
裏切られた楽観論…63
所得による分断…68
教育と文化による分断…71
大学都市で起きていること…76
人種による分断…79
分断が「新しい常識」に…83
保守派とリベラル派の分断…88

第4章 創造しなくなったアメリカ人…93
もはや「起業の国」とは呼べない…96
独占企業の台頭…101
イノベーションに携わる人が減っている…106
停滞する生産性…108
生活水準も上昇していない…113
この半世紀、何が進歩したのか?…117
「アポロ計画」なき時代…121
インターネットは過小評価されているのか?…124

第5章 マッチング社会の幸福論…130
音楽愛好家の幸せな時代…132
ネットがもたらす完璧な出会い…136
マッチングの「狩人」と「獲物」…139
データにあらわれない「幸福資本」…143
医療と教育の質は向上したか？…148
失業率が改善しない本当の理由…152
マッチング時代の勝者と敗者…155
選択のパラドックス…161
「マッチング派」と「競争派」…163
第6章 アメリカ人が暴動をやめた理由…167
暴力と敵意が蔓延していた時代…170
荒々しい抗議活動は過去の遺物…174
ウォール街選挙運動はこうして終わった…178
パブリックフォーラムの法理…182
当局と抗議団体のPR合戦…186

第7章 活力を失った社会…189
ジャック・マーとザッカーバーグの違い…191
階層の固定はこうして進む…194
社会の活力は移民頼み…197
なぜアメリカは同性婚を認めたのか？…200
社会のカジュアル化で閉ざされる扉…204

第8章 民主主義の形骸化が進む…209
硬直化する政府予算…211
説明責任から逃げる議員たち…216
トクヴィルの見たアメリカ…219
安定志向が生む「新しい専制政治」…224
民主主義は死んだのか？…226

第9章 現状満足階級が崩壊する日…233
人種問題という「炭鉱のカナリア」…234
キャンパスに再び嵐が吹き荒れる…238
水面下で増加するサイバー犯罪…242

犯罪の大波がやって来る…244
政治の能力が減退する…249
アメリカ人がトランプを選んだことの意味…253
活力ある混乱の時代へ…256
楽観ムードが消えた世界情勢…258
歴史は循環する…262

あとがき…271

解説
タイラー・コーエンの思想的立ち位置――リバタリアニズム（自由至上主義）という視点…281
渡辺 靖（慶應義塾大学ＳＦＣ教授）

参考文献…302
注…312
索引…318

大分断——格差と停滞を生んだ「現状満足階級」の実像

第1章　現状満足階級の誕生

この10年ほど、大激変の時代だとよく言われる。確かに、世界中がインターネットで結ばれ、昔では考えられないほど寛容の精神と多文化主義が強まるなど、世界は大きく変わった。しかし、そうした変化と並行して起きている――ある面では変化への反応として起きている――現象は、それと同じくらい重要なのに、見落とされがちだ。

今日のアメリカ人は、自分の利害を基準にものごとを判断し、経済的にも社会的にも合理的な行動を取っているように見える。しかし、個人の意図とは別に、そのような選択は社会全体にも大きな影響を及ぼしている。

その影響は好ましいものばかりではない。私たちは、リスクを嫌い、行動パターンが固まり、自分と似た人ばかりとつき合う傾向が強まっている。その結果、旺盛な開拓者精神、すなわち、世界で最も生産性が高く、イノベーション精神に富んだ経済を築いてきた要素が減退してしまった。いまほど、アメリカにダイナミズムが必要な時代はないかもしれないのに——。

アメリカ人はこれまでになく、変化を先延ばしし、できれば変化を避けることに血道を上げるようになった。この傾向は、ライバル企業との競争や、住む場所や職場の変更、新しいものの創造を避けたがるという形であらわれている。今日、変化を遠ざけることはいつの時代よりも簡単になっていて、変化への心理的抵抗は強まるばかりだ。しかも、革新的な情報テクノロジーは、大激変をもたらしただけでなく、新しいものに触れることで生じる混乱を限定し、心地よい生活を送りやすくした。場合によっては、新しい情報をまったく寄せつけないことも可能だ。

このように現状維持の要素が強まり、社会で現状への満足感が高まっているように思える。新しいもの、異なるもの、現状を揺さぶるものを拒絶する姿勢をよしとし、そうした姿勢を歓迎し、さらにはそれを周囲にも押しつける人が増えている。本書では、このような人たちを「現状満足階級」と呼ぶ。この人たちは、一般論のレベルでは変化を望んでいる場合もある。自分のことを進歩的、あるいは政治的に過激とまで思っていたりもする。しかし、社会のほとんどの人に(ましてやすべての人に)急激な変化が押し寄せる世界を思い描いたり、受け入れたりすることはできなくなっている。

こうした潮流ないし時代精神の広がりには、目を見張るものがある。多くの社会階層が現状への満足感を強め、いくつもの現状満足階級が出現していると言うこともできる。しかし以下では、そうしたさまざまな層に共通する傾向に着目し、総称として「現状満足階級」と呼ぶことにする。

現状満足階級は、所得と教育と社会的機会が異なる3つの層で構成される。

1　特権階級

この層の人たちは概して教育レベルが高く、社会的な影響力も強い。所得上位1％とは言わないまでも（上位1％に入るのは年間所得約40万ドル以上の人たちだ）、高所得層に属している。自分がいい暮らしをしているという自覚があり（実際そのとおりだ）、できるだけ多くの人の生活が改善されてほしいと思っている半面、いまの状況が変わらないでほしいと願っている。たいていは、他者への寛容の精神が強く、広い意味でリベラルな考え方をもっていて、気前がいい。絵に描いたような「コスモポリタン」で、外国文化への関心も高い。

しかし皮肉なことに、試練や痛みを伴う変化にさらされる機会が少ないため、視野が狭く、政治運動に取りこまれやすい（2016年のアメリカ大統領選では、共和党のドナルド・トランプと民主党のバーニー・サンダースがこの層に働きかけた）。知性があり、はっきり主張を述べ、人当たりもいいので、いい人に見えることが多い。実際、ほとんどがいい人たちだ。海外で休暇を過ごし、優秀な子どもをもち、母校に惜しみなく寄付する金融エリートや弁護士を思い浮かべればいい。最も裕福で最も教育レベルが高い上位3～5％の人たちがこの層に属すると、私は考えている。

2　自己防衛階級

この層は、所得・教育レベルの面で中流の人たちが多い。歯科医のような専門職もいれば、小さなビジネスを営んでいる人もいるが、たいてい、それぞれの職種のトップレベルには位置していない。それでも、ほかの国や過去のアメリカと比べれば生活水準は目を見張るほど高く、豊かな国の国民ならではの「贅沢な不満」もいだいている。多くの場合、私たちがイメージする典型的な中流層よりも暮らし向きがいい。

しかし、資産のかなりの割合をマイホームが占めており、将来の雇用に不安を感じているケースもある（そのような不安をいだくのは無理もない）。しかも、住宅、医療、教育のコストは膨らむばかりだし、引退後のお金の心配もしなくてはならない。この人たちは、不満や不安の種は尽きないにせよ、いまの上々な暮らしを手放したくないという思いが強い。教員や医師の仕事に就いている人たちが地域の秩序と美観を維持し、子どもをいい大学に入学させ、不透明な未来に備えて蓄えを増やそうとするのは、今日風の自己防衛の行動と言える。

3 袋小路階級

この層の人たちは、自分と同じような属性や階層の人ばかりが住む地区で育ち、不十分な教育しか受けず、有毒物質が蔓延している環境で生活していたりする。親がアルコールや鎮痛剤を常用していて、子ども時代に親から虐待され、みずからもアルコールやドラッグに依存するようになるケースも珍しくない。刑務所生活を経験する人もいる。

過去も現在もひどい暮らしをしていて、おそらくそれは未来も変わらない。そんな境遇に不満をもっている。ほとんどの場合は、人生のなかで公平なチャンスも与えられない。大学を出ていなくて薄給の店員として働くシングルマザーや、まともな職が見つからず、障がい者手当を受給しようとする前科者などが典型だ。

それぞれのグループが身を置いている環境はまるで違う。しかし、すべてのグループに共通することがある。それは、社会的にも情緒的にも、そしてイデオロギー的にも、変化がゆっくり進むことをある程度まで受け入れている、そしてそれを前提にしているという点だ。3つのグループのいずれかに属する人が増えるにつれて、このような階層区分をおおむねよしとする傾向が強まっている。

底辺の人たちまで現状に満足するなんてありえない？　しかし、実際の行動を見る限り、そう判断せざるをえない。この傾向は、数字にはっきりあらわれている。犯罪に手を染める人は大幅に減っているし、暴動の類いに参加する人もめっきり少なくなった。共産主義など、極端なイデオロギーを信奉する人も減った。人々は政治にのめり込むより、政治への幻滅を強めている。

2014年の警察官による黒人青年射殺事件を発端とするミズーリ州ファーガソンの黒人暴動や、2016年のアメリカ大統領選でのドナルド・トランプの勝利は、こうしたトレンドの変化を意味しているのか？　はっきりしているのは、この40年ほど、アメリカ社会が停止状態へ突き進んできたということだ。すでにトレンドの転換点が訪れたかどうかは別にしても、この停止状態が永遠に続くことはないだろう。その点を理解するためにも、停止状態が生まれた理由とプロセスを知ることが不可欠だ。

アメリカでは、上流層の生活をする人が増え続けている。現状に満足できるのは悪いことではない。最近のデータによると、アメリカの人口の15〜20％はきわめていい暮らしをしている。これは、所得だけでなく、幸福感や健康などの非金銭面にも言えることだ。メディアは中流層の崩壊をしきりに論じるが、中流層を抜け出して上流層に仲間入りする人たちもいるのだ。

その一方で、悪い材料もある。いまの社会構造を永遠に持続することはできない。社会と経済の活力が減退し、さまざまな面で変化が起きなくなれば、安定した快適な生活を支える制度の維持費がまかなえなくなる。そして、一握りの才能豊かな中流層が上流層にのし上がる以外は、社会階層の流動性が弱まり、階層の固定が進む。その行き着く先は、社会の活力の喪失、ひいては社会の無秩序化だ。現状満足階級の時代は、政治学者のフランシス・フクヤマが言う「歴史の終焉」、つまり歴史の終着点ではなく、社会が変化していく一段階にすぎないのである。とはいえ、ここにきて崩壊の兆しが見えはじめたものの、今日の社会が現状満足階級の社会であることは間違いない。

とりわけ皮肉なのは、誰よりも現状に不満を感じそうな人たちが現状満足階級の主要な構成員だということだ。その人たちは、非常に強い社会的影響力をもっている場合も多い。その層とは、私の分類で言えば「特権階級」のことだ。特権階級のリベラル派は格差の拡大を厳しく批判し、保守派はアメリカの国際的地位の低下を嘆いている。それなのになぜ、現状に満足できるのか?

これらの層の最大の特徴は、切羽詰まった思いがないことだ。1960年代および70年代前半と比べるとわかりやすい。1965年のワッツ暴動は、4000人の逮捕者を出し、死者は34人、けが人は1000人を超えた。1971~72年には、18カ月間で2500件の爆破事件が起きた。平均すると5日に1件の爆破事件が起きていた計算になる。

この種の行動を称賛するつもりはない。私が言いたいのは、当時とは人々の発想が様変わりしたということだ。今日の人たちは、この時代に比べてはるかに現状に満足していて、暴動や爆破事件を通じて社会が変わる場合があることを理解できなくなっている。1960〜70年代は、単に暴動が多かっただけでなく、大勢の有力な知識人がそれを支持したり擁護したりし、それを主導している場合もあった。特権階級の誰もが現状に満足していたわけではなかったのだ。既存の社会秩序を揺るがしたいと考える人は、いまよりずっと多かった。

今日、理性と進歩に背を向けるような行為は厳しく糾弾され、批判はもっぱら言論という形をとる。しかし、現状満足階級は、現状を批判する文章を読んでも、読み終わった途端に忘れてしまい、再び日々の快適な暮らしに戻っていく。[1]

「変わらない」時代の快適さ

現状満足階級を出現させた要因は、社会全体に影響を及ぼしている。良くも悪くも、平和と豊かさは人々から焦燥感を奪う。情報テクノロジーの変化こそ目覚ましいが、私たちはおおむね変化の乏しい人生を送るようになった。アメリカ人は、昔に比べて転職しなくなり、移住もしなくなった。州を越えた移住の割合は、1948〜71年の平均に比べて51%も低い。この数字は80年代半ば以降、下がり続けている。

1990年代以降は、すべての企業に占める新興企業の割合も減っている。驚異的な成長を遂げるユニコーン（企業価値が10億ドルを超す非上場企業）も少なくなった。新しい企業が旧勢力に取って代わることが減り、産業界の新陳代謝も以前ほど活発でなくなった。データが手に入る業種を見る限り、市場の寡占も進んでいる。アメリカ人の平均年齢が上昇したように、アメリカ企業の設立後の平均年数も長くなった。

似た者同士が寄り集まる傾向も強まっている。たとえば、人々は自分と似た人と結婚し、自分と似た人が多い団体や居住地を選ぶようになった。有力都市ではとりわけ、所得による分断が際立っている。そのような分断を解消できると思う人はほとんどいない。一流大学のキャンパスがある大学都市など、いま人気がある都市の多くは、社会・経済階層による分断がことのほか激しい。具体的な数字は本書の中で示していくが、それらのデータは、アメリカ人が現状に満足していることを描き出す客観的な指標と言える。

こうした分断を最もくっきり映し出しているのが、「ＮＩＭＢＹ」と呼ばれる風潮だ。この言葉は、「うちの裏庭にはやめてくれ（= Not In My Backyard）」の略。社会に必要な施設だと理解していても、迷惑な施設や不快な施設が自宅の近くにつくられることに抵抗する姿勢のことだ。

アメリカの主要都市ではたいてい、新しい施設の建設がますます難しくなっている。住民の所得の中央値と比較した家賃相場も上昇する一方だ。アメリカの社会では所得階層による分断がかつてなく進み、新しいイノベーションもこの傾向を覆すどころか、むしろ固定してきた。自治体の規制、そして良好な環境と快的な暮らしを望む私たちの欲求がそれをさらに助長している。

ＮＩＭＢＹだけではない。停止状態を望む心理は、ほかにもさまざまな形であらわれる。たとえば、以下のような略語もつくれるかもしれない。

NIMEY——私の選挙の年にはやめてくれ（＝Not In My Election Year）
NIMTOO——私の任期中はやめてくれ（＝Not In My Term of Office）
LULU——地元が歓迎しない土地利用（＝Locally Undesirable Land Use）
NOPE——地球上ではやめてくれ（＝Not On Planet Earth）
CAVE——ほぼなんでも反対の市民（＝Citizens Against Virtually Everything）
BANANA——何かの近くにはぜったいに何も建てない（＝Build Absolutely Nothing Anywhere Near Anything）

地域コミュニティの意向を受けて社会が停止状態に陥れば、社会のインフラは差し当たり改善されなくなる。また、どこかのコミュニティで新しい集合住宅や商業施設の建設が拒絶されるたびに、経済の活力が損なわれる。低い階層に属する人たちのチャンスが減るからだ。

新しい建物があまり建設されなければ、景気の悪いときに失業者が職を得にくい。それに、新しい建物が建たないと、人々は心の中で「世界は大して変わらない」と感じるようになる。そうした発想は、おしゃれなレストランやブティックが続々とオープンしたり、人々が耳にイヤホンをし、メールを打ち、スマートフォンの画面を凝視しながら街を歩いたりしていても頭をもたげてくる。

それを揶揄するつもりはない。そのような環境は心地よい。私も含めて多くの人がそれを満喫している。それでも、現状とまったく異なる世界や物理的環境を思い描けなくなることには問題もある。社会と経済が進歩する機会が失われてしまうのである。

今日の社会は、所得階層と社会階層の流動性がきわめて乏しい。データによれば、アメリカでは1980年頃まで階層の流動性が上昇していたが、それ以降は一握りの成功者こそいるものの、流動性は上昇していない。その一因は、経済が硬直化し、統制が強まり、成長のペースが鈍化していることにある。活力のある都市に移り住むことのコストが増大したことも1つの要因だ。移住により経済的境遇を改善させた人が多かった時代とは、状況が変わってしまった。

経済学者の謝長泰とエンリコ・モレッティの推計によれば、生産性の高い都市に移住するためのコストが下がれば、人々がよりよい職に就けるようになり、アメリカの国内総生産（GDP）は9・5%高まるという。しかし、サンフランシスコやニューヨークのような都市の建築規制が近い将来に大きく緩和されるとは考えにくい。現状満足階級の多くは、建築規制の弊害を切実に感じていない。頭では問題点を理解していても、それを改めようとする利己的な動機がないのだ[2]。

物理的な世界が脇役に

少し前までは、物理的な世界と物理的なインフラがきわめて大きな意味をもっていた。というより、それが世界のすべてだった。そして、物理的な世界は絶えず変化し続けていた。しかし、比較的短い間に、世界は大きく変わった。いま、少なくとも若い世代にとって、物理的な世界と物理的なインフラの重要性は小さくなる一方だ。

昔のSF作品で描かれたのは、現実の世界では見たことのないような機器や道具類に囲まれていて、物理的空間を瞬時に移動できる世界だった。投資家で起業家のピーター・ティールが夢見たように、「空飛ぶ車」でひとっ飛び、といった世界だ。人類の歴史を通じて、物理的空間を移動する速度は加速し続けてきた。しかし今日、渋滞は悪化するばかりだ。空の旅にいたっては、以前より時間がかかるようになった。旅客鉄道網は拡大しておらず、バス路線の廃止も相次いでいる。こうした現象は、物理的空間を移動することへの関心が弱まっていることのあらわれと言える。

第二次世界大戦後の世代にとって重要な関心事の1つは、周囲の物理的な世界にどのような物体を配置し、その世界からどのような影響を受けるかという点だった。物理的な世界は、人間の思考に刺激を及ぼす重要な要素と考えられていたからだ。

人々が夢見る世界は、天の上まで伸びていく都市だったり、海の底に築かれた基地だったり、地球外のコロニーだったりした。そうした空想の世界はことごとく、未来的な建築物を伴い、ユートピア的なイデオロギーとセットになっていた。宇宙旅行が実現すれば人類の連帯感が強まり、コスモポリタンな思想の下、世界平和が訪れるといった考え方があった。このような未来が実現するのが当然に思えた。鉄道や自動車や都市など、さまざまなものが目に見えて変わり、世界が大きく変貌した時代だったからだ。

しかし、この20~30年、新しい移動手段を土台にまったく新しい生活環境をつくろうという意欲はほぼ影を潜めている。起業家のイーロン・マスクが提唱している次世代交通網「ハイパーループ」も、机上の空論を脱する目途がまったく立っていない。火星への移住はさらに遠い未来の話だ。

都市の進歩も、その都市のあり方が一変するような形ではなく、ジェントリフィケーション、すなわち再開発による高級化が主流になった。交通の面でも、私たちが望むのはもっぱら不便や不快の拡大を避けることだ。渋滞の悪化やバス路線の削減、ワシントンDCの地下鉄で起きたようなサービスの劇的な低下が起きなければ、それでいいと思っている。

私に言わせれば、物理的な世界の重要性はまったく変わっていない。それなのに、その世界が軽んじられるようになっている。私たちは、物理的な世界をコントロールして変化を抑え込もうとする。そして、シリコンバレーを崇め奉り、情報の力を過大評価することにより、イデオロギーの面でも物理的な世界を脇役に押しやっている。それは情報の世界のほうが心地よいからだ。情報の世界は変化が少なく、指先一つでコントロールでき、私たちのペースに従わせることができる。このような世界は、特権階級には都合がいいが、一部の人たちには非常に悪い結果を招く。

社会が停止状態にあることは、私たちが過ごす場所にもあらわれている。私たちは自宅に引きこもり、家の外の物理的な世界で変化にさらされることを避けようとしているように見える。

今日ではアマゾンを利用すれば、たいていのものが家にいたままで手に入る。食材宅配サービスのハローフレッシュは、料理の材料をすべて自宅に届けてくれるし、洗濯代行サービスのウォッシュ・アイオーは、家に洗濯物を取りにきて、洗濯して返却してくれる。自動車のオイル交換をしたければ、アプリで注文すると数時間後には新しいオイルが届く。子どもが野球のリトルリーグでプレーする姿を見たいときは、アップルＴＶを使えばいい。

家を一歩も出ずに、ほぼすべてのニーズを満たせる時代なのだ。いまのアメリカ人は、昔に比べて体を動かさなくなった。自宅を離れず、快適な暮らしが「宅配」されるのを待つことで満足する人が増えた。
これと表裏一体の関係にあるのが、アメリカで大切にされてきた伝統の崩壊だ。その伝統とは、自動車文化である。アメリカの若者にとって、はじめて自分の車を買うことは、人生の重要な通過儀礼の1つだった。アメリカの自動車文化は、チャック・ベリーに始まり、ブルース・スプリングスティーンを経て、その後の世代にいたるロックンロールの世界で賛美されてきた。自動車を運転しているとき、人はリズムと自由、そして個人の自立を体感できた。ハンドルを握る自分だけが目的地と（制限速度内で）スピードを決められるように思えたからだ。ただし、この個人主義の文化は、かならずしも責任感を伴うものではなかった。その点は、交通事故による死者数の統計を見れば明らかだ。

一方、ミレニアル世代（1980〜2000年頃に生まれた世代）の約半分は、18歳までに運転免許を取得していない。1983年の時点では、17歳人口に占める運転免許取得者の割合は69％に達していた。しかし最近は、道具としてもシンボルとしても、自動車よりソーシャルメディアとスマートフォンのほうが重要になっている。

ペンシルベニア州ハーシーにあるアメリカ・アンティークオートモビル・クラブ博物館のマーク・リシャウスキー事務局長は、こう述べている。「フォード対シボレーではなく、アップル対アンドロイドの時代になった。いまのティーンエージャーは、愛車をカスタマイズするよりも、カバーやアプリでスマートフォンをカスタマイズする。どのようなスマートフォンをもつかによって、自分を表現するようになっている。自動車は、10万マイルの保証がついた家電のような位置づけになってしまった」[3]

考え方が変わったことだけが原因ではない。若者たちは、経済的な理由でも自動車に手が届かなくなりはじめている。賃金が伸び悩み、大学の学費が高騰しているためだ。それに、ミレニアル世代は大きな都市に住みたがる傾向がある。都会では、配車サービスのウーバーや、道路の自転車専用レーン、カーシェアリング・サービスなどが充実しているので、マイカーの重要性が小さい。ドライブをしたり、猛スピードで車を走らせたりすることは、あまり大きな意味をもたなくなったのだ。自動車を所有している人の間でも、走行距離は年々減少している。

将来は、ドライバーレス・カー（自動運転車）の普及が進むだろう。それが安全性と利便性の面で大きな進歩であることは間違いない。その半面、アメリカの文化と情緒に及ぶ影響は見過ごせない。なにしろ、人が自動車をコントロールするのではなく、自動車が人をコントロールする時代がやって来るのだ。昔は、アメリカ車を運転する人たちがアメリカ経済全体を牽引していた。それでは、運転者が受動的な存在になったとき、アメリカの文化はどのように変わるのか？

昔の人たちが最近の状況を見れば、奇異に感じるに違いない。しかし、私たちは、デジタル情報至上主義が正常なのだと自分たちに言い聞かせている。人類学者のデヴィッド・グレーヴァーは、映画の『スター・ウォーズ』シリーズの一作品を見ようとしたときの印象について、昔との違いを見事に表現している。

肉眼でほとんど見えないような細い糸でブリキの宇宙船を動かすなど、1950年代のSF映画のぎこちない特殊効果のことを考えると、私はこんなふうに思わずにいられなかった。当時の観客が今日の映像技術を目の当たりにしたら、どんなに驚くだろう、と。しかし、すぐに思い直した。「いや、驚くはずがない。昔の人たちは、今頃はそのようなことが現実になっていると思っていた。まさか映像でシミュレーションする方法が進歩するだけだとは、思ってもいなかっただろう」[4]

社会の停滞が広がっている

アメリカ人が現状への満足感を強めるようになったのは、おおよそ1980年代はじめから半ばのことだ（個々の現象が始まった時期については、次章以降で細かく論じる。一部の現象は、インターネットが普及してから本格化した）。アメリカ社会にとって、1980年代は重要な転換点だった。アメリカはこの時期、1960年代の政治的・社会的混乱、若者たちの社会変革運動、ベトナム戦争、ロックンロールとドラッグ、そして1970年代の不景気の影響を脱しはじめた。

それより前の時代を知る世代にとって、1981年に発足したレーガン政権下での景気回復は、とりわけ素晴らしいものに感じられた。すべてが再びうまく回りはじめたように思えたのである。経済が成長を取り戻し、超大国アメリカがまた世界に君臨するようになり、ロナルド・レーガン大統領の言葉を借りれば「アメリカに再び朝がやって来た」と感じられた。愛国主義も再び勢いを増しはじめた。このあとほどなく、冷戦期にアメリカと対峙した共産主義陣営が崩壊する。

アメリカ人は、新たに獲得した富と威信を使って変化を遠ざけ、みずからをリスクから守り、より安全で変化の少ない文化を築くようになった。その結果、社会のさまざまな要素がより上質で、より安全で、より平和的になった。しかし、その意図せざる副産物として、進歩とイノベーションを妨げる障壁も増えてしまった。要するに、アメリカは１９６０年代と70年代に経験した混乱の再来を避けたいと心に決め、そのために必要な行動を取ったのである。

社会の停止状態が強まるのと時を同じくして、１９７０年代以降、テクノロジーの進歩も減速しはじめた。この点は、以前の著書『大停滞』（邦訳・NTT出版）でも指摘した。１９７３年のオイル・ショックとその後の政策の誤りにより、アメリカ経済は大きなダメージを被った。過剰なインフレなど、政策の誤りがもたらした問題の大半は是正されたが、イノベーションと生産性上昇率はその後も比較的低い水準にとどまった。本当に活力があると言えたのは、テクノロジー産業だけだった。

アメリカはこれまで、富裕層と中上流層に害が及ぶ可能性を抑えつつ、わずかなエンジンだけに頼って新しい産業革命を成し遂げようと試みてきた。本書では、それが成長の減速をもたらし、経済と社会の停滞が長引いている理由を分析する。

そのような状況をつくり出した犯人は、私たち自身だ。ほとんどの人は、自分で管理・統制できない限り、変化をあまり好まない。しかも今日の世界では、そのような望みどおりの人生を送る手段とテクノロジーが充実している。長い目で見れば、それが社会全体に悪影響を及ぼしているのだ。第二次世界大戦後や１９８０年代のレーガン政権時代、１９９０年代のクリントン政権下の好況期のような自己刷新の能力を失ったアメリカは、衰退が進んでいると言わざるをえない。

しかし、アメリカ人はその状態に満足している。持てる者たちは、そのような傾向がとりわけ甚だしい。アメリカ国民は満足感にどっぷり浸っていて、自分たちがアメリカの凋落を招いている張本人だと気づいてすらいない。

アメリカ社会の減速と停滞は、都市のあり方や、人間と物理的空間の関係だけに見られる現象ではない。よく指摘されるように、アメリカの政治システムも機能麻痺に陥っている。政治的な二極化が進んでいることだけが問題ではない。連邦政府予算に占める義務的経費の割合が年々増えていることも見落とせない。政治の選択により使い道を決められる裁量的経費の割合は、1962年には全体の約3分の2に達していたが、現在は20％程度まで減っている。この割合は、2022年には10％に落ち込む見通しだ。今日はほとんどの予算の用途がすでに決まっていて、予算の使い道について実のある議論が生まれにくくなっている。二極化はいまに始まったことではないが、それを解消することが昔より難しくなったのは、予算のあり方が大きく変わったためという面が大きい[5]。

このような国家財政の変化は、アメリカの開拓者精神が失われて、ある意味で受動性が強まっていることの1つのあらわれだ。近年、アメリカの政治は感情的な罵り合いに終始したり、形骸化が強まったりして、問題解決や意思決定ができなくなっている。政治家は、有権者に問題の解決策を提示する代わりに、レトリックやシンボルを振りかざして支持者を煽り、対立勢力と戦わせようとする。しかし、激しい言葉の応酬にばかり目を奪われると、政治が硬直化しているという現実が見えなくなる。政治の世界でも現状維持の傾向が強まり、ほとんど変化を成し遂げられなくなっている。有権者は、政治が実質的な成果を生み出せず、レトリックとシンボルを提供するだけの状況に納得するしかないのが現実だ（もちろん、納得できない人もいるだろう）。

ほとんどのアメリカ人の考え方が一致しているのは、安全が保証された金融商品をもっと増やしてほしいということだ（その一方で政府による金融機関救済に不満を述べる人が多いことは、矛盾に思える）。リッチモンド連邦準備銀行の推計によれば、（明示的もしくは暗黙に）連邦政府が保証している民間の金融債務は、あらゆる債務全体の61％に上るという。この割合は、１９９９年の時点では50％に満たなかった。

政府が発行する無リスクの金融商品が好まれる傾向も強まっている。リスクを抑えられるなら、利回りがきわめて低かったり、まったくのゼロだったりしてもいいらしい。日本やスイスの国債のように、利回りがマイナスの証券まで買われている。このような状況の問題点を指摘する論者は多い。しかし、それを改めようとする動きはあまりに弱い。なによりも、この状況を解消しようと思えば、誰かが大きな損失を被るからだ。[6]

このような時代精神と文化は、社会に深く浸透している。ここまで深く根を張ってしまうと、いったん行き着くところまで行かなければ改められないのかもしれない。経済の生産性と活力が弱まり、人々は以前ほど自分たちの考え方を問い直さず、地理的に移動せず、生活を変えなくなった。いま自分がもっているものを失いたくないと考え、変化を遠ざけようとますます強く決意している。社会の停滞が強まれば、平穏な日々を脅かされずに済むだろうと（実際にはそんなことはないのだが）思い込んでいるようだ。

マッチング志向の文化

昨今は、大きな進歩が実現した場合も、それがすべての面で革命的な影響をもたらすとは限らない。皮肉なことに、私たちは革新的な情報テクノロジーを活用し、生活の多くの側面で変化を減速させ、いまの状況をいっそう固定している。このように感じているのは、私だけではないらしい。先頃、ツイッターでこんなメッセージを送ってきた読者がいた。「インターネットが無料で手軽な娯楽を提供するようになり、人間の野心が弱まったという切り口で書いてほしい」

誰かが意図したり計画したりしたわけではないが、テクノロジーが進化した結果、私たちの社会は、マッチング志向の人たち、言ってみれば「マッチャー」の社会に変貌した。今日の社会では、自分と似たような友人や結婚相手、自分にぴったり合う趣味と食事、そして自分のペットの写真を撮るのに最適なアプリを簡単に見つけられる。

マッチングは、私たちが自力でおこなう場合もあるが、アルゴリズムの力を借りるケースが多くなっている。たとえば、恋人・結婚相手探しサービスのマッチ・ドット・コムは、ユーザーにとって相性のいい相手を見つけてくれる。音楽配信サービスのスポティファイやパンドラは、趣味に合う音楽を教えてくれる。最近は、学生寮のルームメイトをマッチングするサービスまである。SNSのリンクトインは企業と人材を結びつけ、フェイスブックは私たちに過去を——昔の隣人や恋人などを——再発見させたり、興味がある（少なくとも興味がありそうな）ニュースや広告を紹介したりする。

こうした仕組みのおかげで、刺激的な外国旅行を楽しんだり、考え方がまったく異なる人と知り合い、その考え方を（まずはオンラインで、あるいはのちに対面した際に）聞いたりする機会が増える場合もある。しかし、大きな流れとしては、「より自由な世界を新たに築くこと」よりも、「いまある世界の要素を並べ直すこと」に社会のエネルギーがつぎ込まれるようになっている。

昔のような偶然任せの出会いは、しばしば相性に問題があり、摩擦が生じたり、期待外れの結果になったりもしたが、悪いことばかりではなかった。人々は現状に満足できないため、新しい場所に出ていき、素晴らしいことを成し遂げたり、偉大なものを築いたりしようとした。ソーシャルメディアが次の出会いをもたらすのを待つという発想がなかったからだ。しかし、人生の大いなる冒険、言い換えれば、未知の人物と経験、偶然による刺激と多様性、そして燃えたぎる野心といった要素がもたらす驚きは、新たな満足を得る手段としての地位をアルゴリズムに奪われつつある。私たちは、情報伝達の加速を味方につけて、物理的な世界の変化を減速させているのだ。

経済学の観点から見ると、マッチングがもたらす恩恵は大きい。買い手は、購入したものに不満をいだく可能性が小さくなる。望みどおりの商品やサービスが手に入るからだ。その結果、消費者の幸福感はGDPの数字以上に大きくなる。それに、電子メールとソーシャルメディアの活用、企業の採用プロセスの改善、人々の移動と協働を助ける手段の進化により、トップレベルの知性の持ち主同士のマッチングが進むと、そうした人たちが協力することで達成される成果の水準も高まる。今日、協働により目覚ましい成果を挙げられる人たちは、きわめて生産性が高い企業で一緒に働いているケースが多い。

結婚相手探しでもマッチングが進化している。1932年の研究によると、その当時、フィラデルフィア市内のある地区に住んでいる人の3分の1以上は、自宅から5区画以内の人と結婚していた。それに対し、2005~12年に結婚した人は、3分の1以上がオンラインで出会っている。同性カップルの場合、その割合は70%近い。結婚生活がうまくいく場合ばかりではないが、ほとんどの人は、マッチングによる選択肢の増加を歓迎している。自分の世界が広がり、自分の人生を自分でコントロールしているという実感を味わえ、なにより、自分が欲しているもの、少なくとも欲していると思っているものを手にできるからだ[7]。

しかし、マッチングにより短期的には人生が快適になるかもしれないが、弊害は間違いなくある。所得・教育レベルによる分断に拍車がかかり、間接的には、アメリカの多くの地域で人種による分断も強まっている。異人種に対する寛容の精神がかつてなく高まっているにもかかわらず、そのような現象が起きている。今日、社会の分断を最も加速させている要因は、むき出しの差別意識よりも、物価と家賃なので、優れたマッチング技術が登場すればいっそう分断が進行しやすくなる。

いわゆる「同類婚」も増えている。成功して高い所得を手にしている人同士が結婚する傾向が強まっているのだ。投資銀行で大きな金を動かしている人は、近所の住人や高校時代の恋人や職場の秘書ではなく、自分と同様の投資銀行員を結婚相手に選ぶ。裕福な成功者のカップルにとっては結構なことだ。しかし、それ以外の多くの人たちがエリートと結婚することは、ますます難しくなっている。

平穏と安全が最優先

暴動や暴力的な抗議活動によって安定が物理的に突き崩されることは、めっきり少なくなった。1960〜70年代に比べると、大半のアメリカ人はその種の活動への関心を失ったように見える。市民的不服従による非暴力の抗議活動も以前ほど支持されなくなり、安全至上主義が強まっている。刑務所での暴動もほとんど見られなくなった。1971年のアッティカ刑務所暴動のようなことはもう起きない。この暴動は、約40人が人質に取られ、何百人もの州兵が動員される事態に発展し、最終的に刑務所職員10人を含む43人が命を落とした[8]。

抗議デモや政治集会では、警察がマネジメント理論と情報テクノロジーと監視システムを活用して、潜在的な「トラブルメーカー」をコントロールするようになった。ほとんどの人は、このような徹底したコントロールを容認している。というより、それを強く求める人たちもいる。賢明な警察署は、容疑者を検挙するよりも、コンサルタントやPR専門家の協力を得てトラブルの芽を摘むことに力を入れるようになった。

2014年の黒人青年射殺事件をきっかけに拡散した抗議デモがトレンドの転換点になる可能性はある（詳しくは別の章で論じる）。それでも、この40年間で政治集会が平穏になり、衝突も少なくなったことは間違いない。今日のアメリカでは、警察が集会の自由を厳しく制約することを問題にする人はほとんどいない。それほどまでに、人々は平和と平穏と安全を強く求めるようになった。これも前出の「NIMBY」の心理の産物と言える。

平穏を好む傾向は、思想と芸術の分野でも見られる。1960年代の仰々しい政治的神学論争は、今日の感覚では滑稽に感じられる。1970年代には、アメリカのティーンエージャーは怒りをたぎらせたインテリで、ニーチェの思想やカウンターカルチャー、ロシア文学の哲学的小説について思いをめぐらせたものだ。映画監督のウディ・アレンが『ウディ・アレンの愛と死』でこれらの著作をパロディにしたときも、観客の多くが元の作品を知っていることが前提とされていた。

最近、新しい作品の下敷きになることが多い古典文学作家と言えば、ジェーン・オースティンだろう。ウォール・ストリート・ジャーナル紙は、その状況を「ジェーン・オースティン産業」という言葉で表現している。オースティン文学の重要なテーマと言えば……そう、男女のマッチングだ。よし悪しは別にして、善と悪の壮大な戦いにはほとんど関心が払われない。『高慢と偏見』のミスター・ダーシーがドストエフスキーの小説の登場人物のように「もし神がいなければ、どのようなことも許されるのだ！」と叫ぶ姿を想像できるだろうか？

今日の人々は平穏を乱されることを極度に嫌うので、授業内容に応じて大学のカリキュラムに「トリガー警告」（人に不快感をいだかせたり、つらい記憶を思い出させたりしかねないものに付す警告）を表示すべきだという議論もある。以前なら「過激な主張」や「通説に反する主張」として受け入れられたものでも、誰かの気分を害したり、心に深い傷を負わせたりする可能性があるからだ。私自身は、そのような表示をすることに抵抗を感じない。実際、いくつかの科目でその種の表示をしている。しかし、社会でそうした動きが強まっていることには違和感を覚える。1960年代とは、状況がまるで違う。当時は、権威を批判する権利を求める闘争の時代だった。ときには、あからさまに暴力闘争が追求されることもあった。黒人解放組織のブラックパンサー党や極左組織のウェザーマンなどがそのような活動を展開した[9]。

1970年代、アメリカのゲイ・カルチャーはイノベーションの源泉だった。当時の同性愛者たちは現状をよしとせず、既存のブルジョワ的な価値観を真っ向から拒絶した。しかし、この10年ほど、多くのLGBTコミュニティが社会の主流派の一角を形成するようになり、現状維持派に、つまり変化を非常に嫌い、法律に抵触する行動を徹底して避けるグループに加わるようになった。それに伴い、同性愛者たちは以前より幸せになり、社会の正義と平等が高まった。すべて好ましい変化だが、過激な変化を突き動かす原動力としてのゲイ・カルチャーの最盛期は、1970年代と80年代前半で終わったのだろう。その時代のアメリカでは、性の規範が大きく変わり、社会のアウトサイダーだったゲイ・コミュニティから、ディスコやハウスなどの新しい音楽、さらにはアンディ・ウォーホルやキース・ヘリングのポップアートが生まれた。

1960年代は、ドラッグを用いる自由が強く主張された時代でもあった。しかし結局、数あるドラッグのなかでアメリカ人が（一部の州で）合法化したのはマリファナだった。人をぼんやりさせ、おとなしくさせ、眠たくさせる薬物だ。1960年代に多くの人の興味を引きつけたLSDは、良くも悪くも現実世界とまったく異なる世界を、たいていまったく別の物理法則で動く世界を経験させる薬物だった。しかし、いまLSDは流行らない。1980年代には、精神を興奮させるクラック・コカインが人気だったが、今日では、痛みを和らげ、酩酊状態と不活発な状態をもたらすヘロインやオピオイド系鎮痛剤に主役の座を奪われている。

アメリカでよく用いられている薬物としては、プロザック、ゾロフト、ウェルブトリンなどの抗鬱剤も挙げられる。1990年代には、プロザックが人の個性を奪い、「本当の自分」を失わせているとの批判が高まり、その問題を論じた本が何冊もベストセラーになった。しかし、批判はめっきり聞かれなくなった。平穏がなにより重視される時代になったからだ。このテーマに詳しい研究者であるキャサリン・シャープによれば、私たちは昔ほど自分らしさを重んじなくなった。しかも、ソーシャルメディアの影響により、「本当の自分」という考え方そのものが失われている。その結果、抗鬱剤で個性が壊されることが心配されなくなったと、シャープは指摘している。

平穏を重んじる発想はさらに広がり、まだ5歳に満たなくても、粗暴な子どもに統合失調症や双極性障害の薬を与えることが当たり前になりつつある。2014年のアメリカでは、2歳未満の子どもにその種の薬が処方された件数が2万件に上った。今日、抗鬱剤の妥当性をめぐる論争はおおむね終息し、何千万人もの人たちが薬物による平穏を享受している。[10]

子どもたちがおとなしくなった

しばらく前からは、ADHD（注意欠陥多動性障害）の子どもや、その疑いがある子どもに薬を与えることが一般的になった（最近の議論を読むと、それが正しいのかは疑わしい）。どういうわけか、子どもにも中年と同じ程度の落ち着きが求められるようになったのだ。ある推計によると、アメリカの14〜17歳の男の子の20％、女の子の10％がADHDと診断されているという。しかし、この障害が

『精神障害の診断・統計マニュアル（DSM）』に載ったのは、1980年代に入ってからだった（このときは「注意欠陥障害」という名称だった）。それ以前から、活動過多や運動過多の子どもはいたが、あまり注目されていなかった。

アメリカのティーンエージャーの10％がADHDの治療薬を処方されているという推計もある。具体的な数字はともかく、過剰な診断と投薬がなされているという認識では多くの論者が一致している。そうした投薬が一部の子どもたちを救っている可能性はあるが、すべての人に集中を強いる社会的圧力が存在することは否定できない。社会の平穏が乱されることを防ぐために、さまざまな機関が平穏を回復したり確保したりする能力を強化してきた。それがとりわけ顕著なのが学校と政府、そして医療機関だ。[11]

アメリカの子どもがおとなしくなった理由は、投薬だけではない。1965年、子どもに最も人気がある娯楽は屋外での遊びだった。しかし、最近の研究によると、今日の9歳児は、週平均50時間（1日当たり約7時間）以上、テレビ、コンピュータ、スマートフォンなどの電子機器の画面を見ている。ティーンエージャーの場合は、それが週平均70時間に上るとも言われる。にわかに信じ難い数字だが、人々が昔より体を動かさなくなっており、電子機器を長時間用いる生活習慣を身につける年齢も下がっていることは、間違いないだろう。[12]

1970年代、アメリカの学校でドッジボールが流行した（「ボンバードメント（爆撃）」という変種も人気があった）。硬いボールを敵陣のプレーヤーに投げて当てるというゲームだ。ボールを投げつけられたプレーヤーは、ボールをかわすか、キャッチするかしないと、アウトになる。最も狙われやすいのは顔と腹部だ。当然、臆病なプレーヤーほど標的にされる。少なくとも私の小学生時代は、顔面にボールを当てられて、泣きながら逃げ出す子どもがよくいた。そういうとき、体育の先生は「弱音を吐くな!」と怒鳴ったものだ。

一方、2015年、ワシントン州のある学区が綱引き禁止を決めた。暴力的すぎるとみなされたためだ。休み時間に友達に触れることも禁止された。「休み時間に綱引きをする自由を守れ」というフェイスブック・グループも生まれたが、運動は実を結んでいない。学校での制約はもっと広がっている。2015年後半、ある中学生が学校で「スター・ウォーズ」のTシャツを禁じられたというニュースがあった。Tシャツに武器が描かれているというのが理由だった。その「武器」とは、ライトセーバーのことだ。最近は、アメリカン・フットボールを禁止すべきだという議論もよく聞かれる。脳振盪により、脳が取り返しのつかないダメージを受けかねないと恐れられているのだ。数十年前は、こうした問題が議論になることすらなかった。[13]

最近の学校は、大量の宿題など、最大限安全な活動で子どもたちの時間を埋め尽くす。また、昔より頻繁にテストをおこない、子どもたちのランクわけを徹底するようにもなっている。ある推計によれば、平均的な子どもが幼稚園前から高校卒業までに受ける標準テストは112回に上る。[14]親たちの反乱も起こりはじめたが、状況は当分変わらない可能性が高い。官僚体質の学校が変わるには時間がかかるし、長期的な潮流はテストの数が増える傾向にあるからだ。

こうした点を考えると、ミレニアル世代が起業に積極的でないことは意外でない。30歳未満のアメリカ人のうち自分の事業を営んでいる人の割合は、1980年代の約3分の1に減っている。それが時代精神のせいなのか、大学の学費ローン負担の重さや景気停滞のせいなのかは、議論の余地がある。しかし、いずれにせよ、ミレニアル世代が安全第一主義の子ども時代を反映した世界を築いていることは間違いない。「経済イノベーション・グループ（EIG）」の共同創設者であるジョン・レッティエリが指摘しているように、ミレニアル世代は「近年の歴史上最も起業に消極的な世代」になりつつある。[15]

安全重視の傾向は言葉遣いにも見て取れる。「disrupt（秩序の破壊）」という英単語はもともと、教室で粗暴な振る舞いをする子どもや、政治紛争により体制を揺るがすような活動について用いられる言葉だった。今日は、長年成功を収めてきたビジネスモデルがデジタル系の新規参入者によって覆される現象を指す場合が多い。これはいたって非暴力的な現象だ。

しかも、配車サービスのウーバーや民泊仲介サービスのエアビーアンドビーなどが脚光を浴びてはいるものの、多くのデータによれば、ビジネスの世界でも「破壊」が少なくなっている。意外に感じるかもしれないが、アメリカの新規創業率は10年単位で見ると下落傾向にある。新興企業が大きな成功を収める割合も下がり続けている（第4章で詳しく論じる）。私たちは、暴力的な破壊はおろか、平和的な破壊を成功させる能力も減退しているのだ。

こうした変化が生む最大の敗者は、スキルの乏しい男性たちだ。そのなかには、非平和的、もっと言えば暴力的な傾向の強い人たちも含まれる。今日の世界は、数々の好ましい変化が起きたものの、というよりそれゆえに、一部の男性にとっては生きづらい場所になっている。昨近のサービス業の仕事のあり方、教室の平穏と宿題を重んじる学校、対立を嫌う「女性化」された文化、フェミニズムの洗礼を受けたあとの男女関係、平等に重きを置くコスモポリタニズム寄りの思想……こうしたものを居心地悪く感じる男性は少なからずいる。恵まれた階級に加われる可能性がない男性たちは、とりわけそのような傾向が強い。

ポリティカル・コレクトネス（差別や偏見を含まない言葉遣いや主張をすべきだという考え方）の面で不穏当な言い方になるかもしれないが、多くの男性には粗野な面があると、私は思っている。今日のアメリカでは、そうした性質は取り締まるべき対象とされるようになった。これは、基本的には好ましい変化だ。それでも、行儀のいい世界を快適と感じない人がいることは忘れないほうがいい。そのような人たちは、新しい世界でうまくやっていけず、しまいには業を煮やして行儀の悪い行動を取りはじめる。それは、ドナルド・トランプの政治集会に参加することだったり、インターネット上で他人に嫌がらせをすることだったりする。

データを見てみよう。女性の教育水準が高まるにつれて女性の所得の中央値はほぼ一貫して上昇してきたが、男性の所得の中央値（インフレ調整済み）はいまよりも1969年のほうが高かった。[16]このデータが実際の生活水準を正確に反映しているとは言い難い。それでも、ここからさまざまなことが読み取れる。少なからざる男性は、心理面で、もしかすると経済面でも、製造業の荒っぽい仕事が豊富にあった時代のほうが幸せだった。軍隊のような乱暴な職場に向いている男性もいるからだ。社会で「男らしさ」を抑え込むことについて回る問題は見落とされがちだが、それを無視し続ければ、現状への満足感に浸れる社会はいつか終わりを迎えるだろう。

やがて訪れる「大いなるリセット」

変化をコントロールし、変化を防ぐことに私たちがどれほど血道を上げようと、いまの停止状態が永遠に続くことはない。どのようなシステムの下でも、変化への圧力は次第に強まっていく。社会の分断、階層の流動性の低下、政治の機能麻痺、生産性向上の減速と債務に頼った経済成長など、社会に沈滞ムードが蔓延するなかで、変化への圧力をシャットアウトしたり、対応を先延ばししたりすればするほど、その圧力は増す。そのうちに水面下の緊張が高まり、変化を永遠に遠ざけることなどできないと思い知らされる。現在のジレンマが解消されなければ、いずれは破綻が避けられない。しかし、既存の仕組みが崩壊し、新しいものに取って代わられる以外に、ジレンマの解決策はない。

いずれは社会変革のうねりが再び高まり、変化を抑え込めなくなる日が来ると、私は予想している。都市経済学者のリチャード・フロリダの表現を借りれば、「大いなるリセット」が待っているのだ。大いなるリセットは、変化を先送りしすぎたときに起きる。過熱しているエンジンのバルブがいきなり全開にされたときのように、突然、激しい力が解き放たれる。そのプロセスが快適に整然と進むとは限らない。中世のカトリック教会が教義に関する異論を封じ込めようとしたときも、しばらくは思惑どおりにいったが、最終的には激しい宗教改革を招く結果になった。宗教改革は、その後何世紀にもわたり西洋の政治と経済と宗教に大きな影響を及ぼした。

細かく検討すると、今日のトレンドの多くはいつまでも続かず、平和的に終わりを迎える保証もないように思える。いつか派手に崩壊し、革命という言葉がふさわしい激変が起きる可能性が高い。その最初の際立った兆候が2007~08年の金融危機だ。金融危機は、アメリカが効率的な金融システムを築いているという神話を突き崩し、アメリカ経済の成長率がそれまで思われていたほど高くなかったことを私たちに思い知らせた。いま多くの人は、好ましい職を見つけることにも苦労しているのが実情だ。

最終章で述べるように、大いなるリセットが進めば、さまざまな社会的・政治的問題が持ち上がるだろう。大規模な金融・財政危機が起きたり、政府が世界的な非常事態に対処できなかったり、人気の高い都市の不動産賃料が途方もなく高騰したり、社会の流動性の低下と階層による居住地の分断が悪影響をもたらしたりする。低スキルの男性たちが反乱を起こしたり、犯罪が再び増加したり、経済の活力が落ち込んだりすることも予想される。そして最後には、停止状態を維持できなくなり、私たちが好むと好まざるとにかかわらず、激しい変化が訪れる。

この点も、それなりに幸せで変化の乏しい今日の世界がいいことばかりではない理由の1つだ。このままいけば、私たちにとって好ましくない激変も待っている。それでも、私たちは目先の快適さを優先させ、変化と向き合うことを先延ばしし続けてきた。

私たちは、現状満足階級を出現させた張本人だ。そのような思考がすっかり染みついている。そうした社会のあり方は、私たちが成し遂げた最高のイノベーションであると同時に、最も危険なイノベーションでもある。いつか私たちがそれを壊すときが来るのかもしれない。

第2章　移住大国の変容

あなたが引っ越しを決めたとしよう。といっても、子どもが増えるなどして、同じ都市のなかで広い家に移ろうというのではない。知っている人が誰もいない遠くの都市に移住しようというのだ。大都会の過酷な仕事をやめてコロラド州で残業のない仕事に転職し、スキーと（合法の）マリファナを楽しむつもりなのかもしれない。あるいは、西海岸を離れてボストンのバイオテクノロジー系新興企業やオクラホマ州のシェールガス採掘の仕事に就いたり、配偶者がオハイオ州アセンズに小さな工場の責任者として赴任するのについていったりする計画なのかもしれない。

移住するという決断の背景には、人生に関する重要な選択がある。移住はたいてい、自分を変えたいという思いのあらわれだ。本人の意向に関係なく移住せざるをえないケースもあるが、異なる州への移住は、将来設計や変身願望に突き動かされている場合が多い。移住する具体的な理由は、就職や結婚だったり、快適な気候の土地に住むことだったり、新しい人間関係を築くことだったり、あるいは単に人生をリセットすることだったりする。性の自由を求めてサンフランシスコに移住した人もいるし、テンポの速い生活を満喫するためにニューヨークに移住した人もいる。自動車工場で働くためにデトロイトやテネシー州の都市を選んだり、暖かい土地で老後を過ごすためにフロリダ州やアリゾナ州を選んだりした人もいる。

ほとんどの人にとって、引っ越しはうんざりするくらい面倒だ。それまで住んでいた家の買い手を探したり、新しい家を買ったり、引っ越し費用を用意したりする必要がある。新天地で暮らしはじめたあとも、新しい友達をつくり、その都市を知り、土地勘を身につけ、お気に入りのレストランを見つけ、地元のスポーツチームへの愛着を新たにはぐくまなくてはならない。

土地が変われば、言葉も変わる場合がある（炭酸飲料を「ソーダ」ではなく「ポップ」と呼ぶ地域もある）。家族が新しい土地に適応するのも助けなくてはならない。昔に比べれば、以前の居住地とのつながりを維持し、移住先のことを前もって知るのが簡単になったとはいえ、肉体をもった人間が引っ越せば、数々の不可逆的な変化が伴う。

人が新天地を目指す理由

人は、どうしても避けられない場合以外は、自分を大きく変えたいと思わなければ移住しようと思わない。社会学者のジェームズ・M・ジャスパーが著書『じっとしていられない国民』（*Restless Nation*）で指摘しているように、「人が移住するのは、自分を大きく変えることが目的」なのだ。[1]

経済学者は、移住を一種の投資とみなす。家や職や友達や利便性を短期的に犠牲にし、それと引き換えに、別の土地で新しいことを成し遂げたり、より素晴らしい成果を挙げたりすることを期待する行動だからだ。しばらく苦労することは覚悟している。それでも、移住を決意する人は、未来に希望をいだき、新しい土地で再出発すれば輝かしい人生を送れると信じている。

アメリカ人は伝統的に、自分たちが移住に積極的な国民だと思ってきた。19世紀、そして20世紀のほとんどの期間は、実際にそうだった。歴史学者のフレデリック・ジャクソン・ターナーは1893年の著書『アメリカ史におけるフロンティアの意義』(*Significance of the Frontier in American History*)で、西部開拓をアメリカ人のエネルギーのはけ口と位置づけた。アメリカ文学の古典であるマーク・トウェインの『ハックルベリー・フィンの冒険』は、1つの場所にじっとしていられない登場人物の旅を描いた。主人公のハックとジムにとって、それはそれまでの生活から逃れる旅だった。ハーマン・メルヴィルの小説『白鯨』も、壮大な冒険、世界をまたにかけた旅、そして神に挑もうとする危うい試みを描いている。

小説家・詩人のジャック・ケルアックは、1957年の自伝的小説を『オン・ザ・ロード』と名づけた。旅と発見を、そして決まった居場所や職をもたない生き方を好むアメリカ人の精神が投影された題名だ。そのような精神は、1969年のロードムービー『イージー・ライダー』にも見て取れる。

しかし、1980年代後半以降は様相が変わった。昨今の人気小説は、ニューヨークのブルックリンのような郊外住宅地に暮らし、教育レベルが高く、人生が破綻していて、裕福な生活にかならずしも満足していない人たちを描いた作品が多い。不幸せな人生を脱ぎ捨てるためにフロンティアに移り住んだり、ほかの州に引っ越したりする話より、エスプレッソコーヒーの話題のほうがよく出てくる。

1950年代の人気テレビドラマ『アイ・ラブ・ルーシー』のリカード夫妻は、ニューヨークを離れ、新しい生活を求めてカリフォルニアに向かい、27話にわたってそこで暮らす。そして、のちにはコネティカット州の郊外住宅地に移住する。それに対し、1990年代に一世を風靡した『となりのサインフェルド』の登場人物にとって、西海岸への旅はバカンスにすぎず、マンハッタンを長く離れることは想像しづらい。

19世紀前半にアメリカを訪れたフランスの思想家アレクシ・ド・トクヴィルは、アメリカ人が活発に移住すること、とくに西部に移り住む人が多いことに驚いた。「大勢の男たちが同じ最果ての地に向けて一斉に歩んでいる。話す言葉や信じる宗教、振る舞い方は違っても、目指すものはみな同じだ。どこかに富が待っていると信じ、それを見つけるために西へ向かう」。まず、オハイオ州に莫大な資本と移住者が殺到し、その後、移住者たちはイリノイ州に流入した。大きな苦難、予測不能な天候、手ごわい川と山道、追い剝ぎの危険を顧みず、さらに最西部を目指す人も大勢いた。[2]

19世紀後半にはイギリスも移住の活発な社会だったが（国内が政治的に統一されていて、比較的自由な労働市場が存在していたことが理由だ）、アメリカはそれ以上だった。30歳以上の男性の3分の2近くが国内移住を経験していた（イギリスは4分の1）。しかも、100マイル（約160キロ）を超す遠距離移住が、全体の3分の1以上を占めていた（イギリスは6%）。

アメリカは国土が広いため、国内移住の距離が長くなるのはある面で当然だ。それでも、移住の活発さが国民性に及ぼした影響は小さくない。アメリカは、移住に積極的で冒険心に富んだ国というイメージがある。ヨーロッパと異なり、アメリカではほとんどの一族が同じ土地で何世紀も暮らしておらず、土地の料理や言葉や習慣とも強く結びついていなかった。アメリカには、新たに入植できるフロンティア――最初は中西部、のちには西部――もあった。第二次世界大戦前の大恐慌期など、アメリカ経済がどん底状態の時期には、活発な移住により失業率の上昇がいくらか抑えられた面もあった[3]。

カリフォルニアは「未来が最初にやって来る場所」と呼ばれる。カリフォルニアが時代を先取りする場所になった理由の1つは、自分や先祖がアメリカに移り住んだことだけで満足せず、さらに移住を続けずにいられない人たちが集まってきたことにある。この移民国家内のミニ移民国家は、ハリウッドの映画産業、素晴らしいポピュラー音楽、環境保護運動、1960年代の社会運動、そしてシリコンバレー(とパーソナルコンピュータ、それに「コンピュータオタクはかっこいい」という革命的な考え方)を生み出した。新しいアイデアを実現させたい人にとっては、いまでも世界最高の土地と言えるだろう。このように、アメリカでは地理的移動とイノベーションが密接に結びついてきた。アメリカの活動的な文化は、移住が盛んなことの賜物だったのだ。

移住するのは、快適に移住できる経済力の持ち主だけではなかった。貧しい人や虐げられた人も新天地を求めた。20世紀の序盤から中盤にかけては、主に南部のアフリカ系アメリカ人が人種差別から逃れてよい職に就くために北部や中西部や西部へ移り住んだ。とくに1920~60年代の最盛期には、南部のアフリカ系アメリカ人の約30%が北へ移住した。移住者の数は1980年までに400万人を超えた。データを見ると、南部に残った人と比べた場合、移住した人たちが平均してよい職に就けたり、高い給料を受け取れたりしたわけではない。それでも、抑圧的な文化から逃れることができた。

現状に不安をいだく人たちが物理的な環境を変えようとするのは、きわめて自然なことだった。[4]

居住地を恒久的に変えはしないまでも、異なる土地を行き来しながら生きる人も多かった。ジャーナリストのニコラス・レマンはアフリカ系アメリカ人の移住をテーマにした著作の中で、こう記している。「1950年代後半から60年代前半のある時期は、（ミシシッピ州の）クラークスデールなど、ミシシッピ・デルタ地区の黒人社会が丸ごとシカゴに移動したかのように見えた。誰もがシカゴに住んでいるか、シカゴとの間を行き来しているか、ときおりシカゴを訪れていた」[5]。このような行動は、故郷のコミュニティとの結びつきを断ち切ることなく、所得を増やしたり、広い世界を見たりすることを目的にしていた。

ミュージシャンのマディ・ウォーターズもデルタ地区からシカゴに移住した一人だった。このような移住がエレクトリック・ブルース、さらにはロックンロールを生み出した。20世紀におけるアフリカ系アメリカ人のポピュラー音楽史は、移住と新しい土地への適応の物語と言ってもいい。シカゴの大きくて騒々しいナイトクラブで演奏するようになったウォーターズは、酔客たちの喧騒の中でも演奏が聞こえるようにエレキギターを用いるようになった。

1960年代半ば以降にアメリカ政府が推進した「偉大な社会」計画も、アフリカ系アメリカ人の移住を後押しした。製造業の雇用が減りはじめるなか、この政策により創出された政府雇用は1981年までに200万人に上った（主に医療や教育などの福祉国家的政策に関連した雇用）。それらの職には、アフリカ系アメリカ人が就くケースが多かった。1970年の時点で、アフリカ系アメリカ人の大卒男性の57％、大卒女性の72％が政府の職に就いていた。これらの事業は、連邦政府が予算を拠出していても、運営は州政府や地方自治体が担っており、その職に就くアフリカ系アメリカ人たちはしばしば移住する必要があった。ニュージャージー州政府の職に就く人は、テネシー州に住み続けるわけにはいかないからだ。[6]

最近はアフリカ系アメリカ人が南部や西部に回帰する傾向も見られるが、それはごく一部の動きにすぎない。そのような移住をしたアフリカ系アメリカ人世帯は4％どまり。過去の大移住にはまったく及ばない。[7]

移住しなくなったアメリカ人

1980年代後半、ドイツに住んでいた私は、ドイツ人の友人たちによく自慢したものだ——アメリカでは毎年、全世帯の5分の1が移住している、と。当時、アメリカ経済が好景気に沸き、高い成長率を記録し、多くの雇用が生まれていたのに対し、ヨーロッパの多くの国は、失業率が2桁に達していた。ドイツ人の友人たちは、アメリカで移住が活発なことは知っていたが、私の紹介した数字を聞いて驚いたようだ。

彼らの理想は、親が暮らしている故郷の都市や地域に家を買う（あるいは相続する）ことだった。馴染みのある方言、子ども時代から慣れ親しんだ料理、古い友人たち、育児を助けてくれる親に囲まれて、心地よい日々を送れるからだ。大学で学ぶために一時的にほかの都市に移っても、やがて生まれ育った都市や地域に帰ってきた。

この時代のアメリカは、人の移住に関しては特殊な国だった。しかし、１９８０年代以降はヨーロッパに似はじめた。ただし、ドイツ人のように故郷に戻るのではなく、気に入った土地を見つけ、コストを負担してそこに移住し、あとはそこに根を下ろす。アメリカ人は昔ほど移住に積極的でなくなり、１つの土地に腰を落ち着けたいと考える人が増えている。

この変化をよく映し出している数字がある。１９８０年代半ば以降、別の州への移住者の割合は減り続けており、現在は１９４８〜71年の平均より51％も減っている。同じ期間に、州内の別の郡に移住した人の割合は31％下落、同じ郡の中で移住した人の割合も38％下落した。経済と政治の基本的な仕組みが変わっていないことを考えると、きわめて大幅な下落と言える。情報テクノロジーの進歩により、遠方の職を見つけやすくなったと思っている人もいるかもしれないが、その影響はあまり大きくない。むしろ、今日のアメリカ人は、新しい土地に移るためではなく、同じ土地で暮らし続けるために情報テクノロジーを活用している。[8]

この傾向は、人口動態上の変化とはほとんど関係がない。遠距離移住の大幅な減少は、年齢層に関係なく、マイホーム派でも賃貸住宅派でも、共働き夫婦でもそうでない夫婦でも見られる傾向だ。したがって、高齢になると引っ越すことへの腰が重くなるとか、共働き夫婦が２人とも好ましい職に就ける移住先を見つけるのが難しいといったことは、アメリカ人が活発に移住しなくなった原因とは言えない（これらの理由で移住を思いとどまる人がいることは否定しないが）。社会の高齢化が進めば、高齢者が引っ越しの負担を嫌い、同じ郡の中での移住が減る可能性はあるが、引退生活を送るために温暖な州に移り住む人も増えるはずだ。[9]

人口動態上の変化を考慮に入れると、アメリカ人が移住に消極的になっている実態がいっそう際立つ。一般に、人は高度な教育を受けるほど移住に積極的になる。1940〜2000年の国勢調査データによれば、大卒者の遠距離移住率は高卒者の約2倍に達する（同じ郡内での移住率は高卒者のほうが高い）。男性が自分の生まれた州以外で暮らしている確率は、学校教育の年数が1年長くなるごとに3パーセンテージポイント上昇するという研究もある。

こうしたことは直感的に納得がいく。教育レベルの高い人は、給料の高い職を見つけやすく、遠くに移住しても割が合うケースが多い。また、大学で学べば、さまざまな就職の機会を知り（州外の職が見つかる場合もある）、異なる土地からやって来た学生たちとの人的ネットワークもはぐくまれる。故郷を離れて大学に進んだ人は、移住することへの抵抗感も弱まる。大学生活は、地元の人的ネットワークから離れて数年間過ごす機会になるからだ。ところが、いまのアメリカ人はかつてなく教育レベルが高まっているにもかかわらず、移住率が大きく落ち込んでいる。[10]

とりわけアフリカ系アメリカ人は、過去になく移住に消極的になった。2010年前後に出産したアフリカ系アメリカ人女性のうち、母親と同じ州で出産した人の割合は76％。白人女性の場合、この割合は65％だ。「所得動態に関するパネル調査（PSID）」（この種のデータベースのなかでは最も信頼性が高い）をもとに、1952〜82年生まれのアフリカ系アメリカ人世帯（4800世帯）の動向を追跡したところ、大人になっても同じ郡で暮らし続けていた人は69％、同じ州内にとどまっていた人は82％、国内の同じ地域にとどまっていた人は90％に上った。1つ前の世代では、これらの数字はそれぞれ50％、65％、74％だった。こうした世代間の違いは、所得の高さやマイホームの有無などの影響を除外しても見られる。アフリカ系アメリカ人は、昔は移住に積極的だったが、同じ土地に住み続ける傾向が強くなったと言える。[11]

転職が減っている

人口動態上の要因が原因でないなら、アメリカ人が移住に消極的になった理由はどこにあるのか？大きな要因の1つは転職の減少だ。雇用再分配率（大ざっぱに言えば、職を変わる人の割合と考えていい）は、1990年に比べて4分の3以下に落ち込んでいる。職を変わることが少なくなれば、移住も少なくなる。[12]

昨今、新しい働き方として、いわゆるギグ・エコノミーが注目されている。ギグ・エコノミーの世界で仕事に就く人たちは、柔軟性の高い労働形態で働く。配車サービス「ウーバー」のドライバーがその典型だ。しかし、ウーバーが交通のあり方を大きく変えつつあることは事実だが、労働市場全体を大きく変えるにはいたっていない。グローバリゼーションの影響であらゆる職が期間限定の仕事に変わったわけでもない。

データによれば、職を変える人が減り、同じ職場で長く働く人が増えている。この点は意外ではない。まず、労働力人口が高齢化していることの影響がありそうだ。人は高齢になるほど、あまり職を変えなくなる。それに、雇用主は、優れた働き手に長く働いてもらい、その人たちに投資して、チームに貢献できる人材に育てたい。このような考え方は、仕事の専門性が高まり、同僚同士の協働の重要性が高まるに伴い、ますます強まっている。

また、労働市場の流動性が乏しく、新しい企業の参入率も低い状況では、昔よりも転職が難しい。現在の職に満足しているのではなく、転職したくてもできない人が大勢いるのだ。データによると、アメリカでは採用率が解雇率より大きく落ち込んでいる。その結果、人々はいまの職が理想的でなくても、耐えられる範囲であればその職にとどまるようになった[13]。

数字を見れば一目瞭然だ。1998年、同じ職に5年以上とどまっている人の割合は44%だったが、2014年にはそれが51%に増えている。一方、現在の職に就いて1年未満の人の割合は、28%から21%に減った[14]。

アメリカ人が以前ほど移住しなくなったもう1つの理由は、国内の経済的な多様性が乏しくなったことにある。経済的に見ると、地域間の違いが小さくなっているのだ。昔は、自動車はほとんどがミシガン州で生産され、重工業の雇用はほとんどが北東部に存在し、映画はほとんどがハリウッドで製作されていた。しかし、第二次世界大戦後の製造業の黄金時代が終わると、地域ごとの経済的特色が弱まり、どこもサービス業の雇用中心の代わり映えのしない場所になった。どの地域にも、どこにでもあるようなショッピングモールと病院と学校がある。

看護師や医療技師、教員、ヨガ・インストラクターは、それなりに人口が多い場所なら、どこで働いてもあまり違いがない。これらの職の働き口は、ほぼどの都市にもある。シンシナティの歯科医の仕事は、デンバーの歯科医の仕事とおおよそ同じだ。シンシナティの歯科医がデンバーに移り住むメリットは乏しく、デンバーの歯科医がシンシナティに移り住むメリットも乏しい。だから、いまの土地が気に入っていれば、そこに住み続ける。都会に移住すれば概して収入は増えるが、家賃やその他のコストも（混雑した場所で生活することのストレスも）増える。職に就く機会と所得を増やす機会を求めて移住しようと考える人は、以前ほど多くなくなった。

工業や鉱業の世界には、人を移住に突き動かす経済的な理由が存在する。デトロイトの自動車工場やノースダコタ州のシェールガス採掘現場に雇用があれば、その職に就きたい人はそこに移住することになる（その仕事がなくなればほかの土地に移る）。製造業は、ほかの条件が同じならサービス業より給料が高い。非大卒者の場合、製造業の給料はほかの業種よりも時給で1・78ドル、割合にして10％以上高い。一部の州ではこれが24％を超す。意欲的な人たちは、雇用があれば製造業の都市に移り住むだろう。しかし、製造業の雇用がアメリカの雇用全体に占める割合は、約8％まで減っている。この割合は今後さらに落ち込むと予測されている[15]。

経済学者は、地域間の経済的な違いを数値化した「地域特化指数」に言及することがある。たとえば、デトロイトの経済で自動車製造が大きな割合を占め、石油生産・精製がほとんど存在しておらず、ヒューストンの経済で石油生産・精製が大きな割合を占め、自動車製造がほとんど存在していないなら、両都市は経済的性格がまるで異なる。カリフォルニア州オレンジ郡でオレンジが栽培され、アイダホ州でジャガイモが栽培されていれば、この2つの土地も経済的な違いが大きいとみなせる。しかし実際には、多くの地域は経済的な特性に大きな違いがない。小売業とサービス業が地域経済に占める割合は、ジョージア州アトランタでもオハイオ州コロンバス郊外でもあまり変わらない。

要するに、私たちの周囲の物理的空間が均質化しただけでなく、アメリカの各地域の均質化も進んでいる。アメリカ国勢調査局の定義に従い、アメリカを9つの地域（ニューイングランド、大西洋岸中部、大西洋岸南部、ロッキー山脈地帯、太平洋岸など）に分割した場合、製造業の地域特化が最も際立っていたのは1914年だった。その後、1940年代後半以降は製造業の地域特化の度合いが大幅に落ち込み、その流れは今日まで変わっていない。製造業の雇用は、移住を突き動かす要因としての重要性がこの60年ほど弱まり続けているのだ。今日、ある地域特有の製造業の職に就くために別の州に移住するケースはきわめて少ない。

こうしたなかで、地域特化が強まっている業種が1つある。それは農業だ。統計が残っている1870年代以降、農業は地域特化の傾向がおおむね強まり続けてきた。19世紀のほとんどの時期はそれぞれの都市の近郊に食糧生産の拠点があったが、輸送と冷凍の技術が向上して、国内のある地域で生産された農産物が全米に届くようになった。その結果、気候や水利の面で食糧生産に有利な地域で農業をおこなうことが合理的になった。ネブラスカ州で小麦、ウィスコンシン州とバーモント州で牛乳、アイダホ州でジャガイモを生産するといった具合だ。しかし、農業で働く人は減り続けており、農業で地域特化が強まっても国内の移住を増やす要因にはなっていない。

ただし、メキシコなど中南米諸国出身の農業労働者は、中西部や太平洋岸北西部のように農業の盛んな地域に大勢流れ込んでいる。経済の地域特化は、ある面ではいまも移住を促す要因になっているが、アメリカ生まれの人たちはあまりその影響を受けていないと言えそうだ。アメリカ生まれのアメリカ人は、地理的移住を移民（とくに中南米系の移民）に「アウトソーシング」しているのだ。この点についてはあとで論じる。

労働市場の変化が背景に

アメリカ人の移住が減った理由としては、地域間の経済格差が縮まらなくなったことも挙げられる。昔は、貧しい地域の所得水準が豊かな地域を追い上げていた。そのような時代には、人々が貧しい州への移住を選択する理由があった。豊かな地域を追いかける貧しい州では、新しいチャンスが次々と生まれていて、しかも不動産相場がまだあまり高くなかったからだ。高賃金の職と安価な不動産という組み合わせは、移住者を呼び込む要素としてきわめて強力に作用した。アリゾナ州、カリフォルニア州、フロリダ州、ネバダ州などは、全米平均より高い経済成長率を記録し、多くの人口を吸収していた。

しかし、この数十年間は、1880〜1980年のような地域間格差の縮小が見られない。地域の経済力ランキングも、以前ほど変動しなくなった。いま、ルイジアナ州北部がマサチューセッツ州ブルックラインを、ましてやシリコンバレーを凌駕する日が来ると予測する人はいない。このように地域間格差が固定した結果、移住する人が減った。しかも、移住が減れば地域間格差がますます固定する。貧しい地域が人材を呼び込めなくなり、豊かな地域に追いつくのが難しくなるからだ。[16]

移住が減っている背景には、投資利益率の企業間格差が広がっているという事情もある。フェイスブックやグーグルなど、一部の企業が高い利益率を誇る一方で、苦戦を強いられている企業が少なくない。この格差は、たとえば1960年代に比べて大きくなっている。経済学の言葉で言えば、投資利益率の分散が進んで偏差が大きくなったのである。経済格差の拡大は、企業内よりも企業間で起きているというデータもある。昔に比べると、「勝ち組」の会社と凡庸な会社の二極化が進んでいるのだ（詳しくは第4章で論じる）。

この点が労働市場の流動性とどのように関係するのか？　高給・高生産性の企業と低給・低生産性の企業への二極化が進めば、転職する人は少なくなる。コンサルティング大手のマッキンゼーで秘書や事務アシスタントをしている人は、地元の動物シェルターに転職すれば給料が下がるので、あまりそのような転職をしない。一方、マッキンゼーのような企業は、高給・高生産性の企業で働いた経験の持ち主を採用したいので、給料の安い職場で働いている人をあまり雇わない。その結果、高給・高生産性の職と低給・低生産性の職の間の垣根が高くなり、転職へのインセンティブが弱まる。それに伴い、州を越えた移住へのインセンティブも弱くなる。

また、小売業を中心に、小さな企業が淘汰され、大企業への集中が進んでいる。しかし、大企業では、既存の雇用が失われることも、新たな雇用が生まれることも比較的少ない。この点も、転職する人が減り、移住する人も減っている要因の1つだ[17]。

法制度が労働市場の流動性を低下させている面もあるのかもしれない。具体的には、職業免許制の拡大が影響している可能性がある。政府の免許が必要な職に就いている人の割合は、1950年代には全体の約5％だったが、2008年には約29％に上昇している。

経済が製造業中心からサービス業中心に移行したことも、免許制が拡大した一因だろう。しかし、それに加えて、もっと破廉恥な現象も起きている。さまざまな業界が政府の力を借りて新規参入のハードルを上げようとして、免許制の導入を勝ち取るケースが増えているのだ。いまは、医師などの医療専門職だけでなく、理容師や電気技師などの職に就くのにも免許が必要だ。職業免許制は新設されることこそあっても、廃止されることはほとんどない。免許制で守られている業界が政治に働きかけて、制度を存続させようとすることがその1つの理由だ。

州ごとに免許が異なる職種では、よほど準備と投資をしなければ、別の州に移住してビジネスを始めることができない。データによると、このような規制が厳しい職種はそうでない職種に比べて、州を越えて移住する人の割合が小さい（この傾向は、両者の違いに影響している可能性がある人口動態上の変数を調整しても見られる）。免許制の職種の人たちは、州外への移住には消極的だが、自分の免許が有効な州内への移住にはかならずしも消極的でない[18]。

数十年前に比べて解雇が難しくなったことの影響も見落とせない。解雇が難しくなった背景には、アメリカ社会で訴訟が活発になるばかりだという事情がある。雇用主は、差別による不当解雇で訴えられることを心配しなくてはならない。そのため、そもそも人を雇うことに腰が引け、あとで解雇する必要がなさそうな人物や、長く働いてくれそうな人物を採用したがるようになっている。この点も転職が減っている一因だ。

雇用の不安定を「アウトソーシング」

意外に感じるかもしれないが、グローバリゼーションは、ある面でアメリカの雇用の安定を強めている。一般に、雇用の安定をめぐる議論では国際貿易が悪者扱いされることが多い。確かに、短期的に見れば、グローバリゼーションはアメリカの雇用の一部を国外に流出させる。しかし、そのあと国内に残るのは安定した雇用だ。アメリカは、安定した雇用を国内に残す一方、不安定な雇用を国外に、たとえばメキシコのマキラドーラ（保税輸出加工区）や中国の工場に移してきた。

アメリカとこれらの国の間には、工程ごとの分業体制が出来上がっている。そのような関係を維持するために必要な負担の多くは、アメリカ以外の国の労働者にのしかかっている。それらの国の労働者は、アメリカの労働者ほど安定性のある快適な職に就けていない。グローバリゼーションが雇用をごっそり国外に流出させたと言われるが、それはアメリカの労働者にとって悪いことばかりではなかった。移行期の苦しみを通り過ぎたあとは、サービス業の安定した雇用を国内に残し、労働市場の不安定性という問題の一部を他国に押しつけることができた。[19]

前述したように、もう1つの「アウトソーシング」も見過ごせない。これまであまり注目されてこなかったが、アメリカ人は、居住地と職の流動性を、言い換えれば経済の調整弁の役割をアウトソーシングしている。アメリカの労働市場で流動性を担っているのは、主にメキシコ人とメキシコ系アメリカ人なのである。

一般的には、国内のどこかの地域が経済的打撃を被れば、一部の働き手がそこを出ていき、ほかの土地で職を探す。全員が転出する必要はないが、一部の人はほかの地域に移らざるをえない。しかし、アメリカ人が移住に消極的になっている状況で、誰が移住するのか？

メキシコ人やメキシコ系アメリカ人、なかでも最近アメリカにやって来た人たちがその役割を担うケースが増えている。メキシコ出身者はたいてい、アメリカの特定の土地と強い結びつきがないうえ、全米のメキシコ人ネットワークがアメリカ国内での移住を助けてくれる（メキシコ国内の出身地域ごとにネットワークが形成されている場合が多い）。メキシコ出身者がヒューストンからシカゴに移り住む場合、同郷のメキシコ人を見つけてアパートの同じ部屋に同居することは難しくない。新しい都市に移っても、故郷の料理と同胞の顔、頼りになる人的ネットワークがそこにある。同じことは、ほかの中南米諸国出身者にも言える。

労働力需要が減ったとき、メキシコ人が多い都市は柔軟に対処できるが、メキシコ人が少ない都市はうまく対処できない。アメリカ人は、メキシコ人を雇ってレストランで料理をつくらせたり、家を建てさせたりしているだけでなく、いわば移住要員としてもメキシコ人を雇っている。メキシコ人に引っ越しの荷造りやトラックの運転をさせているという話ではない（メキシコ人はその種の職にも就いているが）。景気の変動に応じてアメリカ人の代わりに移住させる労働力として、メキシコ人を活用しているのだ。[20]

アメリカ人があまり移住しなくなった理由としては、このほかにも（立証することは難しいが）データから導き出せる仮説がある。最近のアメリカ人は、昔よりも自分にとって相性のいい職に就いているように見える。いわゆる企業特殊的スキル（部下を熟知していることなど）を身につけていたり、現在の職場ならではの恩恵（窓からの見晴らしがいい個室や、素晴らしいサポートスタッフなど）に恵まれていたりする人が増えている。このような環境は、よほどお金と時間を投資しない限り、ほかの職場では再現できない。だから、いまの職場の居心地がいい人は、転職へのインセンティブが弱くなる。

昔より職場に満足している人が多くなった結果、転職が減り、移住も減っているのかもしれない。これはあくまでも推測だ。しかし、単純な肉体労働より、学習と協働が重きを成す仕事では、企業特殊的スキルの価値が高まっても不思議はない。[21]

アメリカ人が移住に積極的でなくなったことには、もっと好ましからざる要因も関係している可能性がある。もしかすると、転職で得られる恩恵が小さくなっているのかもしれない。自分にとって最善だと思う職に就けても、ふたを開けてみれば期待外れという場合もあるだろう。上司の要求が厳しくなり、福利厚生は手薄になり、同僚たちもパッとしない……となる可能性がある。ほとんどの職がこのような状態になったとき、人々はどう考えるだろう？　多くの場合、転職のためにコストをかけて遠方に引っ越すことは割に合わなくなる。好条件の会社に転職できても、その条件がずっと続く保証はない。その結果、人々があまり転職しなくなったのではないか？

この仮説を実証することは難しいが、経済成長が減速し、生産性の伸びが鈍化しはじめて以降の労働市場のデータとは合致している。中程度の職の給料は伸び悩んでおり、社員に対する企業の監視は強まるばかりだし、福利厚生も削られるようになった。このような状況では、新しい職に移ることのメリットは、いまの職にとどまることに比べてさほど大きくないだろう。[22]

とりわけ転職が少なくなっているのは、若年層と教育レベルの低い層だ。その結果、この2つの層は失業状態が長期化しやすく、職を失った場合のダメージが大きくなりやすい。また、男性は女性よりも転職率の下落が際立っている。その影響で、男性たちは労働市場で苦しい立場に立たされている。2007年に始まった大不況以降は、この問題がことのほか深刻化している。転職は、出世や昇給を実現するためにきわめて有効な手段である場合が多い。そのため、あまり転職しない人は、出世や昇給が難しくなる。移住が減っていることと、所得水準が下落もしくは停滞していることは、表裏一体の関係にある。いずれも、過度の現状維持志向が社会に蔓延していること、さらにはその傾向が文化の根幹にまで浸透していることのあらわれだ[23]。

スキルの乏しい人の移住率がとりわけ大幅に下落しているという現実は、アメリカの文化が大きく様変わりしたことを浮き彫りにしている。貧しさは人を移住に突き動かす要因ではなくなり、移住を思いとどまらせる要因になった。新しい都市に移り住み、簡易宿泊所や親戚の家に身を寄せて好ましい職を探すことは、昔より難しくなっている。

移住しないことの悪影響

移住の減少は、社会のあり方に強い影響を及ぼす。同じ土地で長く暮らしている人は、いいレストランや、優秀で安い配管業者、便利な抜け道をよく知っている。長いつき合いの友人や知人も多く、子どもの送り迎えを誰かに代わってほしいときや、バザーを開くときには都合がいい。しかし、そうした環境ではどうしても活力が失われる。

新しい土地に移った人は、ものごとのやり方や人生のあり方に関する固定観念を揺さぶられる。住む場所が変われば、つき合う人も変わるし、ビジネスの常識も変わる。その変化を快適に感じるとは限らないが、創造性が刺激され、変化と進歩が促される。移住が活発な社会は、個人にとって生きやすいかはともかく、社会の創造性が高い場合が多い。人は移住という選択肢を検討するだけでも、時間の使い方やキャリアの計画を考え、本当に頼りになる友達が誰かを見直すきっかけになりうる。

移住率の低下は、一部の大都市や人気都市で不動産相場が高騰している一因でもあるのかもしれない。あなたが同じ土地に長く住み続けたいと思っているとしよう。共働きの専門職カップルは、そのようなケースが多いだろう。その場合、あなたは、ほかの土地に移らなくてもキャリアの階段を上ったり、転職したりしやすい都市に住もうとするはずだ。同じ土地にとどまったままで趣味や生活様式、交友関係を変えられる都市を選ぼうと考える人もいるかもしれない。

移住を避けたい人は、最初に住む場所を間違えてはならないという重圧を強く感じる。そのような状況で、人はどのような選択をするだろう？　多くの人は、大都市やその周辺に住もうと考える。都会は働き口が多いし、業種の選択肢も多い。文化施設や便利な施設もたくさんある。ある程度の規模と多様性がある都市なら、カップルの両方のニーズを満足させられる可能性が高い。ニューヨーク、ボストン、ロサンゼルス、シカゴ、サンフランシスコなどがその条件を満たしている。このような一握りの大都会以外は、定住主義者が望むような柔軟性を提供できない。そのため、これらの大都市の不動産相場が法外な水準まで高騰している。[24]

移住の減少は、労働市場の活力も奪っている。以前は、移住が新しい職を見つける手段になっていたが、深刻な経済危機の影響により、人々は昔ほど移住に積極的でなくなった。職を失っても遠方の就職先を探すことをせず、同じ土地で職探しを続ける人や就職を諦めてしまう人が増えたのだ。そのような選択は個人の自由だが、経済全体に悪影響が及ぶ。失業者は経済生産が少なく、しばしば心理的な問題を抱えていて、納税者の負担になっているケースもあるからだ。2007年の金融危機以降、1980年代のレーガン政権時代などと比べてアメリカの失業率が高止まりしている一因は、移住の減少にもある。[25]

最も憂慮すべきなのは、移住の必要性が高い人ほど移住しない場合が多いことだ。移住した人は所得が上昇する可能性があるのに対し、1980年代以降、非移住者が期待できる所得は下がり続けている。この点での移住者と非移住者の差は広がる一方だ。移住しないから所得が上昇しないのか、移住しても所得が上昇しないから移住しないのかを明らかにするのは難しい。おそらく、両方の側面があるのだろう。[26]

2005年にアメリカ南部が大型ハリケーン「カトリーナ」の直撃を受けたあと、多くの住民が移住を余儀なくされた。この意図せざる「実験」を通じて浮き彫りになったのは、移住が人々の経済状況を改善させる可能性があるということだった。被災したニューオーリンズでは低所得地区の多くが居住不能になったが、復興の歩みはあまりに遅く、下手をするとまったく進まなかった。家屋は水浸しになったり壊れたりしたままで、基礎的なインフラも長い間修復されずにいた。多くの人は元の家に戻ることができず、各地に移住した。とくにヒューストン周辺に移住した人が多かった。

その結果、何が起きたか？　社会学者のコリーナ・グライフは、移住した711世帯を調べた。すると、移住が人々の生活を大きく変えることがわかった。とくに大きな恩恵を受けたのが、貧しい地域の住人たちだ（そのほとんどがアフリカ系アメリカ人だったが、中南米系も多かった）。移住先のコミュニティは、前の居住地より所得が平均で約4400ドル高く、貧困率が平均4％低かった（移住前の

26%に対して22%）。多くの場合は、人種的分断も小さかった。これらの要素が移住世帯の所得増につながるかは、まだわかっていない。しかし、少なくとも子どもたちにとっては、新しい土地のほうがはるかに好ましいと言えそうだ。[27]

移住の恩恵は、1990年代に実施された「ムービング・トゥ・オポチュニティー」という実験によっても裏づけられている。この実験の目的は、貧困世帯が非貧困地区に移った場合、貧困を抜け出しやすくなるかを調べることにあった。それを明らかにするために、何千世帯もの超貧困世帯に「移住クーポン」を支給し、非貧困地区に移住する金銭的インセンティブを与えた。貧困率が10%未満の地区に引っ越した場合に、新旧家賃の差額を行政が負担するものとしたのである。そのうえで、移住により世帯の経済状態が上向くかを追跡調査した。

経済学者のラジ・チェティ、ナサニエル・ヘンドレン、ローレンス・カッツがこの実験のデータを調べたところ、幼いときに貧困地区を抜け出した子どもたちは、将来の経済状況が格段によかった。とくに13歳未満で移住した場合は、大人になったときの所得が比較グループより平均31%も高く、大学進学率も比較グループを5・5パーセンテージポイント上回った（比較グループの1・32倍）。また、8歳で引っ越した子どもは、生涯所得が約30万2000ドル多かった。これは、割引率を3%と仮定すると、現在価値に換算して約9万9000ドルに相当する金額だ。生涯所得の増加は、プログラムの対象となった全5都市で、白人、アフリカ系、中南米系、男子、女子のすべてに見られた。[28]

もっとも、この実験で驚かされるのは、52%の世帯がプログラムへの参加を辞退したことだ。ここでも、変化を過度に避けたがる傾向が社会の改善を妨げている。[29]

移住が貧困層にもたらす恩恵は、この実験よりもっと大きい場合もありそうだ。ムービング・トゥ・オポチュニティーの参加者は、生活環境がそれほど大きく変わったわけではなかった。アフリカ系と中南米系の家族は、住む場所が変わっても社会的地位が大幅に向上するわけではなく、社会的地位の低さに足を引っ張られ続ける。しかも、参加者のなかには、あとで元の居住地に戻ったり、そもそも社会的・経済的な状況が元の居住地と似た土地に移ったりする人も多かった。新しい土地に長く住み続けるつもりがなかったのだろう。子どもたちの新しい学校も、テストの平均点や教師一人当たりの子どもの数などはそれまでの学校と大して変わらなかった。

シカゴでは、サウスサイド地区のきわめて環境の悪い土地から、近隣の少しましな土地に移っただけの人も多かった。ニューヨークの参加者は、マンハッタンのハーレム地区に建つ公共住宅「マーチン・ルーサー・キング・タワーズ」に住んでいた人が多かった。その多くが移転した先は、ブロンクスのウェイクフィールド地区。元の地区から十数キロ北へ行っただけだ。ほかには、サウンドビュー地区に移った人たちもいた。ここも、元の地区から北へ10キロ足らずしか離れていない。[30] ムービング・トゥ・オポチュニティーにより居住地の質が少し改善しただけで確かな効果があったのなら、居住地の質がもっと大幅に改善すればさらに大きな効果があるのかもしれない。

居住地が人に影響を及ぼす「近隣効果」を裏づける研究はほかにもある。シカゴで実施された「ゴトロー・プログラム」でも、公共住宅で暮らす貧困世帯の移住が支援された。このプログラムで郊外住宅地に移った子どもは、転居しなかった子どもより大学進学率が2倍以上も高かった。プログラムの15年後の時点でも、環境のいい地区に住んでいるケースが多かった。この実験は細部のデータが完全ではないが、新しい研究手法を用いた最近の研究でも、住む場所を変えることの効果は実証されている。その研究によれば、シカゴで住宅の取り壊しにより転居を余儀なくされた子どもは、そうでない子どもに比べて、大人になったときに職に就いている割合が9%高く、所得も16%高かった。[31]

格差がますます固定される

移住が不活発になったことは、低所得者が所得を高める妨げにもなっているようだ。最近は、経済的に活力がある都市に移住して所得を増やすことが昔よりも難しい。古き良き時代には、荷物をまとめてニューヨークやサンフランシスコやロサンゼルスに移り住み、中程度の職を見つけることができた。その結果、所得もほぼ確実に増えた。しかも、恩恵は目先の所得だけではなかった。それ以上に、上の経済階層に移行するチャンスが大幅に拡大することに大きな意味があった。

今日は、大都市への移住が昔ほど簡単ではない。マンハッタンやサンフランシスコ・ベイエリアのように人材の集積が進んでいること、そして厳しい建築規制が課されていることにより、家賃相場が高騰しているためだ。昔なら、ニューヨークのなかで比較的家賃の安いグリニッチビレッジやハーレムに住むことができたが、いまは難しい。近郊のニュージャージー州ジャージーシティや、通勤圏内の同州メイプルウッドのような都市でも、家賃や物価が跳ね上がっている。低スキルの働き手の場合、これではせっかく給料が上がっても割が合わない。生産性の高い人たちが好む都市では、このような傾向が非常に強まっている。[32]

1950年代と比べてみよう。当時、ニューヨーク市内の平均的なアパートの家賃は月額約60ドル程度。今日の貨幣価値に換算すると、530ドルくらいだ。いま、この家賃ではイーストビレッジで掃除用具入れ場すら借りられない。狭いワンルームでも、荒廃していたサウスブロンクスも再開発されて、新しい集合住宅の建設が始まった。狭いワンルームでも、家賃は3750ドルくらいになると予想されている。最近のニューヨークでは、駐車場の月額料金が1950年代のアパートの家賃を上回る場合も多い[33]。

1950年代、アメリカ人の所得の中央値は年間約5000ドル。ニューヨーカーが家賃に支払っていた金額は、その金額の15%程度にすぎなかった。当時もニューヨーカーの所得はほかの地域より高かったので、彼らの所得に占める家賃の割合はもっと低かっただろう。いまでは夢のような話だ。今日のニューヨーカーが家賃に支払っている金額は、アメリカの所得の中央値の84%にも上る。1980年代までは、都心より郊外住宅地の不動産相場のほうが高かったが、いまは都心の相場が最も高騰している[34]。

昔は家賃が安かっただけではない。アメリカのほとんどの都市では、中程度の地区にアパートを借りて住めば、子どもを地元の中程度の公立学校に通わせることができた。しかし、ニューヨークでは、この図式が成り立たなくなって久しい。多くの中流世帯は、子どもを私立学校に入学させることを検討せざるをえなくなった。私立学校の学費は、年間何万ドルにも上る場合がある。

大都市に移住するコストがもっと小さければ、アメリカ経済はもっと好調を維持していて、より多くの人がより簡単により高い所得と明るい未来を手にできただろう。謝長泰とエンリコ・モレッティの研究によると、アメリカでは都市間の生産性格差が拡大している。ニューヨーク、サンフランシスコ、サンノゼなどは、テキサス州ブラウンズビルのような都市とは比較にならないくらい生産性が高い。もっと大勢の働き手が生産性の低い都市から高い都市へ移れば、経済はもっと繁栄する。低所得者が所得を増やせる可能性も高まる。謝とモレッティの推計によると、「(高生産性都市で)中程度の都市並みに規制が緩和されれば、高生産性都市の労働力が増え、アメリカのGDPが9・5％押し上げられる」。17兆ドル規模のアメリカ経済で10％近くと言えば、きわめて大きな金額だ。経済全体で所得が年間約1兆7000億ドル上乗せされる。[35]

それを邪魔しているのが前述のNIMBYの心理だ。経済成長を妨げる障壁の多くは、近隣地区の平穏を守りたいという人々の発想により生まれている。マンハッタンやサンフランシスコのような高生産性都市の人たちは、低生産性都市の人たち全員を受け入れたいとは思っていない。だから、過度に厳しい建築規制や土地利用規制を設けたり、ときにはあえてインフラを整備せず、新しい住民の流入を難しくしたりしているのだ。公共交通網が充実していなければ、都心に通勤する人が住めるエリアは限られる。

建築規制を強化する都市は増える一方だ。南部の成長著しい都市も、上流都市であり続けるために規制を増やしていく可能性がある。南部の都市が土地利用規制を厳格化し、ニューヨーク、サンフランシスコ、サンノゼなどと同等のレベルまで強化した場合、アメリカのGDPは約3％落ち込むと、謝とモレッティは計算している。

今日のアメリカは、サンフランシスコのように新しい建物の建設が比較的不活発な地域と、アトランタのようにそれが活発な地域に二分されている。前者の地域が現在の状況にいたったのは、そのほうが既存の住民にとって好ましいからだ。その点を考えると、20~30年後、いま新しい建物の建設が活発な地域が不活発になる可能性は、その逆の現象が起きる可能性よりはるかに大きい。そうなれば、未来のアメリカはいま以上に移住が難しくなるかもしれない。

アメリカ人があまり移住しなくなったことは、ほかにも負の影響を生み出している。すでに簡単に言及したように、多くの地域では、人種、教育、所得、社会階層による分断が再び強まっているのだ。その弊害は、非常に大きいように思える。次章では、この問題を考えたい。

第3章　甦る社会的分断

停止状態の社会は、すべての人にとって快適なわけではない。経済と社会の進歩による恩恵をあまり受けられない人は、特権階級の人よりはるかに多い。ある人がどちらのグループに属するかは、どこで暮らし、どのような人とつき合っているかに大きく左右される。アメリカでは、これらの面での分断に拍車がかかっている。それを意図して行動した人はほとんどいないのに、である。

所得、教育、社会・経済階層、人種など、多くの側面で分断は深まる一方だ。それを解消することはますます難しくなっている。変化の減速を論じる際に見落としてはならないのは、変化を遠ざけることが誰の得にもならないということだ。長い目で見れば、職や居住地や社会・経済集団を変わるという自然なプロセスが妨げられる。

分断の実態を詳しく検討すると、現状満足階級が本来は満足すべきでない理由が見えてくる。いつの時代にも、分断された社会は、恵まれた層の人たちにとっては比較的もしくはきわめて快適な場合がある。子どもをエリート校に通わせていたり、環境のいい地区に住んでいたりする人がそれに該当する。しかし、ほぼすべての形態の分断は、次第に繁栄とイノベーションの基盤を弱め、社会の信頼を蝕み、成長の源泉を枯渇させる。それがいまのアメリカで起きていることだ。社会が統合に向けて一直線に進むのではなく、人々が内向きになり、変化を遠ざける傾向が強まっている。その結果として、社会・経済階層を隔てる暗黙の障壁がますます分厚くなってしまった。

この点は、データを見るまでもなく、あなた自身の生活を顧みれば理解できるだろう。なるほど、私たちは近年、テレビやインターネットで黒人のアメリカ大統領を目の当たりにしてきた。しかし、数十年前に比べて、異人種の隣人が増えたわけではない。異人種と接する機会が増えた人の場合も、どの人種にせよ自分と所得階層が異なる人との接点はたいてい減っている。

裏切られた楽観論

2014年にミズーリ州ファーガソンで、そして2015年にメリーランド州ボルティモアで起きた暴動は、多くの人を、とくに多くの白人を驚かせた。これらの出来事を引き起こした直接の原因は、黒人に対する白人警察官の暴力や虐待だった。しかし、その根底には、かつての公民権運動が真の勝利を収めてはおらず、近年さまざまな経済的要因により人種間の正義と公正に関して多くの退歩が起きたという現実があった。

1960年代に法律と経済の面で大きな進歩があったあと、黒人も白人も含めて多くの人は、これからも人種間の関係が改善し続けるものと思っていた。ペースは遅くても、関係は改善していくと信じられていた。ほぼすべての人にとって、統合された社会は分断された社会より好ましい。だから、以前より統合された状況を経験した人は、いっそうの統合を望むはず、と考えられていた。

要するに、人種の違いを完全には乗り越えられないにしても、社会の統合が進み、その結果として社会の公正性が高まり、人種などの属性が異なる人たちが混ざり合う機会も増えると予想されていた。2008年の大統領選で黒人のバラク・オバマが勝利したことは、新しい時代の幕開けを告げる出来事だと、多くの人が感じていた。

楽観論が正しかったと思える面もたくさんある。私のように大都市の郊外で生活し、エスニック料理が好きで、移民を研究テーマの1つにしている人間は、とくにそう感じる。しかし、楽観的な予測どおりにはならなかった面も多い。とりわけ黒人と白人の関係は、期待されたような前進を果たせなかった。居住地と学校における社会・経済階層の混ざり合いはあまり進んでいない。これも、アメリカの社会があまり変化しなくなったことの一側面と言える。

これには、社会の高齢化が進んだことも影響している。自分や友人のことを考えてみてほしい。高校時代や大学時代は、いろいろなことに挑戦したに違いない。さまざまなスタイルやアイデンティティを試し、おそらく特定のキャリアや交友関係には落ち着いていなかっただろう。しかし、年齢を重ねるにつれて、1つの仕事に定着し、新しい人とあまり出会わなくなり、多様な人たちと接することも少なくなる。同じ場所に長く住むようにもなる。昔ほどパーティーに足を運ばなくなり、もしかすると、いろいろな人とデートするのをやめ、結婚もするかもしれない。

50歳にもなると、行動パターンや交友関係、仕事の人脈がいっそう固定されてくる。新たに親しい友人をつくることも少なくなる。老いると、人は異質なものと混ざり合わなくなるらしい。これは無意識に生じる傾向で、ほぼ誰にでも起きるものだ（ただし、言うまでもなく例外もいる）。

社会全体としてもアメリカは老いつつあり、今後はそれにいっそう拍車がかかる。フロンティアが開拓され尽くして久しく、歴史の長い企業や都市も増えた。アメリカは昔より成熟した国になり、ティーンエージャーのような若い国ではなくなった。現行の政治体制の歴史も、ヨーロッパの多くの国よりはるかに長い。こうした点を考えると、所得、教育、社会階層の違いや、アメリカ社会の古い断層線とも言うべき黒人と白人の違いを超えて人と人が混ざり合うことが減っているのも不思議でない。

白人警察官が黒人に暴力を振るい、その動画が拡散されたとき、アメリカ社会では人種間の調和が実現しておらず、公的な場で黒人と白人は平等に扱われていなかった。状況はまったく改善に向かっておらず、人種の平等は後退し、地平線の向こうに消えようとしていた。多くのアメリカ人は、そのことに気づいていた。少なくとも、それを肌で感じ取っていた。

今日のアメリカでは、つねに意図的な差別が存在するとは限らないが、しかるべき地区に住んでいたり、しかるべき学校を卒業していたりしない人は、公正な扱いどころか、せめて耐えられる扱いすら期待できない。アメリカ社会は、そのような方向に進んでいない。不公平感が解消されないまま、不満が鬱積し、それがトラブルの火種になっている。

これは、私自身も体感していることだ。私はバージニア州北部で長年暮らしている。１９９０年代には、近くのヴィーナという小さな町のある地区でよくバスケットボールをした。ヴィーナは主に中上流層の町で、所得と生活水準と学校の質は平均以上だった（それは今日も変わっていない）。白人中心の町だったが、私がバスケットボールをしていた地区は住民のほとんどが黒人だった。そこは、昔から黒人が多い地区だったのだ。それでも、周辺の地区ほど裕福ではなかったにせよ、間違いなく中流層の地区と言えた。学校の質は高く、治安も良好だった。

近隣には、ほかにも似たような地区があった。隣町のフェアファックスも中上流層の町だったが、そこにも活気があり治安のいい黒人地区があった。私は毎朝、勤務先のジョージ・メイソン大学に自動車で向かう途中に、昔ながらの商店の前を通り、スクールバスを待つ黒人の子どもたちを見かけたものだ。この地区も白人中心の裕福な地区と隣接していた。

今日、町はすっかり変わった。ヴィーナやフェアファックスに、黒人中心の地区はもう存在しない。フェアファックスの旧黒人地区で私の通勤ルートにあった古い商店はなくなり、いまはピカピカの小型ショッピングモールが建っている。テナントは、こぎれいなピザ店、ベトナム料理のフォーの店、高級食品スーパー（高級ワイン、ニューヨーク風ベーグル、少量生産・少量輸入のギリシャ産エキストラバージン・オリーブオイルなどが並ぶ）などだ。

この地区で最初に目に入る集合住宅は、「ロイヤル・レガシー」（王族の遺産）と名づけられている。なんとも悪趣味な名前だ。この集合住宅を構成するタウンハウスは、大きくてどっしりしていて個性が乏しい。いかにも中上流層向け住宅らしい近寄りがたい雰囲気が漂う。インターネットで調べると、そのうちの一戸（広さ約210平方メートル）は、74万4999ドルで売りに出されていた。

不動産相場が上昇するにつれて、昔の住民の多くは不動産を売却して地域から出ていったり、家賃を支払えずに立ち退きを余儀なくされたりした。いま、かつての黒人地区は、人種・民族構成の面でヴィーナやフェアファックスのほかの地区と違いがないように見える。黒人だけ、もしくは黒人中心の地区ではなくなり、アジア系の住民も増えている。アジア系と中南米系が増加して、統計上は昔より人種統合が進んだと言えなくもない。しかし、再開発による高級化が進んだ結果、所得階層の面では同質性が高まった。裕福なアメリカ人の隣に裕福な移民が暮らすことはあっても、異なる所得階層の人同士が接する機会はめっきり減った。

黒人住民が無理やり追い出され、黒人中心の地区が力ずくで消し去られたわけではない。白人至上主義団体KKKのメンバーが黒人住民の家で十字架を燃やして脅すこともなかったし、差別的な法律が制定されることもなかった。1980~83年と1989年以降、バージニア州北部で暮らしてきた私が知る限り、この地域では差別が少なくなっている。2008年と12年の大統領選では、黒人のバラク・オバマへの支持が際立って強かった。1980年代前半と違って、南北戦争時に奴隷制の存続を主張した南部連合の旗が掲げられたりもしない。そうした行為はほぼ許容されなくなっている。

しかし、人種差別が減った代わりに、現状満足階級が出現した。バージニア州北部の多くの町では、あからさまな人種差別は見られず、たいていは差別意識も存在しないにもかかわらず、黒人と白人がわかれて住む傾向が強まった。黒人しか住まない地区がなくなったことを進捗と考える人もいるかもしれないが、好ましい面ばかりではない。社会の豊かな地域のなかから、異質な要素が消えてしまったからだ。家賃相場の上昇により黒人たちが弾き出されたことなどが原因で、異なる階層の人たちが混ざり合って住むケースが減り、金持ちは金持ちと、貧しい人は貧しい人と接することが増えている。

この点でヴィーナとフェアファックスはアメリカ社会の縮図と言える。

所得による分断

以下では、さまざまな側面での分断についてデータに基づいて検討する。具体的には、所得、教育、社会階層、そして人種による分断の現状について見ていく。

個々の側面ごとの違いはあるが、基本的な状況は、どの側面もおおむね共通しているように見える。アメリカの多くの地域では、所得、教育、社会階層、人種、そして全般的な雰囲気が異なる人たちの混ざり合いが昔より少なくなっている。1990年代以降、この点で多くの好ましくないトレンドが進行してきた。

経済的要因により新たな分断が生まれているように見えるかもしれないが、その根底にはマッチングの文化と停止状態の文化がある。マッチングの文化とは、金持ち同士、教育レベルの高い人同士が結びつく傾向のこと。停止状態の文化とは、1950年代や60年代はもとより、90年代よりも経済の変化が減速している状況のことだ。人種や社会階層に基づく憎悪が完全に消えたとは言わないが、それは今日の社会的分断を生んでいる直接的な要因ではない。分断を生んだ要因は、富裕層が教育レベルや社会階層や所得水準の面で自分と似た人とだけ関わって生きる能力を高めていること、そして、そのような状況を幸せに感じ、少なくともそれに満足するようになったことだ。

まず、所得による分断から見ていこう。今日の社会的分断のなかでは、これが最も観察しやすい。

低所得層の経済力が乏しく、環境の良好な地区に住めない状況は、ほかの側面で分断が生まれる原因になっている場合もある。今日のアメリカでは、どれだけ金をもっているか、言い換えれば何を買うことができるかによって、人の意思決定が左右される面が大きいからだ。

所得による分断は、1970年頃から急激に拡大しはじめた。1990年代にはいくらか落ち着いたが、2000年から07年にかけてそのペースがいっそう加速した。1970年の時点で、明白に「貧困」もしくは「裕福」な地区で暮らす世帯は、全体の約15％にすぎなかった。2007年には、その割合が31％に達している。公立学校で給食費を免除される子どもが特定の学区に集中する傾向も強まっている。中流層が縮小し、「金持ち」と「貧乏人」に二極化して両者が交わらない社会が出現した。住む場所が所得といっそう強く結びつく時代になったのである。この点は、大都市の賃貸住宅の広告を読めばすぐにわかる。[1]

2000年から07年にかけて、アフリカ系と中南米系の間ではとくに、異なる所得階層の人たちと同じ地区に住んでいる人の割合が急激に減少した。さまざまな所得階層が混ざり合う地区で暮らす世帯の割合は、白人よりも極立って小さい。その結果、アフリカ系と中南米系の貧困層は、質の高い学校や治安の良好な環境など、高所得層への移行を後押ししてくれる要素との接点が減ってしまった。アフリカ系と中南米系の人たちが環境の好ましい地区から締め出されたヴィーナとフェアファックスは、そのわかりやすい例だ。彼らは、異なる所得階層の人たちと接することの恩恵が誰よりも大きいはずなのに、その機会を奪われている。この場合も、それはあからさまな人種差別や偏見によるものではなく、おおむね社会の構造的な問題（とくに、再開発による家賃相場の高騰）が原因だ。[2]

今日のアメリカで、所得による分断が甚だしい都市はどこか？　最上位の4都市には、北東部の都市が名を連ねる。トップは、コネティカット州のブリッジポート・スタンフォード・ノーウォーク大都市圏。そのあとに、ニューヨーク、フィラデルフィア、ニューアークと続く。これらは、アムトラック（全米鉄道旅客公社）の同じ路線沿いの都市だ。5位以下は特定の地域に集中していないが、上位14都市のなかにテキサス州の都市が4つ入っている（ちなみに、そのなかにオースティンは含まれているが、エルパソは含まれていない）。2000年から07年に分断が最も強まったのは、デトロイト大都市圏だ（中流層が大量に流出したことが原因だった可能性があるが、再開発による高級化がいくらか進んでいるため、ある程度は中流層が戻ってくるかもしれない）。ここに挙げた都市では、異なる所得階層が混ざり合うことがきわめて少ない[3]。

注目すべきなのは、所得レベルと教育レベルによる分断が最も際立っている10都市を見た場合、そのなかに、テキサス州の4つの大都市圏が含まれていることだ。そのテキサス州に人口が大量に流入しているという事実を考えると、多くのアメリカ人は、（どのくらい明確に自覚しているかはともかく）分断の進んだ都市に住むことを選択していると言えるだろう。分断が甚しい地域に人口が流入している場合が多く、その意味で「分断モデル」は多くの地域で市場テストに合格しているとみなせる。分断された地域が避けられていれば心強いのだが、人口移動の実態を見る限り、そのような傾向は見られない。ここでもやはり、誰かが意図しているわけではないのに、ある種の分断が進んでいる。

教育と文化による分断

所得以外の側面はどうか？　ほかの側面でも、一人ひとりの選択が積み重なった結果として、異なる層の混ざり合いが減っているのか？　アメリカの社会的分断は、所得の面だけで起きているわけではない（ただし、ほかの分断の背景に経済的要因があるケースは多い）。教育と社会階層の面でも、分断が目立つようになっている。

教育と社会階層、さらには人種など、さまざまな側面で分断が際立っている都市は、都市研究者のリチャード・フロリダとシャーロッタ・メランダーが言う「ハイテク・知識基盤大都市」である場合が多い。ここにも現状満足階級の台頭が影響している。

ある土地でどのくらい社会階層が混ざり合っているかは、たとえば勤労者階級と非勤労者階級の分断の度合いを見ればわかる。この点で最も分断が小さい都市は、ハートフォード（コネティカット州）、プロビデンス（ロードアイランド州）、バッファロー（ニューヨーク州）、バージニアビーチ（バージニア州）、オーランド（フロリダ州）、ミルウォーキー（ウィスコンシン州）、ニューオーリンズ（ルイジアナ州）、ロチェスター（ニューヨーク州）、ラスベガス（ネバダ州）、シンシナティ（オハイオ州）という順になっている。このリストには、「オールド・アメリカ」、すなわち製造業の中心地だった都市が多く含まれている。

続いて、勤労者階級と非勤労者階級の分断が最も激しい大都市がどこかを見てみよう。こちらのリストの上位は、ロサンゼルス（カリフォルニア州）、オースティン（テキサス州）、ダラス・フォートワース大都市圏（テキサス州）、ワシントンDCという順だ。このあとに、ローリー（ノースカロライナ州）、サンフランシスコ（カリフォルニア州）、サンノゼ（カリフォルニア州）、ヒューストン（テキサス州）、シャーロット（ノースカロライナ州）、コロンバス（オハイオ州）と続く。これらの地域には未来がある。いずれも、航空会社の機内誌で旅行先や移住先として絶賛されている都市だ。このような都市に住みたいと考える人は多く（懐事情に照らしてそれが可能ならば、の話だが）、住民の幸福感も高い。[4]

大都市圏だけでなく、大きな都市すべてを含めると、勤労者階級と非勤労者階級の分断が激しい5都市に、ダーラム・チャペルヒル大都市圏（ノースカロライナ州）、ブルーミントン（インディアナ州）、アナーバー（ミシガン州）という3つの大学都市が入ってくる。これらの都市でも、現状満足階級が自分と似た人たちと寄り集まって生活している。地元に大きな大学がある都市は、ITやバイオテクノロジーに精通した知識労働者、高技能労働者、創造性豊かな人たち、成功を目指して奮闘している人たちが多い。そのような人が大勢いる都市ほど、教育と社会階層による居住地の分断が生まれやすいことがわかっている。[5]

前出のフロリダとメランダーの研究によれば、ハイテク産業が盛んで、創造性が求められる職に就く「クリエイティブ階級」と大学卒業者が多い都市ほど、人種による分断が際立っている。同性愛者や外国人が比較的多い都市（たとえばサンフランシスコ）、そして住民のほとんどが白人の都市でも、居住地の分断が見られる場合が多い。

サンフランシスコでは、2LDKの家賃の中央値が5000ドルを突破した。ほとんどの住民は、サンフランシスコに住み続けることの経済的負担が非常に重いと感じはじめている。中上流層の住民も例外ではない。このような状況の下、貧困層が住める地区は減る一方だ。貧困層や中流層の間では、家賃相場の高騰を招いたテクノロジー企業に対する抗議活動まで発生している。近隣のシリコンバレーに目を転じると、イースト・パロアルトの一帯は1990年代までスラム地区のように思われていたが、いまは何百万ドルもするコテージやバンガローが売りに出されている[6]。

人種的なマイノリティや教育レベルが低い層、そして勤労者階級が締め出されている都市は、社会的分断が進んでいることを別にすれば、「トレンディな都市」の条件を備えている場合が多い。ニューヨーク市ブルックリン区のパークスロープ地区やミシガン州アナーバーの住民は、階層による居住地の分断を道徳的に好ましくないと感じていて、自分たちの地元でそのような現象が起きていると言われればショックを受けるだろうが、それでも分断は進む。しかも、そのペースは加速していく。この潮流に終止符を打ちたいと本気で思っている住民がほとんどいないからだ。少なくとも、環境のいい地区に（とくに子どもにとって好ましい地区に）住む経済力があるのに、あえて環境の悪い地区に住むほど、この問題の解決を重視する人はいない。

クリエイティブ階級がほかの層と混ざり合っている都市があるとしても、それは規模の大きな都市ではなく、比較的小さな都市の場合が多い。そのため、そのような都市が社会全体に及ぼす影響は限られている。この側面で最も分断が小さい都市は、人口4万人に満たないミネソタ州マンケートだ。オンライン百科事典のウィキペディアによると、最大の雇用主は世界的な医療機関であるメイヨー・クリニックだという。生活の質が高いことで知られており、2004年にはグリーティングカード大手のホールマーク・カーズにより、全米で最も愉快な都市に選ばれている。マンケートに次ぐのは、ルイストン・オーバーン大都市圏（メーン州）、そのあとは、セントクラウド（ミネソタ州）、ジョプリン（ミズーリ州）、ローム（ジョージア州）と続く。これらの都市は、アメリカ全体の社会的・文化的潮流に大きな影響を及ぼしていない。居住地の分断が進んでいる都市のほうが多いからだ。

マンケートのような都市をけなすつもりはない。しかし、このような都市がアメリカの未来を先取りしているとは思えないし、やがてアメリカ屈指のクリエイティブな都市になるとも思えない。未来のアメリカというより、古いアメリカの一部という性格が強い。いくつかのサービス産業が成功しているおかげで経済的に繁栄し、質の高い公共サービスを維持できているにすぎない。要するに、多様な集団が混ざり合って生活し、社会的・経済的な統合が進んでいる都市は、アメリカの未来を映し出しているようには見えないのだ[7]。

次に、教育レベルによる分断を見てみよう。これも社会階層による分断の一側面と位置づけられる。高卒以上の人と非高卒者の居住地が分断されていない大都市圏のリストには、オールド・アメリカの都市がずらりと並ぶ。その多くは、製造業と古い交通・輸送システム（河川や運河、湖など）に依存してきた都市だ。リストの1位はピッツバーグ（ペンシルベニア州）、そのあとにルイビル（ケンタッキー州）、バッファロー（ニューヨーク州）、セントルイス（ミズーリ州）、ニューオーリンズ（ミシシッピ州）、シンシナティ（オハイオ州）と続く。これらの都市は分断が比較的小さいが、アメリカ全体の状況はもっと深刻と考えていいだろう。さまざまな集団が混ざり合って生活しているオールド・アメリカは、次第に縮小しているからだ[8]。

このような分断を加速させているのは、誰なのか？　データを見ると、富裕層と教育レベルの高い層は、自分と同じ層の人が多い土地で暮らしたがる場合が多い。また、民主党員は共和党員よりも、自分と同じ政治的志向の人と固まって生きている。民主党員のほうが都会暮らしを好むこともその一因だろうし、都市での生活が人を民主党支持に傾かせている可能性もある。職種の面では、クリエイティブ階級は勤労者階級に比べて、同類の人と寄り集まって生活する傾向がある。

皮肉なのは、このようなタイプの人たちほど、社会の不平等を問題視し、社会の分断に不満を述べていることだ。この人たちは徹底した自己選択により、口で言っていることとはまったく異なる居住地選択をしている[9]。

その結果、富裕層と教育レベルの高い層は、表面的には進歩主義の政治的志向をもっていても、自分たちと異なる層の現実が見えていない可能性がある。高所得層は、さまざまな所得階層が住む地区で暮らしていない人が多い。そのため、社会の問題を直感的に理解できず、ほかの所得階層の人たちがどのような不満をいだいているか認識できないのかもしれない。

居住地の分断は、いまに始まったことではない。その傾向は、40年ほど前からデータにはっきりあらわれていた。しかし、今日はそれが極限に達し、政治にも影響が及びはじめている。ドナルド・トランプ大統領の誕生もその影響の1つだ。エリート層の政治評論家のなかに、2016年のアメリカ大統領選でトランプが勝つと予見していた人はほとんどいなかった。共和党支持層の間でトランプが人気を集めていることは世論調査で明らかだったのに、評論家たちはそれを黙殺していた[10]。

大学都市で起きていること

大学都市は、多文化主義と反差別の色彩が強く、進歩的な土地だというイメージがある。しかし、本当にそうなのか？　居住地の分断が甚だしい小規模都市のリストを見ると、大学都市が多く含まれている。人種と教育レベルによる居住地の分断がとりわけ際立っている大学都市のなかには、アナーバー（ミシガン州）、ダーラム・チャペルヒル大都市圏（ノースカロライナ州）、ツーソン（アリゾナ州）、ゲインズビル（フロリダ州）、カレッジステーション（テキサス州）などがある。

これらの都市では、高所得者以外は環境が良好な地区に住めない（しかも、そのような地区が年々増えている）。教育レベルと人的ネットワークによる分断も激しい。その結果、人種による居住地の分断も進んでいる場合が多い。そもそも、低所得者は、高い家賃を払ってまで大学教授のそばに住みたいとは思わないだろう。

大学は、アファーマティブ・アクション（積極的差別是正措置）とダイバーシティ重視を打ち出しているが、実態としては、富裕層と、（大学という機関の性格を考えれば当然のことだが）教育レベルの高い層、そして野心家の牙城になっている場合が多い。それは、地元の都市の雰囲気にも強く影響を及ぼす。

皮肉なことに、アメリカ社会で強まってきた寛容の精神は、社会の統合を推し進めるうえでは両刃の剣になっている。寛容の文化が新しい参入障壁をつくり出している面もあるのだ。一部の土地は、適切な「寛容の精神」の持ち主、そこに住むための経済力がある人、そこに溶け込める人しか住みにくくなっている。大学の文化は、カクテルパーティーの話題として取り上げる分には寛容なものに思える。しかし実際には、多様な人たちが混ざり合うことは比較的少なく、社会と経済の停止状態に拍車をかける要因になっている[1]。

前出のリチャード・フロリダとシャーロッタ・メランダーは、所得、教育レベル、職業による居住地の分断が最も激しい都市とそうでない都市のランキングを作成している。ランキングのトップはテキサス州オースティンだ。この都市では、大学卒の裕福な専門職が教育レベルの低い人たちの近くに住んでいる確率がアメリカで最も小さい。

オースティンを少しでも知っている人なら、この点は納得がいくだろう。エリート層が多く住む都心部には、自然食品スーパーマーケットのホールフーズが全米最大規模の店舗を構え、テクノロジー系の新興企業がいくつも拠点を置いている。ニューヨーク発のカジュアルブランド、ロフトの服を着た女性たちが通りを行き交い、不動産価格はテキサス州でも指折りの高さだ。バーベキュー料理店も高級趣味で、きれいな身なりのウェーターやウェートレスが高級肉を運んでくる。しかし、空港付近に足を延ばすと、剝製業者、防犯グッズや自動車部品の販売店、ストリップ劇場などが立ち並ぶ。このあたりにもバーベキュー料理店があるが、店内は狭苦しく、高級感はまったくない。安っぽい移動式の店舗の場合も多い。店で出されるのは安肉だ。

都心部からセサール・チャベス大通りを東に向けて自動車を走らせると、2つのオースティンの違いがよくわかる。ルート35を渡った途端に化粧品店は姿を消し、少額ローン業者や、移民や犯罪者向けの弁護士事務所、中南米系のパーティーグッズ店や空中ブランコの教習所、そして銃砲店(お勧めはオースティン・ゴールド・アンド・ガンズという店だ）があらわれる。人々は、川を見晴らす高層マンションではなく、粗末な家のポーチで過ごしている。

2つのオースティンは、距離にすれば遠く離れているわけではないが、境界線は見逃しようがない。最近は流行のコーヒーショップや古書店が西に移転する動きも見られるが、大きな流れとしては、エリート層のエリアが低所得・低教育層のエリアを次第に侵食している。

このような再開発による高級化は、オースティンのあらゆる側面に影響を及ぼしている。音楽シーンも例外ではない。オースティンは「ライブ音楽の都」というのを売りにしてきたが、住宅価格の中央値が27万2250ドルを突破し、さらに上昇し続けている状況で、ミュージシャンが生計を立てにくくなってきた。市内で居住環境の悪い地区に引っ越したり（地元のミュージシャンの約半分が公的な住宅費補助の対象者だ）、オースティンから出て行ったりする人が増えている。ミュージシャンにとっては、地域が高級化して、大きな音で演奏することが歓迎されなくなったことも悪材料だ。防音工事をする資金的余裕がなければ、その地域を出ていくしかない。オースティンの高級化は、長い目で見ると創造性に好影響を及ぼす面ばかりではないのかもしれない。[12]

もっとも、好ましい変化も起きている。1970年、オースティンの成人のうち、大学教育を受けた人の割合は17％にすぎなかった。それが2009〜13年には45・6％に上昇している。[13]

人種による分断

所得による居住地の分断は、人種をめぐる状況にも影響を及ぼしている。人種の統合に関しては、好ましい傾向もある。アメリカ全体として見れば、1980年代に人種の分断が激化したが、1993年以降は緩やかに統合が進んでいるのだ。ある指標によると、全米の3分の2の地域で人種による分断が弱まったのに対し、分断が強まった地域は3分の1にとどまっている。しかし、悪い材料もある。そのような進歩が一部の地域と一部の指標に限られていることだ。しかも、最も重要な指標で進歩が見られていない。

現状を細かく検討すると、懸念をいだかずにいられない。とりわけ憂慮すべき問題がいっそう悪化しているからだ。たとえば、居住地で人種の統合が進んでいるほどには、学校での統合が進んでいない。社会の未来にとって、これは好ましくない傾向だ。恵まれない境遇の子どもは、さまざまな層の子どもたちがいる学校で学ぶほうが好ましい結果を得られる。[14]

懸念すべき点を具体的に見ていこう。第一に、人種による分断が弱まっているというデータは、主としてアジア系と中南米系がアフリカ系と混ざり合うケースが増えた結果だ。荒廃していたスラム地区の状況が改善したという意味では、好ましい傾向と言える。しかし、白人中心の地区に住むアフリカ系は減っている。彼らが白人中心の地区に転入することを妨げる障壁はいまも解消されていない。むしろ、いくつかの面で障壁は高くなっている。アフリカ系の世帯が居住している地区にどのくらい白人世帯が住んでいるかを見ると、1990年の時点でその割合は平均41・7%だった。この数字は

39・8%に下落している。[15]

第二に、学校でも人種による分断が悪化している面がある。白人が過半数を占めている学校におけるアフリカ系の子どもの割合を調べると、アメリカ南部では1988年にその割合が史上最高の43・5%に達した。しかし、2011年にはそれが23・2%まで落ち込んでしまった。23・2%というのは、公民権運動が激しく展開されていた1968年をわずかながら下回る水準だ。南部以外に住むアメリカ人の多くは、南部でこのような後退が起きていることに気づいていないように見える。まして や、それが社会全体に及ぼす将来的な悪影響は理解できていないだろう。[16]

アメリカ全体でも、アフリカ系の子どもが通っている学校にどのくらい白人の子どもが在学しているかを見ると、その割合は平均8・3%にとどまる。1960年代の公民権運動は学校の人種統合という理想を掲げたが、その理想にほど遠い現実と言わざるをえない。一方、アフリカ系の子どもが多い地区や学校では、アジア系と中南米系が増えている。アフリカ系の子どもが住んでいる学区の人口構成は、平均するとアジア系が10・7%、中南米系が10・9%、アフリカ系が48・8%となっている。[17]

学校の人種統合をめぐる状況が明るいのは、主に都市郊外の住宅地だ。都市の規模にもよるが、郊外住宅地の学校では、アフリカ系の子どもの割合が9~14・6%にとどまっている。これは、学校にさまざまな人種の子どもが混ざり合っていることを意味する。1960年代の都市郊外は、活気がなく、退屈で個性の乏しい場所というイメージだった。しかし、いまは暮らしやすく、ビジネスの機会が豊富で、公共サービスも充実していて、移民も多い。住宅相場も安いし、全般的にオープンな雰囲気がある。こうした要素に後押しされて、人種統合もかなりうまくいっている。郊外住宅地では、変化をもたらす可能性のある要素を全面的に抑え込むことが難しいため、(少なくとも現時点では)現状満足階級に席巻されていないのだ[18]。

しかし、郊外住宅地の学校が深刻な分断と無縁なわけではない。あまり知られていないが、中南米系の子どもは、アフリカ系の子ども以上に白人と分断されている。カリフォルニア州の中南米系の子どものうち、白人が過半数を占める学校に通っている割合は7・8%にすぎない。これは、中南米系が固まって暮らしている地区がたくさんあること、そして、中南米系の多くが最高級の白人地区に住めるほど豊かでないことなどが原因だ。この2つ目の点からは、差別意識よりも経済的な要因が居住地の分断を生み出していることがうかがえる。中南米系の人たち全般の状況も好材料ばかりではない。2005~09年のデータによると、中南米系の人たちは、1990年に比べて白人と同じ土地に住まないケースが増えている[19]。

アメリカの学校における人種統合の状況は、20~30年前に多くの人が予想していた水準にまったく達していない。現状は、当時の人たちが望んでいたレベルに遠く及ばない。都市部と南部では、とくに状況が深刻だ。分断が激しいほど、弊害も大きくなる。そこで、アフリカ系の子どものうち、白人がきわめて少ない学校に通っている子どもの割合を調べると、南部、南西国境地域、北東部、中西部、西部のすべてで非常に残念な状況が浮き彫りになる。人種統合の水準が1989~90年よりやや後退しているのだ[20]。

人々が何を重んじ、社会がどこに向かっているかは、学校に見て取れる。白人の若い共稼ぎカップルは、都会に居住し、上品とは言えない地区や多くの人種が混ざり合っている地区で暮らすことが多い。そのような場所のほうが安く住めるし、住んでいて楽しいという面もあるのかもしれない。こうした行動は、人種による分断を和らげる効果をもつ。ところが、そのようなカップルも、子どもが生まれて学校に通うようになると、郊外住宅地や同じ市内の高級地区、あるいはまったく別の土地に出て行く場合が多い。

白人たちにとって、人種統合は人生の一時期におこなう実験にすぎない。子どもが生まれると、実験はおしまいになる。一時的な実験に前向きな人が多いのは、悪いことではない。問題は、そうした行動が長続きせず、子どもたちが人種的に統合された環境で過ごせていないことだ。

人種統合の未来を考えるために、学校の状況をもう少し詳しく検討してみよう。1980年、メリーランド州では、アフリカ系の子どものうち、「きわめて人種分断が激しい学校」に通っている割合は30%だった。現在は、その割合が53%に上昇している。同じ期間に、この数字はミシシッピ州で9ポイント増、テネシー州で15ポイント増、テキサス州で9ポイント増、ジョージア州で16ポイント増、アラバマ州で10ポイント増、フロリダ州で17ポイント増、アーカンソー州で21ポイント増となっている。一般的に、「きわめて人種分断が激しい学校」とは、白人の子どもの割合が10%に満たない学校を指す[21]。

南部だけでなく、北部の州の状況も良好とは言えない。アフリカ系の子どものうち、白人が10%未満しかいない学校に通っている子どもの割合が大きい上位5州は、ニューヨーク州、イリノイ州、メリーランド州、ミシガン州、ニュージャージー州だ。ここ数十年のデータの悪化が南部の州ほどひどくないのは、それ以上悪くなる余地がないくらい、状況がすでに悪化していたからでもある[22]。

学校は、国の未来を映す鏡だ。人間の核を成す考え方や姿勢の多くは、学校ではぐくまれる。それに、子どもをどの学校に通わせるかには、親の本音と価値観が反映される。学校が人種により分断されていたり、質の悪い教育しか提供していなかったり、そのほかの面で機能不全に陥っていたりすれば、社会に数世代先まで悪影響が及ぶ。将来、どのくらい深刻な社会的分断が生まれるかも、その影響を受ける可能性が高い。

分断が「新しい常識」に

将来の展望は、東海岸も西海岸も明るくない。教育現場の人種分断に関する3つの主要な指標のうちの1つでは、ニューヨーク州が最下位、カリフォルニア州が下から3番目となっている。もう1つの指標では、カリフォルニア州が最下位、ニューヨーク州が下から3番目だ。この2つの州がことのほか人種差別的なわけでも、たちが悪いわけでもない。分断は、所得、住宅相場、建築規制、学区の区割り、そしてマッチングとソーティング（分別）の文化の産物だ。副次的要因としては、人種差別も関係している。裕福な白人エリートの一部が近所から安価な住宅を排除したがる背景には、低所得層や低教育層や有色人種と混ざって暮らしたくないという思いがある。それは、無意識の場合もあれば、意識的な場合もあるだろう。

いずれにせよ、アメリカで最も進歩的なニューヨーク州とカリフォルニア州も、人種統合の面では好成績を挙げられていない。ソーティングと社会的分断は、今日のアメリカ社会の——とくに、裕福で教育レベルが高く、時代の先端を行っている地域の――あり方と密接な関係にあるのだ。

最近の研究によると、ニューヨーク州は、学校の人種的な分断が全米で最も激しい州だ。ニューヨーク市の状況はとりわけひどい。２０１０年の時点で、ニューヨーク都市圏内の学区のうち、人種の多様性がある学区（非白人の子どもが20％以上で60％未満）は約20％にとどまっている。しかも、この20％の学区のなかでも、人種の多様性が低下傾向にない学区は3分の1もない。２０１０年のデータによると、ニューヨークのチャータースクール（公設民営方式の特別認可学校）の90％以上は「きわめて人種分断が激しい」。73％は、南アフリカで実施されていたアパルトヘイト政策（人種隔離政策）にちなんで「アパルトヘイト・スクール」と呼ばれるような状態にある。白人の子どもが1％未満しかいないのである。[23]

ニューヨークが（学校の在学者の構成ではなく、居住者の構成の面で）完全に人種統合された都市になるためには、人口の78％が現在とは違う地区に引っ越さなくてはならないという。[24]

しかし、ある地区で人種統合が進展しそうになったとき、何が起きるかを目の当たりにすると、憂鬱になる。ニューヨークのブルックリンでは最近、再開発により高級化したダンボ（Dumbo）地区（マンハッタン橋高架道路下＝Down Under the Manhattan Bridge Overpass）への人口流入が増えている。その結果、学区の区割りを変更し、一部の子どもを隣の学区に移す必要が出てきた。ほとんどが白人の学区「ＰＳ８」に属していた子どもたちが、アフリカ系と中南米系が9割を占める学区「ＰＳ３０７」に移らなくてはならなくなったのだ。

白人の親たちは、この方針に猛烈に抵抗した。アフリカ系の親のなかにも、学校に白人の子どもが大勢入ってくれば教育環境が変わりかねないと、不安を口にする人が少なくなかった。教育予算があまり増えずに、子どもたちの直面する競争ばかりが激しくなることを恐れたからだ。白人と高所得層の多くは、修正を加えられた区割り変更案を受け入れたが、この問題が法的にどのような決着を迎えるかは現時点で見通せない。それほどまでに、親たちの圧力は強く、主張の対立も激しい。

この一件は、学校の人種統合を推し進めることの難しさを浮き彫りにした。アメリカは、人種的に分断された社会を築いただけでなく、その状況を固定してきたのだ。[25]

白人とアフリカ系アメリカ人の人種分断を生み出している要因は、所得だけではない。白人と同じ地区に住んでいる人の割合は、裕福なアフリカ系アメリカ人も、貧しいアフリカ系アメリカ人より若干高い程度にすぎない。社会学者のジョン・R・ローガンの言葉を借りれば、「黒人にとっては、所得より人種の影響が大きい」のである。

露骨な人種偏見は減ったが、理由はともかく、アメリカの最先端の地区ですらアフリカ系アメリカ人は歓迎されていない。その点では、高所得層のアフリカ系アメリカ人も例外ではない。アメリカでは、古い文化をもつ土地のほうが、人種統合を、そして異なる社会階層の人たちが混ざり合うこと全般を受け入れているように見える。[26]

以下に引用するシリコンバレーの逸話は印象深い。

グーグルが多様性のある企業文化を築こうとしていることは、彼女（アフリカ系アメリカ人女性のリーナ・オルストン）も理解できた。しかし、チームで唯一のアフリカ系アメリカ人である彼女は、同僚たちとの間にほとんど共通点を見いだせなかった。「チームの仲間たちとランチに行くと、『なんの話をしているの？』と思うことが多い」と、彼女は言う。「どのテレビ番組を見るか、どの本が好きかといった些細なことでも、話題に上る番組や本は、私が見たり読んだりするものとは違う」

「公民権運動以前の時代には、肌の色の明るい人が好印象をもたれ、選考を突破しやすく、有利になるという状況があった」と、（レジェンド・）バージは言う。「今日は、文化的な相性の影響が大きい。同じジョークで笑えるか？　ローラーブレードの趣味があるか？　こうしたことが大きな意味をもつ[27]」

アジア系の場合も、一般に思われているほど円滑に統合が進んでいるわけではない。東アジア出身の移民が学校でほかの人種を圧倒する成績を収め、社会の主流に仲間入りしているというイメージは強い。実際、そのようなグループもある。しかし、アジア系全体のデータを見ると、状況はそこまで明るくない。アフリカ系ほどではないにせよ、１９９０年以降、居住地の面ではアメリカ社会への統合が若干弱まっているように見える。それに平均的には、アジア系が多い地域は白人の多い地域に比べて社会的資源が充実していない。フィリピン系、ベトナム系、ラオス系など、多くのグループは、統合が進んでいるとはとうてい言えない[28]。

分断が進行すると、いずれはそれが「新しい常識《ニュー・ノーマル》」になる。現状を問題と考えない人が多ければ、人はその状態に抵抗を感じなくなり、それが当たり前だと思いはじめる。そうした風潮は、長い目で見れば分断をいっそう強める可能性がある。問題を全面的に解決できるシンプルで直接的な方法はたいていない存在しない。この問題は、社会の根本的な性格に根差したものだからだ。むしろ、露骨な人種偏見が解消されたあとは、変革を求める大義が力を得にくくなり、改革が支持されづらくなりかねない。そうなれば、状況はいっそう悪化する。誰も変革を訴えることで大きな恩恵を得られないからだ。

社会が分断されている状況の最も大きな問題点は、多くの人々にとって人生で成功するチャンスが狭まってしまうことだ。幸せな結婚、高い所得、わが子の社会的な成功、そして長寿と健康を得ることが難しい人たちが出てくる。そのような状況に追いやられるのは、最も貧しく、最も弱い人たちの場合が多い。環境の悪い地区で生活する人たちは、さまざまな社会的資源を利用できず、悪い社会規範に染まり、破滅的行動を助長するような仲間とつき合いがちだ。多くのデータから明らかなように、さまざまな社会階層が混ざり合っている地区に住む人ほど、所得・教育レベルを向上させられる可能性が高い[29]。

これは、左派の立場から見ても右派の立場から見ても由々しき状況だ。進歩主義者である左派は、激しい分断などの劣悪な環境が人々の力を奪うことを問題にしてきた。一方、右派は、貧困層の多い地区で生活し、主に貧しい人たちとつき合うようになること、つまり貧困の文化のなかで生きることの弊害を問題にしてきた。

このように、左派と右派では問題の位置づけ方が異なる。左派は貧困層を犠牲者とみなし、右派は文化的もしくは人格的欠陥を理由に貧困層を非難する。しかし、階層の分断が貧困層に悪い結果をもたらすという点では、両者の意見はかなり一致している。しかも、現在の状況はきわめて深刻だ。信頼性の高いデータによると、白人と黒人の所得格差が以前のようには縮小しなくなっている。[30]

環境が良好な地区に多様な社会階層の人たちが流入することは、既存の住人の利益に反すると感じるかもしれない。実際、そのような面もあるだろう。しかし、裕福な人がますます裕福になり、貧しい人がいくつかの点でますます厳しい状況に置かれる結果、社会の分断はますます深刻化しているように見える。このような現実を考えると、人種などの面で社会的統合を推し進めるべきだという主張はけっして途方もないものではない（包括的な費用対効果分析がなされていないため、どのくらいの経済的なコストがかかるかは不明だが）。社会の分断が容認できる水準を超えていることは、多くの具体的なデータにより裏づけられている。

保守派とリベラル派の分断

本章では、人種、所得、教育など、古くから存在する分断について論じてきたが、いまアメリカで広がりつつある分断はそれだけにとどまらない。分断を拡大させるような考え方と行動が社会全体に広がり、それが容認され、深く根を張りはじめている可能性がある。豊かな地域がますます豊かになり、才能のある人たちがそうした土地にしか住まなくなれば、家賃相場が高騰する。その結果、異なる所得階層や社会階層の人たちが混ざり合う可能性はいっそう小さくなる。それは、社会にとって好ましいことではない。

弊害はほかにもある。政治的思想が異なる人同士がますます交わらなくなっているのだ。民主党支持者は民主党支持者が多いコミュニティに、共和党支持者は共和党支持者が多いコミュニティに住むケースが多くなっている。この状況が議会での党派対立を先鋭化させ、政治の機能不全を生んでいる面がある。政治評論家が「政治的な二極化」と呼ぶ現象のかなりの部分は、実はソーティング（分別）が激化した結果だ。

リベラル派は都市に住みたい人が多く、保守派は郊外や地方を好む人が多い。都市にリベラル派が増え、郊外や地方に保守派が増えれば、ほかの住人たちも影響を受ける可能性がある。いわゆるピア（仲間）効果により、都市はますますリベラルな人が多く、郊外と地方はますます保守的な人が多くなる。それに伴い、政治的思想の違いやキリスト教信仰の熱心さなどの面で、社会のソーティングがいっそう強まっている。[31]

ソーティングの強化は、有権者の政治的二極化とは区別して考えるべきだ。確かに、ソーティングが強まれば、リベラルな地域はよりリベラルに、保守的な地域はより保守的になり、議員たちも地元の有権者の意向を反映した行動を取るようになる。その結果、政界での議論がより対立的になり、妥協がいっそう難しくなっている。

しかし、この現象は、アメリカ人が以前より極端な政治思想をもつようになったことを意味しない。二極化がいくらか進んだことは事実だが、有権者に占める無党派層の割合は減っていないし、いずれかの政党を支持する人の割合も増えていない。政治学者のモリス・フィオリーナが指摘しているように、政治的志向の面で最も多いのは、いまでも「穏健派」だ。[32] アメリカ連邦政府が経済的・社会的問題の解決能力をほぼ失ってしまった一因は、規制緩和にせよ規制強化にせよ、リベラルな政策にせよ保守的な政策にせよ、党派の異なる議員たちが合意に到達できないケースが増えていることにある。
ときとして、社会的分断が生み出す影響は一見した以上に深刻だ。そのなかでも最も重大な分断については、本書でこれまで論じてこなかった。最近、刑務所の過密状態がアメリカ最大の不名誉として話題になることが多い。この問題は簡単に解決しないだろう。いま刑務所に入っているアメリカ人は200万人以上。これは1970年のざっと8倍だ。アメリカの刑務所人口は世界で最も多く、刑務所暮らしをしている人の割合も最も大きい。
著書『アメリカのデモクラシー』で知られる19世紀フランスの思想家アレクシ・ド・トクヴィルがアメリカを訪れたそもそもの目的は、刑務所制度を学ぶことだった。トクヴィルは視察の結果に基づき、「アメリカほど刑事司法制度が穏健に運営されている国はほかにない」と書いている。しかし、いまの状況は違う。今日、そのような刑務所運営がおこなわれているのは、アメリカではなく北欧の小国だ。[33]
20〜24歳のアフリカ系アメリカ人男性の高校中退者は、職に就いている人が19・2%なのに対し、刑務所に入っている人が26・4%に上る。一部の指標に照らせばアメリカの人種差別はこの80年間で大幅に緩和されたが、刑務所への収監を通じた社会的分断はむしろ強まっている。その点は、過去のデータと比べれば一目瞭然だ。1930年代生まれのアフリカ系アメリカ人男性が20〜24歳だったときには、職に就いている人が68%に上り、刑務所暮らしをしている人は6・7%にすぎなかった。イデオロギーとしての人種差別は弱まっても、分断は続いているのだ。それどころか、ある面では分断が強まっている。ところが、社会の分断に関する指標は、刑務所服役者を考慮に入れていない場合が多い。[34]

アメリカ政府の違法薬物撲滅運動「麻薬との戦い」も、この状況に拍車をかけてきた。薬物関連の犯罪に一定期間の刑を科すことを義務づける「強制的最低量刑制度」が導入されたり、クラック・コカインの取り締まりが強化されたりした結果、(それを意図していたかはともかく)逮捕される人たちの人種構成が大きく変わった。1974年、薬物関連の逮捕者は、白人が74%、黒人が20%だったが、1987年には、白人が63%、黒人が36%になり、1993年には、クラック・コカインの密売で有罪判決を受けた人の88%以上を黒人が占めるようになった。しかも、黒人は裁判で刑務所に送られる確率が高く、刑期も長くなる傾向があった。目に見えない形で、人種偏見が作用した部分もあったのだろう。[35]

これは悲劇と言うほかない。アメリカで社会の秩序が保たれているのはソーティングと分断のおかげという面が大きいが、それが収監という強制的な形を取っている場合もあるのだ。アメリカでは、問題の原因をほかの土地に、ひどい場合は刑務所に送り出すことにより、問題を解決しているケースが非常に多い。選挙でも、「法と秩序」を重んじる政治家だと思われることが有利に働くようになって久しい。少なくとも、犯罪に弱腰という印象をもたれれば選挙で不利になる。

ほかの国の人たちがしばしば理解できないのは、なぜアメリカで殺人や銃や精神疾患の問題がこれほどまでに深刻なのかということだ。これらの問題は、アメリカ社会を特徴づける要素になっている。ほかの豊かな国々と比べると、あまりに状況がひどい。その半面、アメリカは、信頼、協力、慈善活動など、社会関係資本に関する指標の大半で比較的好ましい状態にある。とくに、慈善活動の活発さでは、アメリカの右に出る国はないだろう。それなのに、どうして殺人の多発などの問題を抱えているのか?

実は、こうした好ましい側面と悪い側面は表裏一体の関係にある。協力は、溶け込めない人物を排除することによって促進される場合が多い。そのため、協力の精神に富んだ人たちが集まり、高いレベルの協力が実践されている一握りの土地と、混乱と機能不全に陥っている多くの土地に、社会が二分されてしまう。

社会の分断は、差し当たりの快適と安全をもたらすかもしれない。しかし、私たちは、さまざまな側面で分断された社会を本当に望んでいるのか? 現実には、私たちはまさにそのような社会を築いている。多くの場合、その潮流を牽引しているのは、おしゃれで最先端の人たちだ。しかも、その人たちはそのような社会で生きることに大きな満足感をいだいている。

第4章　創造しなくなったアメリカ人

アメリカ人はしばしば、自国がイノベーションで世界の先頭を走っていると胸を張る。確かに、高等教育、製薬産業、テクノロジー産業など、それが事実である分野も多い。しかし、40年前に比べると、アメリカは活力を失ったように見える。テクノロジー産業を別にすれば、1970年代前半以降はイノベーションが減速しているのだ。

この点は、生産性の停滞、生活水準の伸び悩み、（一般のイメージとは異なるだろうが）起業のペースの落ち込みなど、さまざまな経済データに見て取れるだけでなく、皮膚感覚でも体感できる。政治の領域では、主流派への反乱という形でその影響があらわれている。2016年のアメリカ大統領選で共和党のドナルド・トランプと民主党のバーニー・サンダースへの支持が盛り上がったのは、そのわかりやすい例だ。

アメリカ経済の失速は、社会の変化やそのほかの停滞と足並みをそろえて起きている。経済が元気を失ったことは、アメリカのギアがシフトダウンしてしまったことの最も明白な、そしておそらく最も重大な結果だ。

どうして、このようなことが起きたのか？　社会の停滞が経済の停滞を生んだのか、それとも経済の停滞が社会の停滞を生んだのか？　2つの現象は、どのように互いに影響を及ぼしてきたのか？

私が思うに、最初のつまずきは1973年の石油ショックだった。そう考えると、すべての始まりは、（それが最も根本的な要因だったかはともかく）経済的な変化だったと言える。この年を境に、エネルギーが安く手に入った時代が終わり、アメリカ経済が減速に転じた。文化の面では、高速の移動手段への関心が弱まりはじめた。アメリカ人の心理は、月面着陸を目指した世界から、行列をつくってガソリンを買う世界に移行した。

経済的な影響も広範囲に及んだ。1970年代のほとんどの期間、アメリカの生産性は救いようがないほど落ち込んでいた。社会にも変化が波及しはじめた。ジミー・カーター大統領は、冬にセーター姿を披露し、暖房の温度を下げようと呼びかけた。これは、人々が小さな期待しかもたない時代が到来したことを象徴する出来事だった。経済的な逆境に直面したアメリカ人は、活力よりも快適さを重んじるようになった。

1980年代に入ると、その傾向がいっそう際立ってきた。確かに、ロナルド・レーガン大統領が活力を強調したメッセージを前面に押し出し、人々の心理は再び上向いた。しかし、活力ある経済成長の恩恵に浴せたのは一部の人だけだった。所得格差の時代が始まったのである。そして、成功を収めた人たちは、変化を遠ざけ、みずからの特権的地位を守ることに血道を上げはじめた。こうして、現状満足階級が出現した。人々が以前ほど居住地と職を変えなくなり、さまざまな階層の統合が弱まりはじめたこと——もしくは、そのような傾向が加速しはじめたこと——により、その状況にいっそう拍車がかかった。

もっとも、石油ショックがこうした社会と経済の変容にいたる複雑な連鎖反応を引き起こしたわけではない。石油ショックは、その最初の兆候、そしてアメリカ人に対する最初の警鐘だったと考えるべきだ。停滞をもたらした「真犯人」（このような表現が適切かどうかはともかく）は、1960年代と70年代前半の旺盛な活力と相次いだ反乱だった可能性が高い。この時期に文化的なエネルギーが燃え尽き、人々は平穏を望むようになった。多くの人は、アメリカ史上有数の創造的な時代に発生した社会的混乱、すなわち、暴動、警察とデモ隊の衝突、犯罪の多発などにうんざりしはじめた。このような歴史の循環については、最終章で論じる。

1980年代以降の文化的停滞の時代、アメリカはみずからの高い能力を駆使して、望みどおりの平穏と安全を実現した。政府と市民社会が手を携えて、犯罪を減らし、子どもたちの安全を高め、徴兵をめぐる暴動をなくし、職と居住地を頻繁に変えなくても済む状況をつくり出した。

アメリカのダイナミズムが減退したという指摘は、ビジネス界や政界の指導者やオピニオンリーダーからはほとんど聞かれない。ビル・ゲイツは、「イノベーションが減速しているという考え方は……ばかげている」と述べたことがある。[1] 新しいアイデアが「ぞっとするくらい猛烈なペースで」生まれているというのが理由だ。ネットスケープ社の創業者で、ベンチャーキャピタリストとしても成功を収めているマーク・アンドリーセンは、最近まで少なくとも週1回以上のペースでツイッター

（@pmarca）に連続投稿し、新しいものごとの素晴らしさ、アメリカ経済の目覚ましい進歩、そしてテクノロジーとシリコンバレーの驚異を語っていた。

アメリカ人全員とは言わないまでも、多くの人の生活が上向いたという点では、ゲイツやアンドリーセンの言うとおりだ。しかし、ほとんどの指標によれば、人々の経済的な機会は縮小し、生活水準が改善するペースも落ちている。あまり指摘されていないが、アメリカ経済は概して数十年前よりも活力を失っていると言わざるをえない。

もはや「起業の国」とは呼べない

社会と経済がどのくらい停止状態にあるかは、起業の活発さを見ればよくわかる。ある推計によると、1980年、アメリカ企業全体に占める新興企業の割合は12～13%だった。現在、その割合は7～8%にすぎない。シリコンバレーの興隆が脚光を浴びてはいるが、いまのアメリカは昔ほど「起業の国」ではなくなっている。

これは、ほぼあらゆる業種と都市で見られる傾向だ。起業が活発というイメージの強いサンフランシスコとテクノロジー業界も例外でない。アメリカで創業5年以内のテクノロジー企業の数がピークに達したのは、2000年だった。テクノロジー企業全体に占める新興企業のパーセンテージも、1980年代以降減少している。企業の新規参入率（産業界の活力を映し出すデータと言える）に関する標準的な指標の1つを見ると、この20～30年間でその数字が上昇した大都市圏は1つしかない。その都市はテキサス州マッカレンだ。おそらくこれは統計上の誤差にすぎず、テキサス州が飛び抜けた潜在能力をもっているわけではない。[2]

アメリカで新興企業が急増している印象があるとすれば、いま目立っている新興企業の多くが消費者相手にビジネスをおこなう企業だからだろう。その種の企業は、メディアで大きく取り上げられることも多い。配車サービスのウーバーや民泊仲介サービスのエアビーアンドビーなどがそうだ。スマートフォンの画面をタップすれば、すぐに家の前まで車が迎えに来てくれるのは、確かに素晴らしい。それにより、消費者は大きな満足感を味わえる。しかしその陰で、起業などの経済活動全般は減速している。

起業が減っているだけではない。成功する新興企業の割合も低下している。その結果、歴史の浅い企業の割合が減り、アメリカ企業の「平均年齢」が上昇している。1980年代後半、アメリカの雇用の18・9%は、設立後5年以内の企業で生まれていた。しかし、2000年代後半の大不況直前の時点では、それが13・5%に低下していた。20年足らずの間に、その割合は3割近く落ち込んだ計算になる。

すべての企業に占める新興企業の割合や、新規雇用全体に占める新興企業の割合も、1980年代以降下落している。ウーバーは、アメリカ経済の新しい潮流を象徴する存在ではなく、近年の潮流に反する例外的な存在なのだ。[3]

企業の「高齢化」は、産業界の変化を減速させている。古い企業はダイナミズムが乏しくなり、行動パターンが固まるからだ。たとえば、設立5年以内の新しい企業は、6年以上の企業に比べて雇用の創出と破壊のペースが約2倍も速い。新しい企業はダイナミズムがあるため、社員の回転率が高いのだ。歴史の長い企業が増えるにつれて、雇用の流動性が落ち込みはじめた。四半期ごとの雇用の創出と破壊のペースが低下し、人々が職を移ることも減っている。

満足できる職に就いている人はこれで問題ないかもしれないが、もっとよい職に就きたいと思っている人にとっては好ましい状況でない。この点は、第2章で論じた移住の減少とも関係している。歴史の長い企業が増えれば、人々が職を移ることが難しくなり、住む場所を変えることも難しくなる。この2つの現象が相互に作用し合う結果、社会全般の停止状態がいっそう強まっている。

現在、新たに設立された企業で働いている人が就労者全体に占める割合は0・7%にすぎない。1990年代には、それが1%を超えていた。つまり、1990年代以降、この割合が30%も減ったことになる。アメリカは、人々がよくイメージする1950年代のような様相を呈しつつある。市場が寡占状態にあり、有力企業の入れ替わりがほとんどなく、新しい雇用もあまり生まれなくなっているのだ。実際には、1950年代のアメリカはかならずしもこのような状態ではなかったのだが、今日のアメリカはそのとおりの状況になりつつある。[4]

詳しく見ると、新しい企業が創業される割合と、既存の企業が閉鎖される割合の両方が低下している。要するに、新しい企業を設立して軌道に乗せることが昔より難しくなったうえ、すでに成功している企業が長く市場にとどまるようになった。いずれも、アメリカ経済のダイナミズムが失われ、停止状態に陥っていることのあらわれと言える。たとえば、病院業界で既存の有力病院に挑むことはきわめて難しく、現在の有力病院の地位が揺らぐことは当分なさそうに見える。データを見る限り、このような傾向はどの業界でも見られる[5]。

近年は、目立った成功を収めている新興企業ですら、昔のようには大きく成長しなくなった。会社の規模が小さいままにとどまるケースが多い。この点は、一般によく聞かれるバラ色のストーリーとはだいぶ違う。新興企業がアメリカの社会とビジネス文化に革命を起こしつつあるとは言えない。

この点は数字を見れば明らかだ。情報産業や情報関連のテクノロジー産業ですら、経済のダイナミズム、具体的には新興企業の設立と成長のペースが2000年を境に落ち込んでいる。昨今は、ユニークなビジネスで成功しているユニコーン企業（第1章参照）が市場のあり方を根本から変えはじめていると、よく言われる。しかし、ビジネス界のユニコーン（一角獣）は、それこそ神話の中の存在に近い。2000年以降は、新しい企業が成功を収める確率も下がっている。テクノロジー産業もその例外ではない[6]。

企業の新陳代謝が緩やかになれば、いい職に就いている人たちにとっては、雇用と生活の安定が強まる。特権的な地位にあるインサイダーには都合がいい状況だ。しかし、アウトサイダーが参入し、成功への階段を上ることは難しくなる。たとえば、今日の四年制大学新卒者が受け取る初任給は、2000年よりも少なくなっている。変化の減速がすべての人に等しく好影響をもたらすわけではないのだ。どのくらい恩恵を受けるかは、生まれた環境に左右される。

企業の新陳代謝のペースから判断すると、ダイナミズムの減退がとくに甚だしいのは、建設、鉱業、小売り、卸売り、サービスの分野だ。街の店舗が入れ替わるペースは、昔よりも遅くなった。その一因は、家族経営の零細商店が大手チェーンに取って代わられたことにある。大手チェーンのほうが市場に長く君臨するケースが多い。一方、運輸、通信、電力・ガス・水道、製造の分野は、ダイナミズムの減退がはるかに小幅にとどまっている。これらは昔から変化が少ない業種だからだ。かつて活力があった産業の新陳代謝がほかの産業並みに減速した結果、産業間のダイナミズムの差が小さくなったように見える。電力会社が長期にわたって事業を継続するのは昔から当たり前だったが、最近は小売りチェーンの多くも同じくらい盤石の地位を築いていると言えるかもしれない[7]。

2015年、私はプリンストン大学でこのテーマについて発表した。同大学のキャンパスは、ニュージャージー州の郊外都市プリンストンにある。私がはじめてこの都市を訪れたのは1978年、まだティーンエージャーだった頃だ。目抜き通りには小さな店舗が並んでいた。素敵な店もあれば、貧乏臭い店もあった。それがいまでは、アンテイラーやブルックスブラザーズなど、裕福な学生や親、高給取りの教員向けの高級チェーンばかりだ。これらの店はさまざまな服を取りそろえ、質の高いサービスを安定的に提供している。ほとんどの人は、(少なくとも消費者の立場では)このような店を好ましく思う。だからこそ、大手チェーンが隆盛を極めているのだ。この点を指摘すると、プリンストン大学の聴衆は居心地が悪そうだった。

チェーンストアが台頭すると、市場の活力と競争が失われ、新しいアイデアや商品が市場に参入しにくくなる。今日の大手チェーンも最初は個人商店だったことを忘れてはならない。不便な面があるとしても、いくらか経済的な混乱があったほうが概してイノベーションは活発になる。

今日、最も急速に成長している2つの業種は、新陳代謝とダイナミズムに対してことのほか敵対的に見える。いずれの業種も標準的な経済統計の対象には含まれない。その2つの業種とは、高等教育と初等教育だ。アメリカの一流大学の顔ぶれは、70年前、さらには100年前とほとんど変わっていない。せいぜい、スタンフォード大学やカリフォルニア大学バークレー校など、いくつかの西海岸の大学が加わった程度だ。

社会学者のキーラン・ヒーリーは、ケンドリック・チャールズ・バブコックの1911年の報告書をもとに、当時の一流大学がどのような大学だったかを調べてみた。それによると、歴史の古い地域で一流大学のリストに名を連ねていた大学は、ハーバード、プリンストン、コロンビアなど、今日とほぼ同じだった。[8] 教育の内容と大学の組織形態は大幅に刷新されても、一流大学の顔ぶれに大きな新陳代謝は起きていない。イノベーションを精力的に推進する「ユニコーン大学」や「ユニコーン教育企業」が既存の一流大学に取って代わったりはしていないのだ。

初等教育に目を転じると、小学校のほとんどは地方自治体が運営しており、何十年もの間ほとんど変化が起きていない(近年は、チャータースクールの増加により多少はダイナミズムが生まれている)。教育部門で新陳代謝が少ないのは最近に始まったことではないが、大学教育と初等教育が経済で果たす役割が大きくなっているため、経済の停止状態に及ぼす影響がいっそう強まっている。

独占企業の台頭

さまざまな業種で、市場の寡占が進んでいるように見える。アメリカには大手携帯通信事業者が2社しかなく、携帯通信市場は西ヨーロッパのほとんどの国より競争が少なく、通信料金も高い。旅客航空市場も大手4社への集中が進んでいる。1980年代に旅客航空産業の規制緩和が推進されたときは、主要路線で多くの格安航空会社が熾烈な競争を繰り広げることが期待されていたが、現状はそれにほど遠い。本書執筆時点で計画中の合併が実現すれば、大手医療保険会社も5社から3社に減る。病院業界でも再編が進んでいる。こうした産業界の動向も、快適で安定していて不活発な状況が社会に広がっていることの一側面だ。[9]

もちろん、そのような業種ばかりではない。昔よりはるかに競争が激しくなった業種もある。消費者にとって、レストランや食品スーパー、コンピュータゲームの選択肢は大きく広がった。しかし、経済全体で見れば市場の寡占がある程度進んでいると言って間違いなさそうだ。

ドイツ銀行の2007年のデータ（これが現時点で入手可能な最新のデータだ）によれば、製造業の部門別に見ると、上位4社で市場シェアの過半数を占めている部門が全体の約40%に上る。1992年は30%だった。これは、アメリカの産業界で競争が減っていることの1つのあらわれと言える。2016年に大統領経済諮問委員会がまとめた報告書も、データをもとに寡占の進行を指摘している。けっして大きな変化ではないが、好ましい変化ではないし、一般に言われているのと正反対の傾向であることは見過ごせない。[10]

市場の寡占が進んでいることを示すデータはほかにもある。南カリフォルニア大学のデータを分析したウォール・ストリート・ジャーナル紙の記事によると、連邦独占禁止当局の基準で判断した場合、すべての産業の3分の1近くで重度の寡占が進んでいるという。この割合は、1996年には約4分の1だった。同じデータによれば、2013年の時点で株式上場企業の3分の2近くは、1996年より寡占の進んだ業種でビジネスをおこなっている。また、1996年と2013年の両年に存在していた1700社以上の企業のうち、62％はこの両年の間に市場シェアが増加した。[11]

寡占が進行した原因はなんなのか？　おそらく最も大きいのは、大企業が精力的なマーケティングと商品開発により全国区のブランドを確立したいと考え、それを実行する能力をもつようになったことだ。小さな企業ではそれに太刀打ちできないため、一部の市場は「勝者総取り」の性格が強まっている。

この状況は、企業価値にもあらわれている。1975年、アメリカの代表的な株価指数S＆P500を構成する企業の企業価値のうち、「無形資産」が占める割合は約18％だった。資本のほとんどは機械や工場などの物的資産で、その種の資産は必要なときに購入するなり、製造するなりすれば事足りた。それに対し、今日のS＆P500構成企業では、企業価値の80％以上を無形資産が占めている。商標、特許、ブランド認知度や好感度などのことだ。この変化の背景には、製造業からサービス業への転換が進み、生産活動のあり方が根本から変わったという事情がある。

無形資産には、どのような特徴があるのか？　まず、無形資産が大きな意味をもつ経済では、全国区の、さらには世界レベルの有力ブランドをゼロから築くことがきわめて難しい。そのため、市場でトップに立っている企業が地位を守りやすい。

次に、無形資産は、評判やイメージが土台になっている場合が多い。もし、ユーザーがグーグルの言動に反感をいだけば、マイクロソフトの「ビング」など、他社の検索エンジンに乗り換えるだろう。メキシコ料理チェーンのチポトレで大腸菌による食中毒騒動が持ち上がり、顧客の足が遠のいたときと、同じことが起きる。また、グーグルが最先端の職場というイメージを失えば、トップレベルの人材を獲得する能力が弱まりかねない。

そこで、頂点に上り詰めた企業は、無難な行動を取るようになる。顧客や未来の社員を怒らせたくないと考え、波風を立てることを避けるのだ。これは別に悪いことではない。企業がリスクのある行動や攻撃的な行動、差別的な行動を避けようとするなら、それは歓迎すべきことだ。

2014年、インターネット閲覧ソフトの「ファイヤーフォックス」で有名なモジラ財団のCEOが辞任に追い込まれた。ひとことで言えば、過去に同性婚反対団体に寄付していたためだ。寄付した時点では、アメリカ人のほとんどが同性婚合法化に賛同しているようには見えていなかったにもかかわらず、である。このような措置が言論の自由に及ぼす影響を懸念すべきかどうかは意見がわかれるだろうが、いずれにしても、ある種のリスクを伴う行動が避けられる時代になったとは言えそうだ。

2016年、ノースカロライナ州で成立した州法がトランスジェンダーの人たちに敵対的だという批判が持ち上がると、同州への進出を中止したり、延期したりする企業が相次いだ。ここにも、かつてなく法律上・広報上のトラブル回避を重んじる企業の姿勢があらわれている。そのような方針を徹底するために、自社の物理的な製品のことだけを考えず、事業の拡大を後回しにし、リスクを伴う選択を見送る場合もある。アメリカの産業界では、法務と広報を重んじる企業文化が広がっている。法務部と広報部は業務の性質上、社内で最も保守的な部署であり、大きなイノベーションの源泉になることはほとんどない。[12]

市場の独占が強まり、経済の停止状態に拍車がかかっていることは、投資の枯渇という形でもあらわれている。端的に言えば、企業が昔ほど投資しなくなった。1980年代以降、GDP（国内総生産）に占める純資本投資の割合が減り続けている。同様の傾向は、ほかの指標にも見て取れる。資本サービス量の10年移動平均も、21世紀に入ってから減少し続けてきた（10年移動平均を見ることにより、特定の年の特殊事情に影響されずに長期の潮流を把握できる）。GDPの5％近くを占めていた値が2％前後まで下落している。

今日のアメリカは、イノベーションと成長と賃金上昇の源泉を消費するばかりで、未来のためにその源泉を補充できていない。投資不足により、資本が減っているのだ。たとえば、設備投資の水準は長期トレンドを20％以上割り込んでいる。このような点について緻密なデータ分析をおこなうのは容易でない。投資額の定義を明確に定め、その定義に基づいて調査を実施することは至難の業だ。それでも、データの全般的な傾向を見ると楽観的な結論を導き出すことは難しい[13]。

その半面、株式市場の指数は今日もおおむね好調だ。株式市場が好調ということは、（ほかの条件がすべて等しいとすれば）投資利益率が高いことを意味する。それにもかかわらず、投資が増える気配がない。なぜ、このように一見すると矛盾した現象が起きているのか？　市場に新規参入し、既存勢力と戦って勝利を収めることが難しくなったからだと考えれば、最もつじつまが合う。もちろん、すでに勝者の座にある企業はビジネスを大きく拡大させているし、そこで生まれる投資も多い。しかし、そのような企業の数は比較的少なく、ビジネスの方向性も定まっているので、経済全体の投資ブームを牽引するほどの力はない。

しかも、勝者になっている企業は、新しい投資資金をあまり必要としない場合が多い。そのため、手持ちの資金を積極的に投資していない企業もある。この数十年、企業のキャッシュ保有高は着実に増えている。企業は新しいビジネスチャンスに投資するよりも、安全な金融資産を積み上げるようになった。本書執筆時点で、アップルは米国債などの安全資産を約2000億ドル保有している。

そうしたなかで、最近とくに人気のある投資が企業買収だ。2015年の企業買収額(1件当たり100億ドル以上の大型買収の合計金額)は、9月半ばの段階で1兆1900億ドルに達し、早くも年間最高額の記録を塗り替えた。それまでの最高は、1999年のドットコム・バブルの時期だった。このように、企業が貯め込んだキャッシュは、新しいアイデアを生み出すために投資されるとは限らない。企業は新しいアイデアや商品をつくって成功を目指すのではなく、すでに成功している企業を買収することを好むようになった。ここにも、メディアが伝える話とは異なり、アメリカの社会全般と同様に産業界も安定志向になっていることが見て取れる。[14]

イノベーションに携わる人が減っている

企業のイノベーションについて考えるうえでは、企業がイノベーションにどれくらいの金額を投資しているか、つまり研究開発費を見ることも有効だ。今日、GDPに占める研究開発費の割合(「研究開発集約度」と呼ばれる)は、過去最高だった1960年代はじめから半ばの時期とほぼ同水準にある。この数字は悪くない。しかし、1960年代以降のほとんどの時期、この値は大きく落ち込んでいた。これも、産業界が新しいアイデアへの投資に消極的になったことのあらわれと言える。近年この値が上昇していることには期待がもてるが、まだ過去の水準を回復する途上にすぎない[15]。

現在、アメリカの労働力人口のうち、製造業で働いている人の割合は約8％でしかない。ところが、企業の研究開発投資の約70％を製造業が占めている。これは製造業の創造性にとっては好材料だが、大きな変化とイノベーションを目指す産業で働く人が大幅に減ったことも意味している。

近年の製造業のイノベーションは、昔よりも少ない人数で実現されるケースが多い。オートメーションが進んだためだ。しかも、イノベーションの成果により、製造業の現場で働き手が減らされている。いまの工場は、昔に比べて人間の数が減り、ずいぶん静かになった。こうした変化に伴い、製造業ではなく、サービス業の職に就く人の割合が増えている。

その結果、イノベーションはほとんどの人にとって縁遠いものになりつつある。イノベーションが生まれる場は機械の中になり、私たちの多くはそのプロセスを目の当たりにしたり、ましてやそれに直接参加したりしなくなった。しかも、製造業で働く人の割合はさらに減少すると、ほぼすべてのアナリストが予想している。そうなれば、アメリカ人が経済の活力に直接触れない傾向はますます強まるだろう[16]。

アメリカが生み出す「三極特許件数」は、人口一人当たりで見ると1999年に比べて25％減っている（数字は労働力人口の変動を調整済み[17]）。三極特許件数とは、米欧日で同時に申請される特許のことで、有用性が高い特許である場合が多い。このように重要な特許が減っている一方、特許が認められやすい仕組みが原因で、些末な特許や、パテント・トロール行為（みずから使用しない特許の権利を獲得して、大企業などに莫大な損害賠償金や特許使用料を支払わせること）が目当ての特許が増えている。

たとえば、オンラインショッピングサイトの「ワンクリック注文」は便利で楽しい機能かもしれないが、私に言わせれば特許により権利を独占させるべきではなかった。

特許は、ある社会のイノベーションの活発さを測るうえで最良の指標とは言えないかもしれない。しかし、社会がどのくらい革新に力を入れているかの一側面を映し出すものではある。そしてその指標によれば、アメリカでは重要性の高い特許の件数が減っているのだ。以上に挙げた指標は、いずれも強い論拠と言えるほどのものではない。それでも、すべてを合わせて考えると、アメリカ経済の活力とダイナミズムが減退しているという印象は拭えない。

停滞する生産性

イノベーションが減っているかどうかを最も直接的に映し出すのは、生産性に関する指標だ。経済学の世界には、生産性を測るための主要な指標が2つある。1つは「全要素生産性（TFP）」、もう1つは「時間当たり労働生産性」だ。このいずれの指標に照らしても、アメリカの生産性は低迷している（ただし、低迷の度合いには両者で違いがある）。

TFPは、GDPに対する資本と労働の投入効果を除外して計算することにより、イノベーションがGDPをどのくらい押し上げているかを明らかにした数字だ。この指標には大きな欠陥がある。資本額を数値評価することがきわめて難しい。それでも、先進国経済のイノベーション創出能力を評価する方法としてこれに勝るものはない。この指標を見る限り、アメリカのイノベーションを取り巻く状況は暗い。

1919~48年は、TFPが年平均2%を上回っていた（3%を上回る年もあった）。この時代には、新しいアイデアが経済生産を年2%以上押し上げていたのだ。イノベーションが比較的速いペースで実現していたと言っていい。その後も、TFPはおおむね2%前後で推移していた。しかし、1973年以降は大幅に落ち込み、1%を割り込む年もしばしばあった。1995年まで低迷は続き、その値は平均すると約0・5%にとどまっていた。しかし、1990年代半ば~2000年代前半に、新たなTFP黄金時代がやって来た。TFPが2%を超す年もあった。これは、主としてコンピュータと情報テクノロジーの導入が進んだ結果であることがデータにより裏づけられている。

ところが、その後、TFPは再び下落し、世界金融危機以降は年平均1%を下回っている。これは、1973~95年のどん底の時期をわずかに上回っているにすぎない。生産性について研究しているジョン・フェルナルドとビン・ワンによれば、「最近の4つの十年紀〔西暦の下2桁が01~00の10年間を一区切りにした紀年単位〕のうち3つでは、産業界の生産性の伸び率が1・5%足らずにとどまっている」[18]という。

TFPの推移を見ると、以下のような流れが見えてくる。アメリカは20世紀前半から1973年まで快調に生産性を伸ばしたが、1973年を境にイノベーションが急激に減速した。その後、情報テクノロジーの導入が始まると、生産性は大幅に回復した。しかし、初歩的な在庫管理や電子メールなど、コンピュータの活用による手軽な恩恵をあらかた得てしまうと、再び生産性が下落しはじめた。こうして、2000年代前半以降のアメリカは、イノベーションの停滞に陥った。ソーシャルメディアなど、一部の業種が例外なだけだ。

一方、時間当たり労働生産性の状況は、TFPほど暗くない。それでもその値は下落傾向にあり、近年は精彩を欠いている。1990〜2007年は年2%以上のペースで値が上昇していたが、2007年以降はそのペースが年平均1・3%に落ち込んでいる。[19]

TFPに比べればいくらか明るい状況だが、私はあまり楽観していない。アメリカの時間当たり労働生産性を上昇させた大きな要因は、企業が生産性の乏しい社員を解雇したことだった。この現象は、婉曲的に「事業再構築による生産性上昇」と呼ばれている。[20]

アメリカ企業は、賃金が安い国へのアウトソーシングによっても労働コストを削減してきた。そのような選択は、企業経営ではときに避けられないものだ。それを実践する企業を「冷血な悪徳企業」と非難するつもりはない。しかし、コストを切り詰めることは、生産性の高い経済を築く手段として、電力の活用や抗生物質の発明、自動車の開発といったイノベーションほど大きな効果がない。スキルの低い社員を解雇したり、生産性が高くても高給取りの社員を外国の安い労働力に置き換えたりするだけでは、コストを減らして現状を維持することしかできない（しかも、それにより現状を維持できるのは、資本家と職を失わない働き手だけだ）。

留意すべきなのは、以上で紹介した生産性のデータに、医療、教育、非営利、政府の4部門が含まれていないことだ。この4つの部門は、際立って生産性が低いように見える。これらの部門も含めて計算すれば、アメリカの生産性はもっと低いのかもしれない。

大手銀行ウェルズ・ファーゴのレポートによると、アメリカのほぼすべての業種で生産性が低下している。とりわけ衝撃的なのは、「プロフェッショナル／技術サービス業」でも、平均的なオフィスワーカーの生産性がまったく上昇していないことだろう。一般には、コンピュータとインターネットの導入によって、オフィスの生産性が大きく上昇したというイメージが強いかもしれない。実際、そのような面もある。たとえば、遠く離れた人同士のコミュニケーションや勤務時間外の連絡が簡単になった。

しかし、オフィスの生産性が最近改善したというデータはいまのところない。その原因は明らかでないが、もしかすると、通信やネットワーキングのテクノロジーがもたらした生産性の向上は、人々がフェイスブックなどのソーシャルメディアやテキストメッセージに時間を浪費しているせいで相殺されているのかもしれない[21]。

すでにお気づきの読者もいるかもしれないが、アメリカの生産性を取り巻く問題の多くは、「平均の終焉」という視点で説明できる。これは、イノベーションが伝播するスピードの差に由来する問題と言い換えてもいい。

今日の格差は、1つの会社の中ではなく、主に企業と企業の間で広がっている。靴会社のCEOが秘書の何倍の給料を受け取っているかは、昔とあまり変わっていない。変わったのは、アップルやグーグルのようなスーパー企業が登場し、そうした企業で働く人が、ほかの企業で働く人より何倍も高い給料を受け取るようになったことだ。そのようなスーパー企業になれるのは一握りにすぎない。

最先端の企業は、いまも生産性の上昇ペースが減速していないように見える。トップレベルのテクノロジー企業を思い浮かべれば、この点は直感的に理解できるだろう。その種の企業は、きわめて活発にイノベーションを推し進めている。生産性の上昇ペースが落ち込んだのは、それよりもランクが低い企業だ。

いまアメリカは、2つの地域にわかれている。テクノロジーの巨人を擁するシリコンバレーは、イノベーション能力を保ち続け、現状維持をよしとしない。対照的に、それ以外の大多数の地域は、眠たくなるくらい変化が乏しい。情報テクノロジーの活用に傑出した企業とそうでない企業の間には、大きな差が生まれている。これは、金融、エネルギー、医療など、多くの業種で言えることだ[22]。

このような差が生まれる理由については、さまざまな説明がなされている。たとえば、成功していない企業は、イノベーションが活発な企業より能力が劣るという仮説がある。人材が不足していたり、瞬発力や意欲や競争心が乏しかったりするために、業界の先頭を走る企業に追いつけないというのだ。

あるいは、重要なイノベーションの多くは、最初にそれを成し遂げた企業にしか恩恵をもたらさないという仮説もある。一例を挙げると、グーグルはネット検索市場で他を圧倒する存在になっている。グーグルで検索することを意味する「google（ググる）」という動詞が生まれているほどだ。ライバル企業がグーグルのイノベーションを完全に模倣できているとしても、それは大した意味をもたない。ライバル企業がグーグルに匹敵するサービスを提供したところで、グーグルのユーザーを自社のサービスに乗り換えさせることはきわめて難しいからだ。ほとんどのユーザーは、たとえばマイクロソフトの検索サービスがグーグルとほぼ同等、もしくは完全に同等の水準に達しているかどうかを知ろうともしない。

今日、イノベーションを成し遂げた企業は、ライバルを寄せつけず、顧客の囲い込みに成功している場合が多い。アメリカは、イノベーションを拡散させることが苦手になったというより、製造業中心の時代と違ってイノベーションの拡散が（少なくとも差し当たりは）重要でない世界をつくり上げたのだ。私たちは、「一社のサービスがあれば十分だ」と考える傾向が強まっている。イノベーションの後追いをする企業が続々と登場すれば、確かに当座は混乱が避けられない。しかし長い目で見れば、競争が活発なほうが社会と経済の活力は高まる。この点が軽んじられすぎているように思える。

生活水準も上昇していない

テクノロジーがどのくらい進歩したかは、魅力的なハイテク製品がどれだけ出現したかではなく、私たちの生活がどれだけ改善したかで判断されるべきだ。私たちにとって重要なのは、特許や生産性のデータでもなければ、ハイテク製品そのものでもない。便利な製品やサービスが登場するのと足並みをそろえて、生活水準が改善される必要がある。

ところが、アメリカの世帯所得の中央値は２０００年以降下落している。今後短期間で賃金水準が飛躍的に上昇しない限り、21世紀最初の20年間を通じて、アメリカの所得の中央値はほとんど、あるいはまったく上昇しなかったことになる。

男性が置かれている状況はひときわ厳しい。いま、男性の所得の中央値は１９６９年の水準を下回っている。ショッキングなデータと言うほかない。昔、経済は永遠に発展し続けるものと思われていた。政治的な主義主張に関係なく、多くの経済学者は、大規模な災害や世界戦争が起きない限り、男性の所得の伸びが停滞することがあるなどとは予想していなかった。女性の教育水準が向上し、それまでよりたくさん働くようになったことで、アメリカは多くの経済的果実を手にしてきた。この点は、多くの女性にとって歓迎すべきことだ。しかし、経済にもっと活力があれば、テクノロジーの恩恵により男性の実質賃金も上昇してきたはずだ。

もっとも、実際の生活水準は、実質賃金のデータ以上に改善している可能性もある。物価のデータには、商品やサービスの品質向上が反映されないからだ。1969年以降、さまざまな商品やサービスの品質向上が実現して（チョコレートがおいしくなったこともその1つだ）、私たちの生活は向上したが、それはデータにあらわれにくい。しかし、そのような側面はあるにせよ、これほど長期にわたって賃金の中央値が下落し続けていることは、データの欠陥によっては説明がつかないように思える。

1969年に、思想的な立場が大きく異なる2人の経済学者、ミルトン・フリードマンとポール・サミュエルソンがテーブルを囲み、経済の未来を議論したと想像してみてほしい。当時は、一世代ごとに生活水準がおよそ2倍に上昇していた時代だった。核戦争が起きず、共産主義体制が崩壊し、世界が完全な自由貿易に近づいていくと想定した場合、その後の半世紀で男性の賃金の中央値がどのように変化すると、2人の経済学者は予想しただろう？　景気循環による短期の変動はあるとしても、市場経済の下では当然、生活水準が上昇し続けると予想したに違いない。

近年の傾向も明るくない。最も所得の高い層を別にすれば、平均的な勤労者の手取り所得は、2009年に大不況が終わったあとも減少している。景気回復期では異例のことだ。ある信頼性の高い推計によると、2009年から14年までの間に賃金の中央値は4％下落した。多くの業種で賃金水準が下がっている。たとえば、レストランの料理人は8・9％減、在宅介護者は6・2％減だ。売上高と雇用が比較的好調な外食産業と医療産業ですら、この状態なのである。さまざまな職種の賃金動向から考えると、賃金の中央値が下がっているのは、低賃金の労働者が増えたことだけが理由ではなさそうだ[23]。

賃金の停滞は、本章で論じてきた生産性をめぐる問題の一側面と言える。アメリカの生産性が1973年以前のペースで伸び続けていれば、世帯所得の中央値は現状より約3万ドル高かったはずだ。参考までに、もし所得の不平等が1973年以降拡大していなかったとすれば、世帯所得の中央値は現状より約9000ドル高かった計算になる。この2つの数字を比較すると、生産性がいかに重要な意味をもつかがよくわかる。社会の停止状態が強まっている状況は、きわめて大勢の人の生活水準に大きな害を与えているのだ[24]。

所得だけでなく、人々の行動についてのデータを見ても、生活水準が停滞していることは明白だ。たとえば、人口に占める就労者の割合が落ち込んでいる。高齢者人口が増えていることを考慮に入れても、そのような現象が見て取れる。もしアメリカの本当の実質賃金が経済データにあらわれるよりはるかに高いなら、もっと多くの人が職に就こうと思うはずだ。また、こんなデータもある。2012年のレポートによれば、メキシコからの移民の流入と流出を見ると、差し引きでメキシコ人移民の数は減っている。メキシコの経済が絶好調だからではない（メキシコの経済成長率は2％そこそこだ）。とくに教育レベルと技能レベルが低い働き手にとって、アメリカはとうてい好景気とは言えないのである。

白人中年層の死亡率と自殺率が上昇していることも見落とせない。もしアメリカの生産性が密かに力強く伸びていて、本当の生活水準がデータよりもはるかに高いとすれば、こんな事態にはならないだろう。[25]

社会の停止状態は、所得階層の移動が滞っていることにもあらわれている。所得階層で最下層の人たちが中位層に移行するなど、人々が上の階層に上がることが難しくなっている。ブラウン大学のナサニエル・G・ヒルジャーは、1940年以降の所得階層の移動について詳細に研究した（この研究では、個人の教育レベルから所得階層を推測する手法を用いた）。そこから浮き彫りになった現実は、暗澹たるものだった。アメリカ中流層の黄金時代と呼ばれる1940〜80年には、あらゆるグループで上の階層への移動率が高まっていったが、1990年代以降は所得階層の移動率が高まらなくなったのだ。

最近は、もっと深刻な話も聞こえてくる。人々が上の所得階層に移行できる可能性が急激に縮小していると、よく言われるようになった。少なくとも、ヒルジャーの研究によれば、親の世代に比べて所得階層を上昇させるのが難しくなったことは間違いない。いまのアメリカ人は昔よりも、教育・社会・所得階層を移動しなくなっている。

ヒルジャーの研究は、もっと憂鬱な現実も明らかにした。所得階層の移動を後押しする要素が存在したのは、主に1960年代以前だったのだ。ヒルジャーによると、所得階層の移動を突き動かしていた2つの主要な原動力は、高校進学率の上昇と、黒人と白人の所得格差の縮小だった。しかし、1960年代後半以降は高校進学率があまり上昇しておらず、黒人と白人の格差はむしろ再び広がりはじめたように見える。格差の拡大は、所得ではなく資産に着目するといっそう際立つ。[26]

この半世紀、何が進歩したのか？

生産性が伸び悩み、労働力人口があまり増えず、起業の減少と市場の寡占が進み、生活水準の改善も減速している――こうした状況を考えると、今日のアメリカが空前のイノベーション時代だという主張は説得力を欠く。この点は、過去と現在を比較すると直感的に納得がいく。

１９００年から半世紀の間に、人々の暮らしがどう変わったかを思い起こしてみよう。１９００年、高校を卒業するアメリカ人は約６％にすぎず、生活水準は今日の多くの中米諸国以下だった。ほとんどの人は農家で、電気や水洗トイレはまだ普及していなかった。抗生物質やワクチンは使われておらず、清潔な水は贅沢品だった[27]。

その後の半世紀で、どのような変化が起きたか？　公衆衛生環境は目覚ましく改善し、抗生物質、ワクチン、清潔な水が当たり前のものになった。交通・輸送の面では、それまで物珍しい存在だった自動車が生活の一部になり、チャック・ベリーをはじめ、多くのミュージシャンがこの新しい移動手段への賛歌を歌った。航空機もアメリカの空を飛び交うようになった。

ほとんどの家庭にラジオが普及し、電話も特別なものではなくなった。ほどなく、テレビも急速に普及しはじめた。コンピュータは政府機関にしか導入されておらず、図体ばかり大きくて動作は遅かったが、それでもコンピュータが用いられはじめた。二酸化炭素排出量の面で比較的クリーンな電力源として、原子力発電所の建設も始まった。そして、１９５０年代半ばには高校卒業率が50％を大きく上回った。

要するに、20世紀前半の50年間に、通信手段やその他のテクノロジーをはじめ、生活のほぼあらゆる側面が根本から変わったのである。

では、1965～2015年の50年間はどうだったか？　1965年頃のテレビドラマを見ると、そこに描かれているのは、今日の私たちにとって比較的馴染みのある世界だ。家の中の様子はおおむね現在と変わらない。当時の自動車は、安全性や快適性の面で今日の自動車より劣っていたし、充実したオーディオシステムも搭載されていなかったが、それでも自動車であることに違いはなかった。自動車の基本的なデザインと機能は、あまり変わっていない。空の世界では、ボーイング747など、1960年代後半に設計された航空機がいまも就航している。

医薬品は進化し続けているが、抗生物質やワクチンに匹敵する進歩があったかは心もとない。ゲノミクスもまだほとんどの人の人生を変えていない。それどころか、病原微生物の抵抗性が強まり、抗生物質が昔ほど効かなくなりはじめた。1950年代にリチャード・ニクソン大統領が約束したとおりになっていれば、癌はとっくに撲滅されているはずだが、現実はそうなっていない。高校卒業率も、1960年代後半以降はごくわずかしか上昇していない。高校教育の質が向上したかも微妙なところだ。

ひょっとすると、今日は、目覚ましい進歩が実現する前夜なのかもしれない（この可能性については別の章で論じる）。しかし、仮にそうだとしても、この数十年のアメリカが比較的停止状態にあったことは否定できない。

コンピュータ、インターネット、通信の分野で大きな前進があったことは事実だ。スマートフォンは、1965年どころか、1995年の時点でも、まだ影も形もなかった。この新しい機器の誕生はきわめて重要な成果と言える。しかし、近年に成し遂げられる進歩は概して、20世紀前半に生まれた進歩ほどスケールが大きくない。さまざまな面で質の改善は実現しているが、テクノロジーの世界はあまり大きく変わっていないように見える。

進歩の減速がとくに目立つのは、交通・輸送の分野かもしれない。19世紀と20世紀のほとんどの期間、交通・輸送のスピードは飛躍的に向上した。速度の遅い小型船は高速帆船に取って代わられ、輸送トラックが多くの土地を走り回るようになった。鉄道は電化が進み、スピードと運行の安定性が高まった。路面電車、自動車、航空機は、いずれも新しい革命的な交通・輸送手段だった。過小評価されているが、19世紀に誕生した自転車も素晴らしいイノベーションだった。このシンプルな乗り物のおかげで、莫大な数の人たちがそれまでより速い移動手段を手にした。

しかし、1970年代以降、地理的移動のスピードはおおむね遅くなった。交通量が増えたことが原因だ。また、超音速旅客機の運航も断念された。超音速旅客機「コンコルド」は新しい輸送手段として定着せず、すべて退役してしまった。

現実世界で大きな進歩を実現しようとしている人物と言えば、まず思い浮かぶのが起業家のイーロン・マスクだ。しかし、その途轍もない自信と野心をもってしても、マスクが手掛けてきたプロジェクトはほとんどが実を結んでいない。次世代交通網「ハイパーループ」の計画も、世間の注目を集めることが最大の目的のように見える。これは、人間がカプセル状の列車に乗り込み、減圧されたチューブ内を高速で移動するという構想だが、少なくとも近い将来には実現しない。なにしろ現状では、ニューヨーク州とニュージャージー州を隔てるハドソン川の下にトンネルを掘って普通の鉄道を通すことすら実現していない。

マスクの挑戦のなかで最も成功しているのは、人工衛星の打ち上げ事業だ。このビジネスは、既存の政府系の打ち上げサービス（料金が高く、安定性が乏しい）を改善し、それに代わるサービスを供給しているという性格が強い。もちろん、このような事業にも大きな意義がある。しかし、私たちの生活に革命を起こすのではなく、いかにも現状満足階級の時代らしく、既存のサービスの安全性と安定性を高めることで成功を手にしているのだ。

マスクの電気自動車事業も商業的に成功する可能性はあるが、それはドライブの楽しさや快適さを飛躍的に高めるというより、大気汚染や地球温暖化などの危機を遠ざけるためのイノベーションという性格が強い。しかも最近は、マスクの事業の採算性に疑問が呈されることも増えている。

昨今の交通・輸送手段の状況は、次の2つの言葉に集約できる。1つは「より少なく」、もう1つは「より遅く」だ。バス路線は減り、鉄道路線の拡充もほとんど進んでいない（鉄道路線を増やしたり、スピードを高めたりすれば、利益が期待できるケースもあるのだが）。都市部に集積する人口と富が増えているにもかかわらず、ロサンゼルスを除けば、この35年間は新しい地下鉄もあまり開通していない。運輸省の報告書は、次のような指摘もしている。「どのデータに照らしても、2000年代前半以降、すべての世代が昔ほど私的な旅行をしなくなっていると言える。若い世代はその傾向がとくに目立つ。これが一時的な現象なのか、長期的な現象なのかを判断するのは、時期尚早だ[28]」

こうした傾向は、悪いことばかりではない。人々の都心回帰により通勤距離が短くなったり、シェア自転車サービスや自転車専用レーンの普及により自転車通勤する人が増えて公共交通の利用者が減ったりしていることは、歓迎すべき傾向だ。スカイプなどのビデオ通話サービスのおかげで出張が減り、遠くの家族や友人ともコミュニケーションを取りやすくなったとすれば、それも好ましいことと言えるだろう。

しかし、交通システムの状況から判断すると、アメリカ経済に活力があるとは言い難い。移動手段が遅くて非効率なため、人々は活発に移動しなくなった。その結果、政治家に対して交通システムの改善を求める圧力が高まらず、ますます移動手段の改善が進んでいない。私自身、地元では午後4時~7時に車を運転しなくなった。主に交通渋滞が理由だ。外出しなくなった私は、自宅でアマゾンのサイトをチェックして買い物をし、商品が届くのを待つようになった。

「アポロ計画」なき時代

本章のテーマについて考えるうえでは、超大型プロジェクトの時代が終わったのか、という視点も有効だ。シリコンバレーのベンチャーキャピタリスト、ピーター・ティールも、この問題をしばしば強調している。20世紀アメリカの超大型プロジェクトとしては、たとえば原爆開発を目指した「マンハッタン計画」がある。このプロジェクトは目的を達成し、アメリカの覇権を確固たるものにした。これ以外で特筆すべきなのは、第二次世界大戦の勝利に向けた取り組みと、1950年代以降の州間高速道路の建設だろう。いずれも壮大なアイデアを実現させ、世界を大きく変えた。それ以前の世界に逆戻りすることはもうありえない。

有人月面着陸を目指したアポロ計画は、実利面での有用性には疑問もあるが、技術面では大成功と言えた。とくに、目標達成までのスピードは目覚ましかった。この計画にGDPの2%以上が費やされた時期もあった。[29] 一方、共産主義との戦いは、具体的なプロジェクトと呼ぶには漠然としすぎているかもしれない。それでも、アメリカは国を挙げてこの戦いに勝利した。福祉国家の建設も、20世紀にアメリカが成功させた超大型プロジェクトと言えるかもしれない（もっとも、一部の福祉制度に対しては政治的な反対論も根強い）。アメリカは、数々の超大型プロジェクトを成功させてきた。目を見張る大成功を収めたケースも多い。

では、過去25年間は、超大型プロジェクトと呼べるものがあっただろうか？　環境保護運動を挙げる人もいるかもしれない。しかし、環境保護運動が多くの成果を挙げたことは事実だが、いまも生物多様性は減少し、二酸化炭素排出量は増加している。人間が環境に与える負荷は強まっているのだ。環境保護運動がいずれ大きな成功を収める可能性はあるが、現状では超大型プロジェクトの成功例とは言えない。森林の再生や大気の浄化、水質の改善は、立派な成果だが、それが成し遂げられたのはかなり昔の話だ。

今日、最も目立っていて最も成功している超大型プロジェクトは、アメリカのほぼすべての土地をインターネットと携帯通信回線で結ぶプロジェクトだろう。人が住む場所ならほぼどこでも——ときにはハイキングコースや人里離れた場所でも——すぐにウィキペディアにアクセスしたり、アフリカに携帯電話をかけたりできる。家族や友人、仕事相手といつでもすぐに連絡を取れるようになった。この点は、今日の世界が成し遂げた偉業の1つと言える（しかし次章で述べるように、これにはある代償がついて回る）。

もう1つの超大型プロジェクトの成功例は、イラクの再建と民主化、そして中東和平になるはずだった。ところが、このプロジェクトは惨憺たる結果になった。ＩＳＩＳ（イスラム国）が暴れ回り、シリアが泥沼の内戦に陥ったことで、状況はむしろ悪化した。つまり、１９９０年代以降のアメリカは、2つの超大型プロジェクトに取り組み、1つしか成功しなかったことになる。

私が思うに、バラク・オバマ大統領が推し進めた医療保険改革（オバマケア）は超大型プロジェクトに該当しない。この政策は、医療保険に加入していなかった４０００万人あまりのうち、約１０００万〜１５００万人に医療保険を提供するものだ（正確な人数はなかなか確定しない）。新たに医療保険の対象になる人たちには恩恵があるかもしれないが、社会の様相を一変させるとまでは言い難い。そうした人たちの多くは完全に無保険だったわけではないし、新制度の下で設けられる「医療保険取引所」（この取引所を通じて人々は保険に加入する）に重大な問題が持ち上がっているからだ。そしてなにより、オバマケアは既存の医療制度に革命的変化を起こすのではなく、既存の制度の基本的な性格を継続させている。

超大型プロジェクトという面で、今日の世界にまったく見るべき点がないという評価は間違っている。しかし、アメリカは昔のようなペースでは大きな成果を生み出せなくなっている。それどころか、過去の偉業を後退させているケースもあるように見える。たとえば、アメリカ人は原子力発電にあまり関心を示さなくなった（原発には、二酸化炭素排出量を大幅に減らせるという利点がある）。共産主義体制はほぼ崩壊したが、ロシアは近年、いくつかの東ヨーロッパ諸国を再び不当に支配下に置き、ウクライナ東部にも侵攻した。

アメリカは、月やもっと遠くの天体に人を送ることもやめてしまった。1960年代と異なり、アメリカ航空宇宙局（NASA）はめっきり存在感を失った。それどころではない。国民はNASAの必要性に懐疑的な目を向けているし、議会は政府の裁量的支出全般を削減しようとしている。そうした状況で、NASAは機関の存在意義を認めさせることに苦労するようになった。それを好ましいことだと思う人もいるかもしれない。しかし、いずれにせよ、アメリカ人の発想が根本的に変わったことは間違いない。ミレニアル世代は、お得意のインターネットを別にすれば、超大型プロジェクトにあまり興味がないように見える。

インターネットは過小評価されているのか？

最後に、イノベーション不足と生活水準の関係をもう少し詳しく見てみたい。実質的なGDP成長率と生産性上昇率は、データにあらわれる数字より高いとよく言われる。そのような楽観派がしばしば指摘するのは、「無料」のサービスが次々と登場しているという点だ。それらのサービスは、私たちが料金を支払わなくても生活を改善してくれる。その典型がグーグル、フェイスブック、ウィキペディアだ。いずれの場合もユーザーはたいてい無料で利用しているので、サービスが生み出す価値は国民所得の統計に反映されていないと、楽観派は主張する。

しかし、無料のサービスがもたらす恩恵だけでは、生産性の伸びが減速したことによるダメージを埋め合わせられない。生産性の停滞が生活水準に及ぼしてきた悪影響は非常に大きい。1973年以前の生産性上昇率がその後も維持されていれば、世帯所得の中央値は9万ドルを超えていた計算になる。ところが、実際には5万ドル前後にとどまっている。その差は4万ドルだ。では、たとえばフェイスブックやグーグルなどの無料のサービスに、4万ドルの価値があると思えるだろうか？

この問いは、次のように言い換えることもできる。インターネットやスマートフォンの利用料金が年4万ドル（月額3000ドル以上）だったとして、それだけの金額を支払って利用する人がどれだけいるか？　富裕層と一部の中流層は利用するかもしれないが、それは主に仕事で必要だからだ。中流層の大半は、これらのサービスに月額3000ドル以上の価値を認めないだろう。

GDPの数字に無料のサービスの価値が反映されていないとは、単純に言い切れない。GDPを論じるうえでは、フェイスブックやグーグルを全面的に「無料」とみなすのは正確さを欠く。私たちはフェイスブックを利用するとき、スマートフォンやパソコンを使う。ユーザーはいずれかの時点で、そうしたハードウェアを購入し、ケーブル回線や携帯通信回線の契約を結んだはずだ。それらの支出はGDPに含まれる。

しかも、フェイスブックが提供するサービスの価値が大きくなるほど、ユーザーはインターネット接続のために金を払う。つまり、無料のサービスが売り上げを生み出している面もある（売り上げがサービスの価値を正確に反映しているかは、また別の問題だ）。

この状況は、食べ放題のインド料理レストランに似ている。その種の店で「このタンドリーチキンは無料だ。だから、この分はGDPに含まれない」と言うのはおかしい。タンドリーチキンがおいしいほど、そのインド料理レストランを訪れて金を払う客が増える。インターネットは、ブッフェ形式のレストランのようなものだ。そこには無料のサービスがたくさん用意されているが、そうしたサービス全般にアクセスするためには金を払わなくてはならない。そして、その金額は標準的なGDPの統計に含まれている。

インターネット接続への需要には、ほかの大半の商品やサービスと同様、経済学で言う「価格弾力性」がある。価格が上昇すると、購入量が大幅に減る傾向がるのだ。このパターンが当てはまらない商品には、たとえば糖尿病患者が治療に使うインスリンがある。糖尿病患者はインスリンが不可欠なので、支払える限りは、値上げされても購入し続ける。価格が上昇しても、需要はあまり減らない。この点は、糖尿病患者にとってのインスリンの価値が現在の価格より高いことを示唆している。

インターネット接続には、インスリンのようなパターンは見られない。この点を前提にすると、ユーザーにとってのオンラインサービスの価値が現在の価格より高いとは考えにくい。インターネットの価値は、不十分ながらもGDPに反映されているとみなすべきだ。それがGDPにまったく反映されていないとは言えない。

「情報テクノロジーの価値が正しく評価されていないために、アメリカ経済の生産性が過小評価されている」という主張を裏づける研究結果は見当たらない。たとえば、巨大なテクノロジー産業を擁するアメリカだけでなく、もっとテクノロジー産業の規模が小さい国でも生産性が落ち込んでいる。もしテクノロジー産業の生産性がデータに反映されにくいという特質があるのだとすれば、そのような結果にはならないはずだ。

それに、アメリカの生産性の落ち込みはきわめて大きく、テクノロジー産業の変化だけでは説明がつかない。シカゴ大学のチャド・シヴァーソンの推計によれば、生産性の低下により2004年末以降に失われたGDPは控えめに見ても2兆7000億ドルに上るという。テクノロジーの恩恵がデータに反映されにくいことが原因のすべてだとすれば、テクノロジー産業の消費者余剰（簡単に言えば、消費者が商品やサービスを購入して得る恩恵と市場価格の差）がデータより5倍も大きくなくてはならない。それはさすがに考えにくい。

別の角度から考えてみよう。2004年以降、生産性の低下によりアメリカのGDPは約15％減少した。しかし、デジタルテクノロジー関連産業全体がGDPに占める割合は、2004年の時点で約7・7％にすぎなかった。今日は当時よりも無料のオンラインサービスが充実しているとしても、そのうちでデータに反映されない分がGDPの15％に相当するとはさすがに考えにくい。それに、そもそも現在あるオンラインサービスの多くは、2004年の段階でもう存在していた。[30]

しかも、いくつかの研究によると、無料のアプリやオンラインサービスの価値をGDPに含めても、経済成長率や生産性の推計値はほとんど改善しない。無料のサービスを使うのは、消費者だけではない。企業もその種のサービスを利用している。たとえば、宅配ピザ店は配達ルートを調べるためにグーグル・マップを使う。GDPを算出する際にアプリの価値をゼロとみなさず、金銭的価値をもつものとして扱えば、基本的に企業の生産性は悪化する。アプリの金銭的価値がコストとして計上されるからだ。最も信頼性の高い推計によれば、無料アプリの価値をGDPに含めても、生産性の成長率は差し引きで年間0・004％しか増えないという[31]。

インターネットの生産性が十分に経済統計に反映されていないと主張する論者のなかには、かなり込み入った議論をする人たちもいる。こんな趣旨の主張だ。「現時点では、オンラインサービスの利用機会が増えても一般消費者にとってさほど大きな価値は生まれない。いまフェイスブックに1回アクセスしたところで、目を見張るほど楽しいということはないだろう。けれども、インターネットを利用しはじめた頃に得られた価値はもっと大きかった。たとえば、電子メールは私たちの生活を根本から変えた」。この考え方を「非限界的な効用」という小難しい言葉で説明する人もいる。簡単に言えば、昔に得られた効用という意味だ。このような論者によれば、インターネットの非限界的な効用はきわめて大きいという。

提唱者たちは、大真面目でこうした主張をしている。しかし、この考え方が全面的に正しいとした場合、それは何を意味するのか？　この主張からは、以下のようなストーリーを導き出せる。1990年代の多くの期間、アメリカの生産性と賃金は大きく上昇した。その主要な原動力が情報テクノロジーだった。この時期、生産性の高い人たちがインターネットを有効に活用しはじめたのだ。新しいテクノロジーは人々に楽しみを与え、GDPも大きく押し上げた。ところが、その後、情報テクノロジーの進歩によって得られる効用は小さくなった、ということになる。

こうしたストーリーは、本書の基本的な認識と矛盾しない。つまり、昔は社会にもっと活力があり、イノベーションが活発におこなわれ、社会のあり方を大きく左右するような変化がたびたび生まれていた。ところが、1999~2000年を境に、社会と経済の停止状態に拍車がかかった。この時代には、インターネットがGDP外の経済的恩恵をたくさん生み出していると主張することはきわめて難しくなった。

それでも、いつかはインターネットが再び高い生産性の原動力になる日が来ると、私はいまでも思っている。超高性能の人工知能プログラムへの接続が可能になれば、それが実現するだろう。変化の兆しはすでに見えはじめているが、最近は、この面でもあまり大きな進歩が見られていない。

フェイスブックとウィキペディアの価値が少なくとも部分的にGDPに反映済みだとすれば、情報テクノロジーがすでに生み出している経済的恩恵のうち、GDPに反映されていない最大のものとは何か?

それはマッチング機能だろう。マッチングは現状満足階級が最も得意なことだ。このスキルのおかげで、私たちがお金と時間を有効に用いる能力は大幅に向上した。マッチング機能を充実させることは、今日の社会が取り組んでいる超大型プロジェクトと言っても過言でない。それがどのくらい大型のプロジェクトになるかはまだ見えてこないが、生活水準を高めているにもかかわらず経済統計に反映されていない要素としては、最大のものかもしれない。次章では、そのマッチングをテーマにしたい。

第5章 マッチング社会の幸福論

私は企業の売り上げに関しては悲観論者だが、人々の幸福に関しては楽観論者だ。前章の最後で指摘したように、マッチングが充実したことにより、人々は自分が真に欲しているものを手に入れやすくなった。これは、売上高やGDPなどの主要な経済指標があまり改善しなくても、人々の幸福度が高まる場合があるという一例だ。

ピンと来ない読者もいるかもしれないが、多くの音楽ファンはそれを経験している。音楽レーベルと一部のアーティストの売り上げは減ったが、音楽を聴くことの快適さは過去になく高まっている。消費者は、昔より少ない支出で、より良質な音楽を楽しめるようになった。音楽配信サービスのスポティファイで有料サービスに契約すれば、月額10ドルで好きなだけ音楽を聴ける。割引を利用すればもっと安い場合もある。2016年頃の時点で、スポティファイで聴ける曲は約3500万曲に上る。

スポティファイは、ユーザーがどのような曲を好むかだけでなく、いつ、どこで、どのようにその曲を好むかも記録している。利用者のなかには、職場では集中力を維持するために環境音楽を聴き、ジムでエクササイズに励むときはラップやメタルで気分を盛り上げたい人もいるだろう。

スポティファイでこのような情報の記録・評価作業を統括するアジャイ・カリアによれば、同社は、人がいつも同じような曲を聴きたがるわけではないという点に着目していた。「1人の音楽ファンのなかには、たいてい何人もの音楽ファンが同居している。どのような曲を聴きたいと感じるかは、音楽のジャンル、そのときやっていること、1日のなかの時間帯などによって変わる。そこで、ユーザーの嗜好を状況ごとに細分化して把握したいと考えた」

スポティファイはコンピュータのアルゴリズムと音楽専門家の知識を組み合わせて、人がどのようなカテゴリーの曲に関心を示すかを把握することに成功した。カントリーやR&Bといった大ざっぱなジャンルだけでなく、「ウォンキー」「チルウェーブ」「ストンプ・アンド・ホラー」「ダウンテンポ」など、細かいスタイルやムードの嗜好も把握できる。[1]

スポティファイで配信されている楽曲のジャンルは1369種類に上り、その数はさらに増え続けている。たとえば、「ブラック・スラッジ」(ブラックメタルとスラッジが融合)、「アンブラック・メタル」(悪魔崇拝を明確に拒絶)、「マレット」(打楽器のマレットを使う)、「ビーガン・ストレート・エッジ」(絶対菜食主義《ビーガン》で反ドラッグのハードコア・パンク)、「アブストラクト」(コンプレクストロに似ているが、リズミカルというより実験性が強い)、「ニュー・ウィアード・アメリカ」(「奇妙な《ウィアード》」という点が本書と相性がよさそうだ)、「クラストパンク」、「ディープ・フィルスステップ」などのジャンルがある。

こうした目新しいジャンルに腰が引ける人は、「ビンテージ・スウーン」というチャンネルを選べば、昔懐かしいタイプの曲を聴くことができる。[2]

音楽愛好家の幸せな時代

音楽のマッチングサービスを提供しているのは、スポティファイだけではない。他社のサービスを利用しているユーザーも多い。たとえば、動画投稿サイトのユーチューブでは膨大な数の曲を無料で聴ける。同サイトがグーグル傘下なのは偶然でない。ユーチューブのサービスの本質は、グーグルの検索エンジンを活用してマッチングサービスを提供することにある。

ユーザーが自分好みの曲を聴ける場は、まだほかにもある。アマゾンの音楽配信サービス、アーティスト自身のウェブサイト、アップルのアイチューンズ・ストア、そして違法なダウンロードサイトなどだ。これらのサービスのおかげで、私は聴きたい音楽を、聴きたいときに、聴きたいバージョンで聴くことができる。CDやLPレコードを買うときもある。しかしその場合も、事前にレビューをグーグル検索するなど、最先端のマッチングサービスや検索サービスを利用する。どのような気分のときも、それにぴったりの楽曲が見つかる。

昔は、どんな曲が収録されているかを知らずにレコードを買ったものだ。友達の家で一部を聴いてから買うこともあったが、ほとんどの場合、レコード購入にはリスクが伴った。1度か2度聴いただけでレコードを放り出してしまうことも少なくなかった。中身が期待はずれだったためだ。

購入したレコードが「当たり」だった場合でも、収録曲のなかで気に入るのはせいぜい2、3曲。

へたをすると、1曲だけという場合もあった。ビートルズの『サージェント・ペパーズ・ロンリー・ハーツ・クラブ・バンド』やレッド・ツェッペリンの『レッド・ツェッペリンⅣ』のような粒ぞろいのアルバムは珍しい。ドン・マクリーンのアルバム『アメリカン・パイ』の収録曲のうち、シングルとして大ヒットした「アメリカン・パイ」以外の曲名をいくつ知っているだろう？　79分収録できるコンパクト・ディスクが登場すると、パッとしない曲を聴かされるケースがますます多くなった。

その昔、クラシック音楽愛好家は、理想の演奏を見つけるために多大な努力を払った。ピアニストのアルトゥル・シュナーベルが指運びを誤ったり、ウラディミール・ホロヴィッツの調子が悪かったり、あるいはネルソン・フレイレによるショパンの演奏が一般のイメージ以上に素晴らしかったりする場合があることをよく知っているからだ。誰だって、大切なお金を払う以上、モーツァルトやベートーヴェンの曲を冴えない演奏で聴きたくはない。分厚い名盤ガイドを買っても、必要な情報をすべて把握することは難しかった。たとえば、オットー・クレンペラー指揮のベートーヴェンは、モノラルとステレオのどちらがいいのか？（ちなみに、グーグル検索によれば正解はモノラルだそうだ）

時代は変わった。今日は、お金を払わなくても音楽を聴けるし、いくらでもウェブ上でCD評を読める。友達にテキストメッセージを送ってアドバイスすることも簡単になった。私のもとには、数日に1回はまったく見ず知らずの人（たいていはブログの読者）からメールが届き、無料で音楽に関する助言をされたり、逆に助言を求められたりする（両方の場合も多い）。アドバイスをもらうと、私はユーチューブやスポティファイでチェックして、気に入ればそのミュージシャンの作品を購入する。そうやって、ジャズ・サックス奏者のカマシ・ワシントンの存在を知った。

最近、音楽愛好家が期待はずれの曲を購入するケースはほとんどない。音楽配信やユーチューブが一般的になる前から、間違った曲や気に入らない曲を購入することは減りはじめていた。アップルのアイチューンズ・ストアやアマゾンや違法サイトを利用すれば、ほとんどの場合、少なくとも1回は試聴できたからだ。

聴いている曲が気に入らないときにいちばん苛立たしいのは、別の曲に切り替えるのに時間と手間がかかることだ。その点、いま私が乗っているヒュンダイの自動車は、口頭で衛星ラジオシステムに指示すれば、車がその言葉を（音声認識ソフトウェアの機能により）理解し、そのとおりにチャンネルを変えてくれる。そのとき流れている曲が気に食わなかったり、物足りなかったりしたときは、いつもこの機能を利用している。

音楽に不満を感じることはほとんどなくなった。しかし皮肉なことに、その結果として音楽の存在感が小さくなった。この点については後述する。

今日、音楽愛好家の満足度はほぼ確実に高まっているが、その半面、録音音楽産業の売上高（これはGDPの構成要素だ）は落ち込んでいる。2000年代、世界の録音音楽市場の規模は約600億ドルに達していた。それがいまは約150億ドルに減っている。アメリカでは1999年以降、市場規模が約70%縮小した。同じ期間に人口が4600万人も増えたにもかかわらずである。今後、売り上げはさらに減少する可能性がある。市場におけるCDのシェアが低下し続けており、小売り大手ウォルマートもCD売り場を減らしはじめている。

減ったのは、売り上げだけではない。販売された楽曲数も、2010年までの10年間で約57%減少した。これは、海賊版の利用が横行していることだけでは説明がつかない。ほとんどの人は、たくさんの楽曲を購入して保有する必要性を感じなくなっているのだ。[3]

いまの状況は、アーティストの儲けという点ではかならずしも悪くない。ライブ活動に熱心なアーティストの場合は、とくにそうだ。2014年、主たる職業がミュージシャン、音楽ディレクター、作曲家だと答えた人は、6万人以上に上った。1999年は5万3000人だった。この増加率は、アメリカの就労者数全体の増加率を上回る。また、フリーランスのミュージシャンの人数は、2001〜14年に45%増加した（参考までに、フリーランスの作家の増加率は約20%）。

売り上げも、目覚ましいとは言わないまでも悪くない。2012年のデータによれば、音楽グループやソロミュージシャンの売り上げの平均は、2002年に比べて25%増えている。このデータは物価上昇を考慮に入れていないので、実質的な儲けはあまり変わっていない。しかし、この時期、アメリカ人の賃金の中央値が概して下落傾向にあったことを考えれば、上々の数字と言えるだろう。

要するに、録音音楽産業の売り上げは減ったが、クリエーターの儲けはおおむね維持されており、クリエーターの数も増えている。アーティストは、ライブ活動の収入が増えたことで、CDの売り上げが落ち込んだことによる減収をかなり埋め合わせられている。最大の敗者は、アーティストではなく音楽レーベルだ。ただし、多くの場合、アーティストたちも昔より努力が必要になった。ほとんどの人は、ツアー活動やソーシャルメディアでのマーケティング活動に割く時間を増やしている。[4]

マッチングサービスの質が向上した結果、アメリカ経済は、いくつかの重要な側面で経済統計よりも良好な状態にある。GDPなどのデータにどのくらい反映されるかはともかく、個人の好みが昔より満たされるようになっている。この点は、本書の中で最も明るい指摘と言えるかもしれない。しかし、マッチング機能の充実は、さまざまな利点と快適さをもたらす一方で、社会的な分断を強化している面もある。以下では、この不愉快な事実について詳しく見ていく。

マッチングによって私たちが引き合わされるのは、前から好きだったものや自分と似た人の場合が多い。マッチングが新しい喜びをもたらすケースもあるが、たいていは、現状を揺さぶる作用より、似た者同士を結びつける作用のほうが強い。だからこそ、マッチングは私たちの満足感を高められるのだ。

ネットがもたらす完璧な出会い

マッチングは、音楽だけでなく、生活のさまざまな側面に大きな影響を及ぼしている。第1章でも紹介したが、ある研究によれば、1930年代のアメリカでは、都市住民の3人に1人以上が5ブロック以内のご近所同士で結婚していた。それに対し、2005〜12年に結婚したカップルの3分の1以上はオンラインで知り合っている。同性カップルの場合、その割合は70%近い。

オンライン上のマッチングサービスを利用したカップルのほうが幸せになれると判断すべき材料はない。しかし少なくとも、そのような新しい出会いのあり方を否定することは難しくなっている。一部の宗教を信仰している人以外は、お見合い結婚の時代に戻ることや、パートナーとのコミュニケーションにインターネットを利用しないことは想像しづらい。[5]

同性カップルにとっては、インターネットの恩恵がひときわ大きいように見える。同性愛者は概して、パートナー探しが異性愛者より難しいからだ。昔は、異性と結婚したり、生涯独身を通したりする同性愛者も多かった。自由な選択が許されなかったり、自分に適した相手と出会えなかったりしたためだ。

しかし、社会の寛容性が高まり、オンライン上のマッチングサービスも充実したことで、状況はすっかり変わった。どのような性的指向の持ち主も、恋人探しサイトやアプリを利用すれば、宗教、支持政党、年齢、居住地などを基準に、パートナー候補を手軽に絞り込める。ユダヤ教徒やイスラム教徒やシーク教徒、リベラル派や保守派、特定の年齢層や居住地の人、あるいはつかの間の相手を探している人など、どんな相手でも見つかる。

最近は、実にくだらないことにまでマッチングサービスが用いられている。それは、このテクノロジーが普及した証拠にほかならない。私たちはあらゆる機会をとらえて、マッチング技術を活用するようになった。たとえば、食品メーカーのオスカー・マイヤーは、「シズル」という恋人探しアプリを提供しているが、これは、好みのベーコンの種類が一致する人同士が知り合うためのものだ。メープルシロップ味のベーコンが好みの人は、わざわざ低脂肪ベーコンが好みの人とデートする必要なんてない、ということらしい。同社のマーケティング責任者は、端的にこう説明している。「恋愛もベーコンと同じです。最良の相手を探し、妥協しないことが大切です」。このアプリには、スマートフォンの画面を押す時間の長さにより、相手のことをどの程度気に入っているかを採点する機能（「シズル・メーター」）まで備わっている。

これは冗談半分でつくられたものだが、もっと広く用いられているアプリも多い。星座や音楽の趣味、どのようなペットが好きか、どのような人をセクシーだと思うか、マリファナを好むかなどを基準に相手を探せるアプリもある。[6]

あなたが本書を読む頃には、ユーザーのニーズにもっと忠実なマッチングサービスが登場しているだろう。私が最近知った「ワンス」というアプリは、スマートウォッチと接続して、誰かのプロフィールを読んでいるときのユーザーの心拍数を計測し、そのデータをもとにユーザーにアドバイスを送るというものだ。

将来的には、（本人が希望すれば）そのデータを相手に伝える機能も搭載されることになっている。2人が互いのプロフィールを見ているときに心拍数が上がっていれば、アプリが双方に通知する。心拍数は、相性を判断するうえでどのくらい信憑性があるのだろうか？　本書執筆時点で、このアプリはヨーロッパで60万人のユーザーを擁しており、遠からずアメリカにも進出する予定だ。[7]

この種のサービスは、人々のマッチング志向をいっそう強める。実験によると、お見合いパーティーの参加者が「理想の相手」を探そうとせず、誰に対してもにこやかに接すると、ほかの人たちから相手にされず、お見合いパーティーで満足な成果を挙げられない。このような場では、「本当の自分」のいずれかの側面を見せ、それを気に入ってくれる人を探す、つまりマッチングを志向するほうがうまくいくのだ。[8]

特定の職種の相手を探したい場合は、ロイヤーフラーツ・ドット・コム（弁護士）、ジャスト・ティーチャーズデーティング・ドット・コム（教師）、ファーマーズオンリー・ドット・コム（農家）などのサービスがある。ちなみに、農家は同業者と結婚する割合がとりわけ高い。理由の1つは、早朝に働くなど、過酷な職だからという点にある。また、農業地帯にはほかの職業の人が比較的少ないという事情もある。毎朝4時に起きなければならない人にとって、起床する時間帯が同じ人を結婚相手に選ぶことのメリットは大きい[9]。

前述したように、教育水準や社会的・経済的地位が同様の人同士が結婚する「同類婚」が昔より増えている。とくに、高所得・高教育層の男女が夫婦になるケースが多い。たとえば、弁護士は秘書よりも弁護士や投資銀行員と結婚する。そのような傾向が強まると、不平等が世代間で継承されやすくなる。高い所得とスキルをもったカップルが結婚して共働き夫婦になり、子どもたちの未来のために手を尽くそうとするからだ。エリート夫婦は、子どもに幸せな未来を与える能力も高いのだ。

ある研究によれば、1960〜2005年に拡大した所得格差の約3分の1は、結婚、配偶者選び、女性の就労、離婚（離婚率は富裕層カップルのほうが低い）など、家族に関わる選択が原因で生まれている。所得の不平等について、ひいてはアメリカ経済全般について知りたければ、新聞のビジネス欄だけでなく、結婚欄も見たほうがいいのかもしれない[10]。

マッチングの「狩人」と「獲物」

マッチングの充実により、多くの人のセックスライフも向上した。昔に比べて、好みの相手を見つけることが簡単になっている。特殊な性的趣味をもっていたり、宗教的・文化的な理由で相手を厳選したかったりする人にとって、身近な場所にいる人以外からも相手を選べるようになったことの意義はことのほか大きい。

恋人探しサイトでは、(少なくとも最初の段階では) 部分的もしくは全面的に匿名性が確保されるので、自分の本当の性的趣味を公表しやすい。カクテルパーティーやバーで誰かに話すより、よほどハードルが低い。もしあなたにSM趣味があれば、同じ嗜好の持ち主と交流するのは昔より簡単だ (SM愛好家専用サイトを利用しないまでも、誰かの目の前で自分の性的趣味を告白するより電子メールで打ち明けるほうが気楽だろう)。国籍、宗教、年齢、セックスの嗜好、バストサイズ、ウエストサイズ (極端にお腹が大きな相手を好む人もいる) を基準に相手を探せるオンラインサービスも登場している。それに、フェイスブックは、昔の恋人や中学時代の憧れの相手と連絡を取る道具としても機能する。もっとも、知ってのとおり、それが好ましい結果をもたらす場合ばかりではない。

選り好みがしやすくなったことで、視野が狭まる場合もあるだろう。選択肢が増えると、決断しづらくなったり、選択の結果に不満をいだきやすくなったりする場合もあるかもしれない。なかには、マッチングサービスが普及したことで (何をそう呼ぶかはともかく)「変態行為」が助長されていると考える人もいそうだ。一方、恋人探しサイトのプロフィールを書いた経験がある人なら知っているように、自分がどのような相手を望むかを明記するのも意外に難しい。「知的な人」だの「ユーモアがある人」だのというだけでは、相手を絞り込む際にあまり役に立たない (具体的に何を求めるかを正確に認識できれば、これらの要素が重要な判断材料になる場合もあるのだが)。

しかし、いいことずくめとは言えないにせよ、マッチングサービスのおかげで、私たちの暮らしと恋愛のあり方は数十年前に比べて概して改善している。自分の望んでいるものがより早く、より手軽に手に入るようになった。

データはまだ不十分だが、恋人探しサイトを用いることにはいくつかの利点があるようだ。たとえば、恋人に求める資質の優先順位を示し、その条件に合う相手をオンライン上で探すとしよう。ルックスより頭脳を重んじる人が、その基準に照らして学業成績良好な人物を探す、という具合だ。少なくともこれまでの研究によれば、このようにして結びついたカップルは長い目で見てうまくいく確率が高い。ものごとに対する姿勢や価値観が似ている者同士はうまくいく場合が多いという研究もある。恋人探しサイトは、そのようなパートナーを見つける手助けができるのかもしれない。

ただし、恋人に望む資質を前もって自分で認識するのが難しいことに加えて、ある大規模な研究が指摘しているように、オンラインを介した恋人探しにおいて「2人が知り合うより前に、交際した場合の相性を予測することには、おのずと限界がある」。オンラインマッチングは恋人探しの役に立つかもしれないが、情報は操作されやすい。私たちがマッチングに満足し、魅了されている大きな理由は、安全、安定、コントロール（これらの要素が重んじられる風潮は、本書を貫くテーマだ）をもたらすと期待しているからだが、その期待は幻想なのかもしれない[1]。

情報テクノロジーとマッチングに関して見落としてはならないのは、私たちが自分好みのものを探す「狩人」であるだけでなく、狩人に狙われる「獲物」でもあるという点だ。しかも、私たちを標的にするのは、恋人を探している人たちだけではない。あなたは、スマートフォンを使っているときも、パソコンやタブレット型端末を使っているときも、いつも同じインターネット広告につきまとわれているように感じることがあるだろう。これは、マッチングテクノロジーの進歩がもたらした結果だ。広告とユーザーのマッチングが昔より緻密になっている。

徹底したマッチングは、超能力のように感じられることもある。あるアーティストのCDをアマゾンで購入すると、次にユーチューブにアクセスしたとき、そのアーティストの動画が表示されたりする。好むと好まざるとにかかわらず、スマートフォンとパソコンとタブレットの使い方をもとに、3つの端末を同じ人物が所有していることが推測できてしまう時代なのだ。断定的なことまでは言えなくても、少なくとも確率論的な推測は導き出せる。

ドローブリッジという企業は、ある端末を誰が使っているかを把握して、その情報を広告会社などに販売している。情報を買った会社は、その情報に基づいて個々のユーザーに合わせた広告や宣伝をウェブサイトに表示する。本書執筆時点で、同社は10億人以上のユーザーと36億台以上の端末を結びつけている。

このようなマーケティング攻勢がユーザーにもたらす利点は、テレビCMよりも興味をもてる広告が表示されやすいことだ。テレビを見ていると、興味がなくても延々と洗濯洗剤や炭酸飲料のCMを見せられる。インターネットでは、そのようなケースが少ない。しかし、好材料ばかりではない。近頃のインターネット広告には、不気味な側面もあり、アルゴリズムは、ときに本人もまだ気づいていないニーズを把握しているように見える。[12]

最近は、音声を利用してユーザーをウェブ上で追跡することも可能になっている。そのようなやり方は、法律で禁じられるか、せめて誰も採用しないでほしいものだ。具体的には、次のような手法が用いられている。

テレビCMやインターネット広告に超音波の音を組み込む。人間の耳には聞き取れない音だが、近くにあるスマートフォンやタブレット型端末には検知される。その情報をもとに、ブラウザのクッキーが特定のユーザーとその人物の複数の端末を結びつけ、その人がどのCMや広告を見たか、どれくらいの時間見ていたか、見たあとにインターネットで検索したり、オンラインショッピングで商品を購入したりしたかを明らかにする。[13]

データにあらわれない「幸福資本」

オンラインオークションのイーベイも、質の高いマッチングを提供している。しかも、イーベイのマッチングはユーザーにとっての利便性がもっと高い。世の中には、記念グッズの類いを所有している人と、それを欲しい人がいる。オンラインオークションが登場する前は、ガレージセールやフリーマーケット、アンティーク店が売り手と買い手を仲介していたが、ほとんどの場合はそこに足を運ぶ必要があった。その点、オンラインオークションならどこでも品物を売り買いできる。イーベイは、売り手と買い手の評判が透明化されており、保証の仕組みも設けられているため、多くの人に利用されている。

エルヴィス・プレスリーの関連グッズにせよ、ゼロゲージの鉄道模型にせよ、モラ（中米パナマの先住民族の民族手芸）にせよ、オンラインオークションのおかげで、昔より幅広い層の人たちがさまざまなコレクションを楽しめるようになった。最近は、中流層が興味深いコレクションを築いていることも珍しくない。

イーベイのようなサービスが登場して自分の好みどおりのものが手に入りやすくなり、ミレニアル世代は親のお古を拒否するようになった。親は、（不用品の整理が目的にせよ）革張りのソファやCDのコレクション、写真のアルバムなどを息子や娘に贈りたがる。しかし、いまの子どもたちはそれを受け取りたがらない。そもそも、ミレニアル世代はものを所有することへの関心が薄いように見える。たとえば、広い家を所有するより、都心に住むことを優先させたいようだ。しかも、所有するものすべてが自分の好みに合致していないと気が済まないらしい。その結果、子どもが受け取らなかった大量の「ガラクタ」が中古品店やオークションハウスで埃を被っている。

「整理整頓のプロ」を称するスコット・ローワーはこう指摘する。「（ミレニアル世代は）インスタグラムとフェイスブックとユーチューブを通じて、日々の人生をデジタルに生きている。この世代は、これらのサービスにより人生のさまざまな瞬間を記憶している。人生はすべてコンピュータの中にある。古いグリーティングカードをごっそり箱に貯め込んでおく必要などない」。そもそも、「整理整頓のプロ」という職業が生まれていること自体が、今日の社会について多くのことを物語っている。[14]

イーベイが登場した頃、それが収集品の相場を上昇させるか、下落させるかという議論があった。結局、どうなったのか？　イーベイは、収集品に対する需要を増加させた。しかし、屋根裏部屋やガレージに眠っていたお宝が市場で流通しやすくなった面もある。需要と供給の両方が増えて、価格はどうなったのだろう？　最近、影響がだいぶはっきりしてきた。インフレ調整済みの金額で見ると、ほとんどの収集品の相場は下落している。多くの人の所得金額と比較した場合、収集品はかつてなく安く手に入るようになった（名目ベースの金額も下落している場合が多い）。眠っていた品物が市場に出回りはじめたことによる供給増の効果は、需要増の影響より大きかったのだ。

マッチングの恩恵を考慮に入れれば、今日の社会に蓄えられている「幸福資本」はデータにあらわれているより大きいと、私は考えている。イーベイが登場して収集品の価格が下がったことは、それまで市場への参入障壁により相場が引き上げられていた証拠と言っていい。遠隔地の売り手と買い手が取引することの難しさは、参入障壁の最大のものだった。今日、金額で見た場合の収集品の価値は下がったかもしれないが、収集品がもたらす幸福はおそらく高まった。この両面の変化は、インターネットを介したマッチングの充実により突き動かされた。

市場価格を基準に品物の価値を判断すると、今日の世界の価値を過去と比べて過小評価することになる。いまの時代は、安価な品物が大きな幸福感をもたらし、非常に高い価値を認められているケースが珍しくない。昔の常識では、価格の安いものは魅力に欠けるのが普通だった。

アマゾンの中古本売買を例に見てみよう。最近は、トルストイの『戦争と平和』のような古典をたった1セントと送料3・99ドルで買える。昔の作品だけではない。2010年刊行のジェニファー・イーガンのピュリツァー賞受賞作『ならずものがやってくる』も、同様の価格で売られている。これは、徹底したソーティングの産物だ。

これらの本の多くは、もともとは図書館や慈善事業に寄贈されたものだった。それが回り回って、スリフトブックスやディスカバーブックスのような古書業者の巨大倉庫に行き着く。これらの業者は、重さ1ポンド(=約450グラム)当たり10セントほどの低価格で中古本を仕入れることもある。倉庫に運ばれた本は、自動スキャナーとアルゴリズムにより価値を評価され、どの販路で(アマゾンか、イーベイか、アリブリスか)、いくらで販売すべきかが判断される。うまくいけば、買い手は1セント(と3・99ドル)と引き換えに、素晴らしい本を手にできる。

中古本の値段がこんなに安いのは、マッチングのテクノロジーにより買い手に紹介されて売れていく本が膨大な数に上るからだ。その数は、断裁されて再生紙になる本や、古書業者の倉庫で眠り続ける本よりはるかに多い。マッチングの対象にならずに古書業者の倉庫に収納されたままの本は、扉のページに鉛筆で書き込まれたとおり8ドル支払って購入する客があらわれるまで、3、4年かかることも多い。[15]

マッチングの恩恵が経済統計に含まれないケースは、ほかにもたくさんある。マッチングのおかげで、私たちが1冊の本から得る消費者余剰が増大し、書籍に1ドル費やすごとに得られる楽しさが大きくなった。この種の恩恵は、貯蓄額には直接反映されない。しかし、マッチングにより意思決定の質が高まり、その選択が長期にわたって満足感をもたらすようになって、実質的には貯蓄が増えたとみなせる。自分にとって有益な自動車や家電を購入し、相性のいい相手と結婚し、長く一緒に過ごしたいと思える犬を飼えるようになったからだ。

期待はずれの買い物が少なくなり、お金の無駄遣いが減ったことで、実質的にその分だけ人々の借金が縮小したという言い方もできる。質の高い情報に基づいて意思決定ができるようになり、身の回りのものをたびたび買い替えずに済むようになったことは、今日の消費社会がもたらした新しい恩恵の1つだ。アメリカでは、その傾向がとくに際立っている。[16]

マッチングの充実は、ペットに関するデータにも見て取れる。私の子ども時代には、シェルター(保護施設)や収容施設に送られた犬のほとんどが殺処分されていた。いまは違う。ニューヨーク市でシェルターの犬と猫が里親に引き取られていく割合は87%に達している。この割合は、2003年には26%だった。サンフランシスコでも、シェルターに収容された動物の91%に里親が見つかっている。安楽死させられる犬と猫の割合は、1970年代に比べて80%も減った。[17]

なぜ、このような変化が起きたのか?　シェルターによるペットと里親のマッチング能力が高まったのだ(それと引き換えに、シェルターの業務がいくらか増えたことは否定できない)。シェルターは、ペットと里親希望者のプロフィールを作成し、ペットの養子縁組を仲介するようになった。また、ペットが引き取られたあとも、里親に電話をかけたり、家を訪問したり、獣医師による診療を無償で提供したりするなどの配慮をしている。

避妊・去勢手術を無料で受けられるようになって、里親がペットを飼い続けやすくなったことも見過ごせない。インターネットのおかげで、里親になる前に、それぞれの犬や猫の性格や必要なケアがよくわかるようにもなった。その結果、ペットの養子縁組の量と質が向上し、飼い主の満足感も高まった。言うまでもなく、ペットの幸せも高まり、長く生き続けられるケースも増えた。マッチングの恩恵を受けるのは、人間だけではないのだ。

最近は、ペットを所有しなくても、ペットとの触れ合いを楽しめる。配車サービスのウーバーに似た仕組みを採用しているシェアリングサービスの「バークンボロー」のユーザーは、ほかの人の犬を借りて時間を過ごし、終わったあとは飼い主に返却すればいい。一方、飼い主は、留守中に犬を部屋に閉じ込めて罪悪感を味わうことが避けられる。犬も散歩ができて楽しいし、子どもは犬と遊べて大喜びだ。誰の家のカーペットも汚れない。犬種も指定できる[18]。

医療と教育の質は向上したか？

音楽愛好家が昔よりも有効にお金を使えるようになったのは事実だが、大半の消費者にとって音楽関連の支出は支出全体のごく一部にすぎない。重要なのは、マッチングの充実が社会全体でどのくらい実現しているのか、そしてそれがどのくらい生活水準を高めているのかだ。この問いに直接答えるデータはないが、それなりに説得力のある結論は導き出せる。

音楽市場と同様、娯楽・外食市場でも、消費者が得る情報の質は大幅に向上した。それを可能にした主たる要素は、インターネットとスマートフォンアプリだ。インターネットのおかげで、人々は質の高いレストランや自分の好みに合ったレストランを見つけ、評価をくだしやすくなった。しかし、外食が消費者の支出に占める割合もそれほど大きくない。

アメリカの典型的な中流層の家計を見ると、主要な支出項目は、家賃（あるいは住宅ローン返済費）、医療費、高等教育費、交通費、食費だ（雇用主の医療保険でまかなわれている医療費も、保険料と引き換えに給料が抑えられていると考えれば、支出の一種と位置づけられる）。残念ながら、これらの支出項目すべてで、マッチングの改善が大きな恩恵をもたらしているとは言えない。アメリカのいくつかの主要産業が停滞している理由の一端もここにある。

人と居住地のマッチングには、すでに述べたように好ましい面と好ましくない面がある。マッチングの効果により、人々はいま住んでいる場所を気に入り、居住地を変えない傾向が強まっている（たとえば、気候がいい土地を選んで長く住む人が多い）。これは悪いことではない。しかし、その結果、社会の分断が持続したり強まったりする場合がある。移住が不活発になると、経済の活力も損なわれ、景気後退への対処も難しくなる。

医療と高等教育の分野でも、マッチングの好影響と悪影響が混在しているように見える。主としてインターネットと新しい成績評価手法の恩恵により、よい医師や病院、よい大学を見つけることは昔より簡単になった。

しかし、すべての人が理想の病院を受診したり、最高の大学に入学したりできるかは、別の話だ。ハーバード大学が最高の大学だという情報が得られたとしても、誰でも入学できるわけではない。学費を支払いさえすれば入学が認められるという保証はないのだ。また、ミネソタ州ロチェスターのメイヨー・クリニックで質の高い医療を受けられるとわかっても、それだけで健康上の問題が解決するとは限らない。テキサス州エルパソで暮らしていて、経済力が乏しく、強力なコネもない人は、いくら情報があってもこの一流病院で医療を受けられないだろう。

この点は、医療や教育が音楽と大きく異なる点だ。私たちは、バッハだろうと、ビートルズだろうと、そのほかの「ベスト」と思われるミュージシャンだろうと、他人の干渉を受けずに好きな音楽家の曲を聴ける。ポール・マッカートニーの同意を得る必要はない。ほとんどの人は、好みの音楽を自由に楽しめる。

とはいえ、医療や教育がマッチングの恩恵をまったく受けていないわけではない。地元に3つのコミュニティ・カレッジ（公立の2年制大学）があり、どの大学が最良かを知りたい場合や、救いようもなく腕の悪い外科医だけはせめて避けたい場合は、マッチング機能が役に立つ。マッチングのおかげで最高のサービスを受けられる人は多くないかもしれないが、市場の中・下層レベルではマッチングが効果を発揮しているらしい。いくつかのデータを見ると、患者と病院のマッチングが改善し、それにより平均余命も若干向上しているようだ[19]。

医療と教育の分野では、マッチングの恩恵が目に見えにくい場合もある。スタンフォード大学の実験経済学者であるアルヴィン・ロスは、経済理論に基づいたマッチングのアルゴリズムを提唱したことなどを評価されて、2012年にノーベル経済学賞を授与された。これはきわめて妥当な授賞だ。ロスの方法論は多くの領域でおおむね有効とみなされており、2012年当時に考えられていた以上に今日の時代精神を反映している。

ロスは、医学生をどのように研修病院に割り振るかを研究テーマの1つにした。これは、煎じ詰めればマッチングの問題だ。医学生が医師になるためには、病院で研修医として働く必要がある。研修医になりたい医学生は非常に多く、研修医を受け入れたい病院もきわめて多い。しかし、すべての医学生が自分の望む病院で研修できるわけではなく、すべての病院が望みどおりの研修医を迎えられるわけでもない。では、研修医と病院の組み合わせをどのようにして決めるのが最も効率的なのか？

難しいのは、研修医の満足度と生産性の両方を最大限高めることだ。病院側も（病院のニーズや文化に合わない人物ではなく）希望どおりの研修医を迎えられることが望ましい。ロスが考案した仕組みでは、研修医と病院の双方に、研修先候補もしくは研修医候補の希望順位を示させる。この情報をもとに、アルゴリズムを用いて最善の組み合わせを決める。現在では、ロスのマッチング・アルゴリズムが全米規模の研修医マッチング制度で採用されている。恩恵は患者にも及ぶ。医師の満足度が高ければ、たいてい医療の質も高まるからだ。

ロスのマッチング・アルゴリズムは、研修医の配属以外でも効果を発揮する。多くの大学は、新入生を寮に割り振ったり、ルームメートを決めたりするために、このアルゴリズムを活用している。すべての学生の第一希望がかなうわけではないが、最大限に多くの学生が最大限満足できる状況をつくり出せる。大学時代に相性のいい友人と知り合えれば、生涯にわたる友人やビジネス上の人脈が得られる。マッチングは、音楽配信のスポティファイや恋人探しのマッチ・ドット・コムなど、オンライン上ですぐに感じられる直接的な恩恵以外にも、私たちの生活に数々の目に見えにくい恩恵をもたらしているのだ。

現状では、マッチングの恩恵の大きさを正確に推計できているとはとうてい言えない。それでも、マッチング全盛の世界における勝者と敗者については、有益な一般論を述べられる。

失業率が改善しない本当の理由

マッチングの質が少し高まるだけでも、社会に大きな好影響が生じる場合があるようだ。マッチングの影響力は、さまざまなマッチングの仕組みが互いに作用し合うことで増幅されていく。

2010年にノーベル経済学賞を受賞したデール・モーテンセンとクリストファー・ピサリデスは、景気後退を脱しても失業率が下がらない理由を知りたいと考えていた。彼らに言わせれば、就職活動がうまくいくかは、結局のところマッチングの問題だ。要するに、雇用主が自社に適した人材をどのくらい真剣に探し、働き手が自分に最適の職をどのくらい真剣に探しているかが問題だというのだ。

これより前の時代の経済学者たち、とくにジョン・メイナード・ケインズとその思想的系譜に連なる研究者の考え方は違った。雇用の創出を支えるのに十分な消費があるかが問題だと考えられていたのである。今日、この要因が重要でなくなったわけではない。しかし、モーテンセンとピサリデスは、失業の問題に関していくつかの根本的な問いを投げかけた。景気後退期に職を失った人が再び職に就くまでに、どうしてこんなに時間がかかるのか？　多くの場合、企業が社員を解雇するのは、その人物と合意している賃金では利益が得られないと判断するからだ。その点、すでに失業状態にある人は、企業と特定の金額で合意しているわけではない。どうして、その人は安い賃金の働き口がすぐに見つからないのか？

質の高いマッチングはどんなときでも難しく、景気後退期にはとくに難しいと、モーテンセンとピサリデスは考えた。景気後退期にコストを削減したい雇用主は、たいてい社員の解雇から手をつける。

当然、新しい働き手を探すことには積極的でない。一方、働き手は、薄給で劣悪な職しか選択肢がないという現実を受け入れるまでに時間を要する。いったん給料の安い職に就くと、先々までレベルの低い働き手というレッテルを張られかねないと恐れるからだ。そのような「格下げ」に甘んじるよりは、辛抱して職探しを続けるほうがましだ、と考える。

つまり、企業も働き手も早期に新しいマッチングを成立させることに前向きでない。その結果、好ましいマッチングがあまり生まれず、労働市場でいわば労働力の渋滞が起きる。モーテンセンとピサリデスのモデルに基づいておこなわれた研究によれば、景気後退期における失業のうち、最大で3分の1はマッチングの問題が原因だという[20]。

モーテンセンとピサリデスが明らかにしたように、マッチングが少しでも容易になれば(マッチングの容易さは、求職者に届く連絡の件数などで判断する)、最終的に成立するマッチングの数と質が向上する可能性がある。人材や就職先にせよ、恋人や結婚相手にせよ、相手探しに取り組めば、好ましい相手とめぐり合える可能性がいくらかある。問題は、相手探しには時間や労力などのコストがついて回ることだ。大きなコストではないが、意識せずにはいられない。

そうしたコストの問題があるので、私たちは恋人探しサイトや求人サイトですべての人物や企業に応募したりはしない。いくつかの条件を満たした相手にだけ反応する。それ以外の時間は、犬を散歩させたり、テレビを見たり、スポーツジムで汗を流したりして過ごす。相手探しの回数を1回増やすための時間と労力が割に合わないと感じるからだ。しかし、相手探しのコストが小さくなれば、犬の散歩を1回減らして、相手探しの回数を増やすだろう。そうすれば、好ましい相手と出会える可能性が増える。

しかも、ある人が好ましい相手とめぐり合えれば、ほかのすべての人たちのマッチングの質と効率も高まる可能性がある。好ましいマッチングが1件成立すると、その分だけ市場の「渋滞」が緩和され、ほかの人たちのマッチングも円滑化するからだ。あなたが自分にとって最良の恋人とめぐり合えば、ほかの人たちは潜在的な候補者が1人少なくなるので、無駄な選択肢が減り、好ましい相手と出会える確率が高まる。

質の高いマッチングとは、いわゆる協調問題の解決を助ける仕組み、つまり、多くの車が渋滞多発地点を通過できるようにして交通をスムーズにするような仕組みと考えればいい。結婚相手を探している女性のなかには、たとえいい父親になれそうな男性であってもファンタジースポーツ（スポーツチームの経営者になったつもりでチームづくりをおこない、ほかのチームと競うシミュレーションゲーム）にのめり込む男性を好まない人もいる。

もし、そのような趣味をもつ男性が相性のいい女性とカップルになれば、ほかの女性たちは相手探しが少しだけ簡単になる。その男性を候補者として検討したり、試しにデートしたりすることに時間を割く必要がなくなるからだ。事故現場から事故車が撤去されれば渋滞が解消されるのと同じように、いくつかのカップルが成立すれば、ほかの人たちの恋人探しのプロセスが改善するのである。

多くの場合、マッチングの効率性はもっと高めることが可能だ。最近の研究によれば、労働市場におけるマッチングの質の「標準偏差」は、1時間当たりの金額に換算すると約9・75ドルに上るという。「標準偏差」というのは統計学の用語だが、簡単に言えば、お金に換算してそのくらいマッチングの質にばらつきがある場合も珍しくない、という意味だ。つまり、情報テクノロジーを活用してマッチングの質を高める余地はまだたくさんある。[21]

失業など、社会が直面する大問題の多くはマッチングの問題という側面が大きい。そうした問題を解決するためには、マッチングの質を高めていく必要がある。

マッチング時代の勝者と敗者

マッチングの恩恵は、すべての人に等しく及ぶわけではない。恩恵に浴するのは、主として情報の活用と処理が上手な人たちだ。私は以前、そうした人たちのことを（肉食や草食ならぬ）「情報喰い」と評したことがある。あなたがいつでもインターネットを使える環境にあり、スマートフォンなどのデジタル機器を使いこなし、グーグルやさまざまなアプリを上手に活用でき、情報の探し方を知っていれば、オンライン上で質の高いマッチングの恩恵を受けられる。

対照的に、ほかの面では聡明で成功している人でも、レビューサイトのイェルプに投稿されているレストランレビューの上手な使い方を知らず、レーティングの星の数だけ見て店を選んでいる場合がある。本当は、最も文章が長くて詳細で賢明なレビューを参考にしたほうがはるかに得策なのだが、それを知らない人や知ろうとしない人もいるのだ。デジタル情報の活用と解釈が得意でない人は、インターネットとマッチング機能の恩恵に十分浴せない。

情報テクノロジーを利用できない人も、マッチングの恩恵を受けるのが難しい。パソコンやスマートフォンで自由にインターネットにアクセスできない人は、この点で不利な状況にある。世界の不公正と貧困がもっと少なければ、このような人たちもインターネットを巧みに使いこなし、生活を改善できたかもしれない。

マッチングの恩恵にどの程度浴せるかは、社会階層によっても違ってくる。本書で紹介したマッチングのほとんどは間違いなく有益なものだが、社会の分断と停止状態、そして成功している人たちが現状に満足する傾向を強める一因にもなっている。経済学の用語で言えば、質の高いマッチングがつくり出す世界は、フローではなく、ストックの世界だと言えるかもしれない。

そのような世界では、人々の周囲の環境が大きく変わることはなく、財産は次第に蓄積されていく。人々はいまもっているものに満足している。満足できる買い物と選択ができれば、ものを買い直したり、選択をし直したりせずに長期間過ごせるので、経済活動はどうしても不活発になる。ただし、すべての人がこのような安定した世界で生きているわけではない。貧困層は、財産が蓄積されておらず、離婚率も高い。社会でストックの拡大とフローの減少が起きているとしても、貧しい人たちはそれとは無縁の世界で生きている。

多くの人が気づいているとおり、社会・経済階層によって生活への満足度に格差が生まれているように見える。保守派でリバタリアン（自由至上主義者）のチャールズ・マレーとリベラル派のロバート・パットナムの両者が指摘しているように、いまアメリカの社会では、2種類の社会規範が形づくられているのかもしれない。具体的には、高所得層と上流階級の間には、安定度の高い社会規範が存在し、教育レベルと所得レベルの低い層の間には、安定度の低い社会規範と結婚規範が生まれているようだ。マッチングのテクノロジーは、もっぱら高所得層のニーズに応えている。一方、いま不安定な生き方をしている人たちは、マッチングの恩恵を受けられていない。

本書では、人々が居住地と職をあまり変えなくなったことを指摘してきた。この現象もマッチングの問題という一面がある。所得と階層、ときには人種によって居住地が分断されている状況は、良好な環境で暮らしている人たちが望みどおりのマッチングを実現させた結果と言える。治安が悪く、学校の質も低い地区に住む人たちは、マッチングのテクノロジーが進化しても、良好な環境で生活できていない。

労働市場のマッチングでも、教育レベルが高くて生産性の高い人たちが極立って大きな恩恵を受けている可能性がある。今日の労働市場では、最も成功している人材と最も成功している企業が結びつく傾向が強い。この点はマッチングの恩恵と言えるかもしれないが、意図せざる影響も生まれている。第4章で述べたように、成功している大企業にばかり優秀な人材が集まり、中小企業の生産性が停滞してしまった。対照的に、大きな市場シェアを握る大企業の生産性はきわめて高い。

たとえば、グーグルがそうだ。同社から生まれるアイデアがすべて実を結ぶわけではないが、いま同社はネット検索にとどまらず、幅広い事業を展開している。電子メールサービスのGメールはとても便利だし、動画投稿サイトのユーチューブも素晴らしい。無人運転車や無人運転トラックの実用化も現実味を帯びはじめているように見える。眼鏡型端末「グーグル・グラス」は、まだ期待に応えられていないが、いつかその改良版が私たちの生活を一変させる日が来るかもしれない。

マッチングのテクノロジーが威力を発揮した結果、高いスキルと知性をもった勤勉で働き手が高給の一流企業に集中しているのだ。このような分断が存在する状況では、スキルの低い人たちが優秀な人たちから間近で学ぶことができない。

しかし、成功している企業や、そのような企業が欲しがるスキルをもつ働き手にとっては、好ましい状況だ。高い才能の持ち主同士が一緒に仕事をし、ますます目覚ましい成果を挙げるようになった。この点は、マッチングの成功と言えるだろう。高学歴・高所得者同士のカップルが増えたのと同じように、同じ職場に高い知能と才能の持ち主が集まるようになっている。

シリコンバレーのテクノロジー企業などでは、このような新しい分断のおかげで、社員が協力し合い、ものごとが円滑に運ぶ。トラブルを起こすような人物がグーグルに就職し、ほかの社員と関わり合うことは考えにくい。アメリカの一流企業はきわめて厳しい採用基準を設けており、形式主義の徹底、過剰な学歴偏重、標準テストの採用など、人事マネジメントの手法に磨きをかけている。しかも、このような職場に採用されるには、単に仕事の能力があるだけでは十分でない。社風に馴染めないと判断されれば、きわめて不利になる。

企業は、協調性の高い人物を採用するために多くの努力を払っている。協調性を測る指標としてよく用いられるのは、クレジット・レーティングだ。これは、ある人がどのくらい約束どおり融資を返済しているかを数値化したものである。今日では、すべての新規採用の約60%でこれが選考基準の1つになっている。そのほかの形でも、会社に従順な人物を採用する手段としてビッグデータが活用されはじめている。事務機器大手ゼロックスの調査によると、1つか2つのソーシャルメディアにしか登録していない人は、4つ以上登録している人に比べて会社に長期間在籍する場合が多いという。同社はこの発見を採用に生かして、一体感の強い社員コミュニティを築こうとしている。[22]

お察しのとおり、こうしたやり方にはマイナスの側面もある。士気の高い社員を集めていると言えば聞こえがいいが、実態は採用候補者のプロファイリング（人物像の推測）にほかならない場合も多い。プロファイリングは差別と紙一重だ。もしかすると、あなたは前職の業務上の理由で主要なソーシャルメディアにすべて登録していたかもしれない。ストーカーの被害を受けて、ソーシャルメディアのアカウントを消去したかもしれない。だが、ゼロックスの採用ソフトウェアは、こうした事情をいっさい考慮しない。ソフトウェアは、一人ひとりの個人的な事情を細かく把握できないからだ。

企業は、自社で採用したくない人物の力を借りたければ、その人から商品を買ったり、サービスの提供を受けたりすることもできる。この方法なら、そのような人物を会社の一員として迎えずに、会社から遠ざけ、自社の企業文化と関わらせずに済む。企業にとって、アウトソーシングの利点は人件費の抑制だけではない。マッチングは、秩序を大切にする企業文化を――そのような文化は、協調性が高くて知性があり、皮肉なことに「型にはまらない」という触れ込みの社員たちがつくり出している――壊さないための手段でもある。

ここに、マッチング時代のもう1つの弊害があらわれている。一流のテクノロジー企業は数々の恩恵をもたらしているが、現在の状況が続けば、多くの企業はイノベーションを起こす能力が弱まっていく。一握りの企業や産業に優秀な人材が囲い込まれてしまうからだ。ここ数十年のアメリカでは、その結果として、すでに中小企業の生産性が落ち込んでいる。

音楽やレストランのマッチングが生む弊害は、さほど重大なものではないかもしれない。いま聴いている音楽や利用しているレストランを気に入っていれば、新しい音楽やレストランと出会えなくても大した問題ではないだろう（詳しくは後述する）。それと異なり、仕事の領域では、マッチングの弊害が人々の生活に直接の悪影響を及ぼすように見える。

しかし、この状況には、ここまで述べてきた以外の大きな利点がもう1つある。ほかの有害な社会的分断が解消もしくは緩和されたのだ。社員の質の面で企業間の分断が強まるほど、企業は人種や性別を気にしなくなる。今日のアメリカの大企業は目を見張るほど進歩的になっていて、さまざまな人種や民族、宗教、性的指向の人たちが働いている。企業にとっては、社員の働きぶりを測定でき、社員と企業文化の関係をコントロールできれば、人種や性別のような外形的要素はどうでもいい。そんなことより、利益を得るために貢献できる人物かどうかのほうが重要だ。最近の有力起業家は、マイノリティに対してきわめて寛容な人が多い。最近の一流企業は自社の多様性と寛容性をアピールしたがるようになった。顧客や潜在的な顧客のなかにも、さまざまなマイノリティが大勢含まれているからだ。

金融大手のクレディ・スイスは、「LGBT平等インデックスファンド」という投資商品を発売している。これは、LGBTの権利擁護に熱心な企業に投資するインデックスファンドだ。クレディ・スイス自体も、採用と昇進で多様性を大切にし、LGBTの権利拡大を強力に推進している企業の1つである。

とはいえ、あらゆる分断が解消されたわけではない。確かに、民族と宗教の面での多様性は目覚ましく向上した。1つの会社の中で、インド出身のヒンドゥー教徒と、エルサルバドル出身のカトリック教徒、ニューヨークのブルックリン出身のロシア系ユダヤ教徒、ハイチ出身のブードゥー教徒が仲良く平和に仕事をし、高い生産性を発揮していたりする。しかし、成功している企業では、勤勉でなく、才能が乏しく、秩序を乱すような人たちにはあまりお目にかかれない。自分の考え方や流儀を持ち込むような人物も排除される。マッチングと分断は相性抜群なのだ。

選択のパラドックス

恋人探しに関連してすでに述べたように、マッチングで自分が気に入るものを見つけようとしても、期待どおりの結果が得られるとは限らない。マッチングの試みはしばしば、事前に列挙できる条件や、写真で判断できる材料、音楽の一部分を1回聴いてわかる要素だけに基づいておこなわれる。その結果、たとえばユーチューブに投稿される動画のほとんどは、一度も最後まで視聴されずに終わる。たいてい、最初の30秒以上見てもらえない。

あなたも自分の音楽遍歴や映画遍歴を振り返れば、思い当たることがあるだろう。私はヴァン・モリソンのアルバム『アストラル・ウィークス』をはじめて聴いたとき、気に入らなかった。あまりに耳障りで、自分の趣味からするとジャズっぽすぎると感じたからだ。15歳だった私は、それをすぐに放り出してしまった。それでも、アルバムを買って手元にもっていたので、のちに誰かがこの作品を高く評価した文章を読んだときに、引っ張り出して聴いてみた。当時は1970年代。インターネットでいつでも好きな音楽を聴ける時代ではなく、新しいアルバムを買う金もなかったので、家にあるものを聴くしかないという事情もあった。再び聴いてみると、驚くべきことが起きた。5回ほど聴くと、このアルバムが好きになったのだ。その後、すっかり魅了されるまでに時間はかからなかった。

この時代は、好きになれる音楽とめぐり合うことがいまほど簡単でなかった。それでも、アルバムを購入するときは、サンプルを少し聴くだけでなく、じっくり検討していた。よくも悪くも曲が頭の中に浸透する機会があったので、音楽や曲への理解を深めることができた。しかし、今日の音楽配信サービスの類いを利用して音楽と出会う場合は、そうした経験ができるとは限らない。

1970年代の音楽愛好家は、知っている音楽の幅は今日の人たちよりずっと狭かったかもしれないが、特定のアルバムに関しては目を見張るほど詳しかった。当時は人々の音楽への愛がいまよりはるかに強く、多くの人にとって音楽が大きな意味をもっていたように思える。音楽の趣味は、ある人が何を大切にしているかを映す鏡だった。どのような音楽を聴くかは、偶然任せの軽い選択ではなく、その人の社会的人格を構成する重要な要素だったのである。

インターネットを利用した恋人探しでも、広く浅い出会いには弊害もある。どこかにもっといい相手がいるのではないかという考えを捨てられず、特定の相手に決められない人が少なくない。コメディアンで著述家でもあるアジズ・アンサリは、最近の恋愛事情に関する著書で1人の中年男性を紹介している。その男性は、金持ちでもなければ、ハンサムなわけでも有名人なわけでもないのに、いい加減な理由をつけてオンライン恋人探しサービスで女性たちを次々と却下していく。ある女性を却下した理由は、大リーグのボストン・レッドソックスのファンだからというものだった。その男性は、野球やスポーツ全般が嫌いだったわけではない。女性がレッドソックスに夢中になっていることがお気に召さなかったのだ。この男性にとっては、完璧な相手がどこかにいるかもしれないという思いがマッチングの邪魔になった。[23]

人はときとして、選択肢が多いほど自分の選んだものに満足できなくなると、行動経済学ではよく指摘される。本当に最良のものとめぐり合えたのかと疑い続け、いつもほかの選択肢が気になって仕方がない人が多いようだ。心理学者のバリー・シュワルツは、このような状況を「選択のパラドックス」と呼んだ。

しかし、この種の研究結果は慎重に解釈する必要がある。多くの選択肢を与えられることで混乱に陥り、幸福度の低下を経験する人は多いが、私が知る限り、そのような人たちも選択肢を減らしたいとは思っていない。たばこの弊害を指摘されれば、実際に禁煙できるかはともかく、たばこをやめたいと考える人が多い。ところが、選択肢が多すぎることの弊害を実感しても、インターネット上で提供されるマッチングサービスの利用をやめようとする人はあまりいない。実際にマッチング断ちに成功する人はもっと少ない。人はたいてい、選択肢の少ない土地から多い土地へ、インターネットを利用しにくい土地から利用しやすい土地へ移住する。豊富な選択肢と充実したマッチングには弊害もあるのだが、それでも大きな魅力があるようだ。

「マッチング派」と「競争派」

マッチング社会は、本書でこれまで論じてこなかったタイプの格差も生む。以下では、その点を理解するために、私が言うところの熱中派と競争派の違いを見ていきたい。熱中派は、マッチング派の一種と位置づけることができる。多くの人は、この両方の性質をある程度併せもっている。それでも、このように分類することにより、今日のマッチングサービスの影響で有利になる人と不利になる人がいることが浮き彫りになる。

熱中派は、マッチングのおかげで、同好の士とつながり、同族意識をはぐくむ機会が増えた。マイナーな趣味や嗜好の持ち主にとっては、その恩恵がとくに大きい。インターネットを通じて仲間と交流しやすくなったことで、世の中の多くの人とは違うことをする人も増えている。ここでも、マッチングの充実が幸福感を高めているにもかかわらず、それが一般の経済統計に反映されていない。

熱中派は珍しい趣味をもっていて、同好の士を見つけることに喜びを見いだす。同じようなレコードを収集している人や、同じコンピュータゲームをプレーしている人と知り合おうとしたりする。同じ犬種が好きな人と友達になろうとする人もいるだろう。熱中派は、ほかの人に勝ちたいと思わない。趣味を追求すること自体の幸福感を味わうために、自分のマイナーな趣味を追いかける。

今日の社会は、熱中派が大きな恩恵に浴する仕組みになっている。競争派との比較を通じて、それを具体的に見ていこう。

競争派は、自分の興味や関心よりも、勝利への欲求に突き動かされて行動する。誰よりも広いオフィスを獲得し、誰よりも多くの相手とベッドをともにし、誰よりもたくさん金を稼ぎ、誰よりも高い社会的地位に就きたい。あらゆる場で勝者になりたいのだ。競争派が手に入れたがるものは、数に限りがある。しかも、大勢の人が同じものを欲しがるため、激しい争奪戦が避けられない。

熱中派の場合とは異なり、競争派にとっては競争が昔より激しくなっている。インターネットが登場して、誰もが競争に加わりやすくなったからだ。競争派は、自分にとって相性のいいものを見つけることより、ほかの人に勝つことを望んでいるので、マッチング機能が向上しても熱中派ほど人生が快適にはならない。

競争派にとっては、ほかにも悪材料がある。インターネットのせいで、自分が頂点を極めたという満足感を味わいにくくなっている。2世代前までの男性たちは、近所でいちばんの美人と結婚できれば大満足だったかもしれない。一方、今日は、ルックスの比較対象がグローバルに広がっており、頂点を目指すなら、インターネットで紹介されていたモデル顔負けのブラジル美人やロシア美人と結婚しなくてはならない。ほとんどの人にとっては、とうてい不可能な話だ。一面的な美の基準を信じて、勝ち負けにこだわる人は、満足感をいだくことが難しくなっているのだ。

「最高のもの」を知った人は、自分の手に入るもので満足することを学習できなければ、つねに不満をいだく羽目になる。インターネットは、ほかの人と競争せずにいられない人たちに重いペナルティを科し、マイナーな趣味・嗜好を追求することで満足感を得られる人たちにご褒美をもたらす。

以上の点は、ミレニアル世代が「消極的」としばしば評される理由の1つなのかもしれない。彼らはものごとに無関心ではないし、怠け者なわけでも情熱がないわけでもない。年長世代と異なり、社会的地位を高めることに情熱を燃やさないだけだ。この違いを理解できない年長世代の目には、今日の若い世代が無気力に見えるのだろう。

ミレニアル世代は、これまでの延長線上にある活動では立派な成果を挙げている。しかし、この世代が形づくりつつある世界では、人々がいまの状況に満足し、壮大な事業にあまり興味を示さず、過去の世代を上回る業績を残すことも強く望まない。このような若者たちも現状満足階級の一部だ。というより、ミレニアル世代ほど、現状満足階級の精神を体現し、その価値観を大切にして生きている人たちはいない。

第6章　アメリカ人が暴動をやめた理由

社会がどれほど平穏になったかを理解するには、波乱に満ちていた過去の時代を振り返る必要がある。比較的近い過去を見ることにより、現状満足階級がどのように今日のアメリカを形づくり、今日のアメリカがどのように現状満足階級を形づくってきたかが見えてくる。

現状満足階級は、もともとは社会の現状に反乱を起こした勢力だった。１９８０年代と90年代に、都市の治安悪化や人種暴動など、社会の機能不全に不満をいだき、犯罪撲滅運動を主導したのは、この層の人たちだった。その後、アメリカは目を見張るほど平穏で安全になった。この点は、現状満足階級の力の大きさを物語っている。しかし、あとで詳しく述べるように、歴史的な視点から考えると、今日の平穏と安全が永遠に続く保証はない。

いま私たちはテロを非常に恐れているが、１９６０年代から70年代前半にかけての犯罪と暴動のほうがはるかに危険だった。１９７１～72年の18カ月間にアメリカ国内で報告された爆破事件は、２５

00件を上回った。平均すると、1日に約5件の爆破事件が起きていた計算になる。ほとんどの場合、死者は出なかったが、わざわざ爆弾を製造したり購入したりし、それをどこかに仕掛けて、その行為の結果を受け止めて生きる覚悟をもった人がこれほど大勢いたことには、戦慄を覚える。

いちばん有名だったのは極左組織のウェザーマンだが、そのほかにもベトナム反戦活動家、過激な学生運動家、人種間の正義を求める闘士たち、プエルトリコ独立活動家なども爆破事件を起こした。自家製爆弾が大量に出回っていた時代だった。しかし、爆破テロに対する「セキュリティ・シアター」〔実効性は乏しいが、市民を安心させるための治安対策がこれ見よがしに実行されること〕は、当時より今日のほうが徹底されている。[1]

暴動も忘れるわけにはいかない。1965年にロサンゼルスで起きたワッツ暴動以降、非常に暴力的な、そして多くの場合は制御不能な騒乱が相次いだ。ある警察署長はこう述べた。「現状はベトコン〔ベトナム戦争時の南ベトナムの共産主義民兵組織〕との戦いに似ている……いつになったら状況をコントロールできるのか見当がつかない」。あるラジオ局はこう報じた。「それは単なる暴動ではなかった。あらゆる権威に対する蜂起だった……さらに激化していれば、内戦が始まっていただろう」。一連の暴動で収監された人は4000人。死者は34人を数えた（ほとんどは警察による殺害）。負傷者は何百人にも達し、失われた資産は約3500万ドル（1965年当時の貨幣価値）に上った。[2]

ブラックパンサー党の活動も活発だった。この急進的な黒人民族主義組織のメンバーは、市内をわが物顔にパトロールし、法律で許されている場所では公然と銃で武装した。黒人を警察の暴力から守るためにそれが必要だとのことだった。実際、警察の暴力は重大な問題だった。

2014年と15年にミズーリ州ファーガソンとメリーランド州ボルティモアで起きた事件が浮き彫

りにしたように、警察による黒人への暴力はいまも根絶されていない。しかし、今日の抗議活動は、(少なくともいまのところは)おおむね法に反しない形でおこなわれている。もちろん例外はあるが、そのようなケースが注目されるのは、それが珍しい出来事だからだ。不満を募らせたティーンエージャーが一時の怒りに任せて警察官を小突いたり、群衆がドラッグストアに火を放ったりすることはあるだろう。それでも、抗議活動の参加者のなかに、資本主義体制を打倒するための暴力革命を目指す団体に加わる人はまずいない。

警察官などによる黒人射殺事件が続いていることに抗議する「ブラック・ライブズ・マター(黒人の命も大切だ)」の運動が特筆すべき点は、特定の政党や政治家への支持を表明していないことだ。この運動は、破壊よりも前向きな変革を重視し、革命を起こすことよりも、誰も排除されない社会、ジェンダーの平等、正義と平和の実現を目指している。ひょっとすると、2016年7月にテキサス州ダラスで起きた事件が転機になる可能性はある。この事件では、抗議集会の現場で5人の警察官が射殺された。しかし、少なくともそれまでは、きわめて平和的な抗議活動の時代が長く続いた。

ブラックパンサー党のリーダー、ヒューイ・P・ニュートンは、今日よりもはるかに対決志向が強いアプローチを採用した。回顧録によれば、ブラックパンサー党は、法律をものともしない活動をしばしば実践していた。「ときどき、これ見よがしに武器を携えて警官を尾行した。警官が尾行を巻こうとして角を曲がるときに急加速したり、回れ右して逆に私たちを追跡したりすれば、そうさせた。やがて相手がそれに飽きると、私たちはまた尾行を開始した。これにより、警察の時間を大幅に奪うことができた。私たちがこれを実践していなければ、警察はその時間を使って(黒人に)嫌がらせをしたろう」。今日の抗議活動とは比較にならないくらい大胆な態度だ。[3]

暴力と敵意が蔓延していた時代

1960〜70年代のデモや集会は、非常に大規模なものが多かった。「ベトナム戦争反対運動」という団体は、1969年11月の集会に50万人、70年5月の集会に10万人を動員した。1971年4月にワシントンDCの連邦議会前で「平和と正義を求める市民連合」が開いた集会には、約50万人が参加した。

1970年5月に米軍がカンボジアに侵攻し、同じ頃にオハイオ州のケント州立大学で州兵がベトナム反戦集会に発砲して4人が死亡する事件が起きると、1250校を超す大学のキャンパスで抗議集会がおこなわれた。集会に参加した学生は400万人近くに上り、ごく短期間のケースも含めれば536校が全面閉鎖された。この年の5月だけで、アメリカの大学キャンパスで起きた爆破・放火事件は95件に上る。大学に設置されているROTC（予備役将校訓練課程）の建物も、30カ所が爆破や放火の標的になった。1968〜75年は、反体制派によるキャンパス内外での暴力事件が南北戦争以降、最も多かった。[4]

いまのキャンパスは、当時とはまるで違う。今日の社会で現状満足階級の影響力がとりわけ強い場所の1つが大学だ。大学は学内の管理を過度に徹底し、教員より職員を多く採用するようになった。学内で問題が発生したり、社会に迷惑をかけたりする危険を最小限にとどめることが最優先されている。学生たちが抗議活動をおこなうときも、「安全の確保」などが要求事項の場合が多い。政府や大学当局を暴力的に打倒しようとする動きは見られない。

いま、大学で起きている激変としては、学生が自宅や寮の部屋で受講できるMOOC（大規模公開オンライン講座）やCBE（コンピテンシー基盤型教育）がよく話題に上る。一部の大学を激しく揺さぶる可能性があるという点では、これらも往年のキャンパスでの抗議活動と同じだが、大学を激震させる理由はまったく異なる。CBEが導入されれば、一部の学生はMOOCなどにより自宅で効率的に学習し、あとは試験を受けて、所定の能力（コンピテンシー）を身につけたことの認定を受けるようになる。こうした新しい教育と学習のあり方は魅力的だし、有望なイノベーションと言ってもいいだろう。しかし、このような教育形態が広がれば、キャンパスはますます、抗議活動と社会不安とは無縁の場所になる。

1960年代から70年代前半に生じた混乱の多くが、ベトナム戦争と徴兵をめぐる対立の結果だったことは間違いない。なにしろ、この戦争は6万人近くのアメリカ兵の命を奪い、日々のニュースでも大きく取り上げられた。しかし、当時の時代環境が原因で、ベトナム戦争が激化した面もあった。ベトナム戦争の時代と違って、今日は空爆とドローン（無人飛行機）が戦争の手段になり、戦争で死傷する兵士の数は大幅に減った。また、政府がくだす決定、そして明るみに出た政府の失態は、ことごとく世論とメディアにより精査される。国内の安全が脅かされる場合、政府の行動はとりわけ厳しい目にさらされる。

今日のアメリカ人は、少なくともアメリカ側では死傷者が限りなくゼロになることを求める。自国の安全が直接脅かされない限り、アメリカがベトナム戦争のような戦争に乗り出すことはまず考えられなくなった。オバマ政権がリビアやシリアへの本格的な軍事介入を避けたのは、世論が1つの理由だった。そのような戦争に予算を費やし、兵士の命を失うことに、国民は前向きでなかった。戦争で目指す目標がはっきりせず、目標の達成もおそらく不可能に思えたからだ。その点、今日のアメリカ人と違って、かつてのアメリカ人はベトナム戦争に長く耐え続けた。戦争への支持がついに崩れたのが1970年代はじめだった。

同性愛者の権利をめぐる戦いも、当時と今日では対照的だ。同性愛者の権利擁護運動が盛り上がるきっかけになったのは、1969年の「ストーンウォールの反乱」だった。舞台は、マンハッタンのグリニッチビレッジ地区のバー、ストーンウォール・イン。同性愛者が集まる店だ。警察がこの店に踏み込むと、怒った同性愛者たちが警察官を取り囲み、暴動に発展した。この事件を描写した文章を読むと、同性婚の権利が法律で認められ、同性愛者が豪華なフラワーアレンジメントに囲まれて聖職者の祝福を受けて結婚式を挙げることが珍しくなくなった今日とは、隔世の感がある。アム・バウサムの著書から引用しよう。

「私たちは警官たちを痛めつけようとしていた」と、同性愛者で活動家のジョン・オブライエンは振り返った。「私は怒りをたぎらせ、警官たちを殺したいと思った。向こうもそれを感じ取っていた。警官たちにとっては、扉が開かなかったことが幸いだった。彼らは本当に幸運だったと思う」(ある時点で、暴徒と一部の警察官を隔てるものは、バリケードで守られた扉だけだった)[5]。

多くの場合、公民権運動は非暴力主義を特徴としていたが、南部の黒人たちは、自衛のために銃を所持するケースが少なくなかった。著名な黒人指導者のなかにも、銃をもつ人が多かった。それくらい、暴力と敵意が蔓延していた時代だったのだ。マーティン・ルーサー・キング牧師は、自宅に銃をもち、ときには近隣の住人たちに銃で守ってもらうこともあった。公民権活動家のメドガー・エヴァーズも、いつも自動車にライフルを積み、手元にピストルを置いていた。それでも、最後は暗殺されてしまった。[6]

過保護な親が多い現代の感覚からすると想像もできない話だが、公民権運動に参加した親たちは、わが子を銃口の前に立たせることもあった。1963年にアラバマ州バーミングハムで発生した「バーミングハム運動」では、武装した警察官と警察犬、憎悪をいだく地元住民と人種差別的な群衆の前を、大勢のアフリカ系アメリカ人の子どもたちが行進した。

子どもが暴力の標的になるという最悪の事態は避けられたが、比較的平穏だったデモの描写ですら、今日の私たちが読めばぞっとする。「13～16歳のティーンエージャーたちが行進を続けると、放水が始まった。子どもたちはまず両手で頭を覆って小さくなり、そのあと地面に膝をつき、さらには互いの背中に腕を回して踏みとどまろうとした」と、当時の新聞記事は記している。

警察がこのような行動を取ることは、少なくともこの数十年はとうてい許されなくなった。警察もその点では同じ考えだろう。辛い、当時の警察もさすがに6歳の子どもへの放水には躊躇した。アフリカ系アメリカ人のなかには、自分たちのリーダーがこのような運動のやり方をよしとしていたことに戸惑いを感じる人も多かった。それでも、子どもがデモの最前線に立っていたという事実が浮き彫りにしているように、安全が最優先される今日とはまるで違う時代だったのだ[7]。

見落としてはならないのは、中流層の所得が上昇すれば、かならず平和と平穏がもたらされるわけではないという点だ。社会全体が経済的繁栄を謳歌した直後に、治安が悪化したり騒乱が発生したりする場合もある。1960年代半ば～70年代はじめは、南北戦争以降で最も暴力が蔓延し、社会が不安定になった時代だったが、その直前の1950年代と60年代は、中流層の所得水準が目覚ましく上昇した時代だった。同じことは、アフリカ系アメリカ人の所得に関しても言える。1950年代最後の数十年間、アフリカ系アメリカ人の所得は、アメリカ建国以来最も大きく上昇した。しかし、1960年代になると、アフリカ系アメリカ人を中心に、人種問題をめぐる暴動が多発するようになった。

所得が上昇しても平和は約束されず、むしろ所得が上昇すれば人々のいだく期待が大きくなり、社会の平穏が乱される可能性が高まるのかもしれない。この仮説は、19世紀フランスの思想家アレクシ・ド・トクヴィルがフランス革命について唱えたものだ。1960年代のアメリカ人もそれまでより大きな期待をいだくようになり、その期待が満たされなかったため、苛立ちを強めていったのである。

荒々しい抗議活動は過去の遺物

公民権運動の初期に起きた出来事の多くは、今日のアメリカでは起こりえない。なにより、社会で官僚体質と安全志向が強まって、いかなる騒動や混乱も許容されなくなったからだ。

今日、1965年にアラバマ州セルマで実行されたようなデモ行進がおこなわれる可能性は小さい。といっても、差別がすべて解消したからではない。1965年当時、アフリカ系アメリカ人のデモ隊は当局への請願により、5日間にわたって州間高速道路を80キロあまり行進する法的許可を得ていた。当然、高速道路は通行不能になった。そのようなデモ行進が許可されることは、いまのアメリカではほぼ考えられない。

その点では、どんなに大きな支持を得ている政治運動も例外ではない。自家用車のドライバーやトラック運転手の大半は、高速道路の封鎖を歓迎しないだろう。1970年代以降、アメリカの連邦裁判所は、公共スペースでの抗議活動が当然に認められるわけではないという判断を示すようになった。それを受けて地方自治体は、抗議グループよりも、道路利用者の便宜を優先させはじめた。[8]

ジャーナリズム研究者のリンダ・ラムスデンが指摘するように、「集会の権利を謳った合衆国憲法修正第一条は、1950年代の公民権運動の基盤を成していた」[9]。1960年代になると、この点がいっそう際立つようになった。平穏の維持を理由にデモ行進や集会や座り込みを規制する市条例と抗議グループがしばしば衝突したが、当時の裁判所はほぼ一貫して抗議グループの主張を支持した。しかし今日、再び公共スペースで暴力的な情熱が発散されることを望む人は少ない。

地方自治体は、1970年代にイリノイ州スコーキーで噴出した論争をきっかけに、集会の権利を無条件に認めることの潜在的なコストを思い知らされた。1977年、あるネオナチ団体がスコーキー当局にデモ行進の許可を申請した。デモの規模は小さかったが、スコーキーの住民は大半がユダヤ系で、ナチスのユダヤ人大虐殺を辛くも生き延びた人も多かった。そのため、デモの計画はとりわけ大きな反発を招いた。市当局は不許可としたが、連邦最高裁がデモの権利を認める判断をくだした。結局、デモは翌1978年に(スコーキーではなく)同じイリノイ州のシカゴでおこなわれ、幸いにも大きな事件は起こらなかった。

それでも、地方自治体はこの出来事やほかの類似の事件で懲りてしまった。具体的には、好ましくないデモを禁止できないのなら、せめて規制しようと考えるようになった。デモを完全になくすのは無理にしても、デモを目立たなくくし、中心地から排除しようというわけだ。こうして、新しい戦いがゆっくり進行しはじめた。抗議グループが最も望むような場所ではぜったいにデモをさせないと、当局は決意した。主催者を選別して規制することが許されないなら、すべてのグループを規制するまでのことだった。

暴動や抗議活動は、さまざまな場で昔よりも難しくなった。事なかれ主義の風潮が社会で強まり、それが抗議活動の世界にも広がっていることが一因だ。第1章で指摘した「NIMBY」の心理は、大型集合住宅や風力発電施設の建設を妨げるだけでなく、荒々しい抗議活動も難しくしている。不動産価値への影響を考えれば、トラブルの種を歓迎する地域はまずない。悪評がソーシャルメディアですぐに拡散される時代になったことも、この傾向に拍車をかけている。地域住民が企業と協力して有害廃棄物の投棄やデモ行進を阻止する力は、1960年代にはいまほど強くなかった。

暴動や蜂起が下火になった一因は、警察がマネジメント理論を導入し、暴動を抑え込むことが格段に容易になったことにもある。高性能の情報通信技術を活用することで、昔よりも効率的に、まだトラブルが発生していない段階で群衆の監視と統制をおこない、群衆を分散させ、警察内部の行動を調整できるようになった。暴動が起きそうだと予測できたときは、群衆管理テクノロジーを入念に活用して群衆の過激化を防ぐ場合が多い。１９７０年代以降は、必要に応じて専門のコンサルタントを雇い、非常時への対処について支援を受けている。アメリカの警察は、警棒と催涙ガスで群衆の感情を刺激するのではなく、秩序立った行動を巧妙に促すようになったのである。

２０１４年と15年にミズーリ州ファーガソンとメリーランド州ボルティモアで起きた事件では、このような暴動対策のあり方に異変が起きた（詳しくは後述する）。いずれのケースでも、警察が最初に暴力的な行動を取ったことで抗議活動に火がついた。その抗議活動に対する警察の対応が群衆をますます刺激し、暴動が制御不能になった。ファーガソンでは、とくに大規模な争乱に発展した。地元警察は、催涙ガスとヘリコプターと発煙筒でそれに対応した。本来なら、もっと慎重に行動し、緊張を取り除くための措置を講じるべきだった。このときは、マネジメント理論が用いられなかったのだ。

それでも、ほかの土地に大規模な暴動が飛び火することはなかった。１９６０年代だったら、これでは済まなかったかもしれない。一方、全米の警察はファーガソンなどの出来事を重要な教訓とし、同じ失敗を繰り返すまいと誓った。ミズーリ州では、失態を犯したセントルイス郡警察から権限が剥奪され、州の高速道路警備隊に状況のコントロールが委ねられた。その後、高速道路警備隊のロン・ジョンソン隊長（ちなみにアフリカ系アメリカ人だ）が先導して平和的な行進がおこなわれた。銃や警棒が用いられることはなかった。

のちに、ファーガソンで再び対立が持ち上がった。またしても、警察側が暴力の一部を煽ったと言われている。しかし、このとき警察は慎重に行動し、対立の緩和に努めた。人権擁護団体のアムネスティ・インターナショナルにも仲裁を求めた。

緊張が完全に解消したわけではないにせよ、ほかの土地への波及がほとんどなかったことは注目に値する。当初のセントルイス郡警察とは対照的に、各地の警察が慎重でプロフェッショナルな対応を見せたこともそれに寄与した。

ウォール街占拠運動はこうして終わった

ウォール街占拠運動でも、ニューヨーク市警は混乱を最小限に抑え、緊張を取り除くことに成功した。警察は全面衝突を避け、おそらく抗議グループにある程度の花をもたせることを選択した。寒い冬が訪れて、テントで野宿していたデモ隊が撤収するのを待つことにしたのだ。

2011年秋にズコッティ公園に群衆が集まりはじめると、ニューヨーク市警は公園を警察車両で囲み、監視塔を設けるなどして、状況を注意深く監視し続けた。通行人が近づかないようにバリケードも設置し、近くを通りかかった人たちには立ち止まらないで通過するよう呼びかけた。この出来事について研究したカレン・A・フランクとホアン・ダーションは、次のように記している。「最も注意が払われたのは、高いレベルの秩序を維持することだった。それは、ほかのどの要素よりも、言論の自由よりも重んじられた」。抗議グループは、マンハッタンの金融街にあるワン・チェース・マンハッタン・プラザ（現「28リバティ・ストリート」）を占拠する計画を立てていたが、警察がバリケードを巧みに用いてそれを完全に阻止した[10]。

ウォール街占拠運動が長引くと、市当局はデモ隊に次々と試練を課した。それは、力で抑え込むのではなく、法律論で運動を追い詰めるアプローチだった。当局はまず、広場が不潔なので清掃のために退去せよと、デモ隊に要求した。デモ隊は退去を拒み、自分たちで広場を清掃した。次に、デモ隊が深夜にドラムを打ち鳴らすことに対して近隣住民から苦情が持ち上がった。デモ隊は、夜間の騒音をなくすことで住民側と話をつけた。その次は、消防署がデモ隊のガス発電機に火災の危険があると指摘した。デモ隊は、発電機の多くを足踏み式発電機に切り替えた。こうした攻防は法律にのっとったものであり、PR合戦という性格もあった。警察官が警棒を振りかざしてデモ隊と対峙した1960年代とはだいぶ様相が違った[11]。

ウォール街占拠運動は、重要な憲法上の争点も提起した。デモ隊に占拠された場所は、ブルックフィールド・プロパティーズという民間企業が所有するスペースだったからだ。この公園は民間の所有地でありながら、膨大な数の土地用途規制が適用されたほか、都市計画委員会が大きな発言権をもっていた。

24時間立ち入り可能な状態を保つことを求める規則は、デモ隊が公園への居座りを正当化する論拠として用いられたが、テントを張ったり、個人の所有物を置いたりすることは、規則上認められていなかった。それでも所有者と市当局は、この規則を盾に強制排除により公園を閉鎖することはせず、デモ隊を少しずつ退去させることを選んだ。民間企業が深く関わっていたことで、デモ隊に暴力が振るわれる可能性が大幅に縮小し、当局はいっそうルールにのっとり、トラブル回避を重んじた。

憲法上の問題には決着がついていないが、最終的には所有者と市当局の望みどおりの結果になった。冬の寒さが厳しくなるとデモ隊が撤収しはじめたのだ。いまでは、ウォール街占拠運動は遠い記憶のなかの小さなエピソードになってしまった。この運動の精神が広まるとすれば、その担い手は公の場で暴力的な運動を展開する人たちではなく、2016年アメリカ大統領選の民主党予備選で健闘したバーニー・サンダース候補の支持者のように、教育レベルが高く、平和的な人たちだろう。[12]

デモによるトラブルは、2004年の民主党全国党大会でも封じられた。多くのグループが抗議活動を予定していたが、活動家は「デモ・ゾーン」と呼ばれるエリアでしか活動を許されなかった。ある連邦判事の表現を借りれば、デモ・ゾーンは、18世紀イタリアの画家ピラネージが版画で描いた古代ローマの牢獄を思わせた。バリケードやフェンスや鉄条網で隔離されていて、デモ隊が党大会の代議員に接触できないようになっていたのである。資料を手渡すことも、大型のプラカードを掲げることも許されなかった。結局、デモ隊はデモ・ゾーンに姿を見せなかった。1965年のセルマ大行進がこのように厳しく制限されていたら、アメリカの公民権運動はその後どうなっていただろう？[13]

1970年代までの警察が実践していたのは、「力のエスカレーション」とでも呼ぶべきアプローチだった。最初に投入した力でデモを鎮静化できない場合は、さらに強い力で臨んでいた。しかし、この戦略はしばしば逆効果を招いた。デモを煽り、警察への反感を強めてしまったのである。

それに対し、1970年代半ば以降は、「交渉によるマネジメント」のアプローチが主流になった。警察と抗議グループが前もって話し合い、どのような抗議活動が許容されるかで合意しておく。最近は、「戦略的無力化」と呼ばれるアプローチも実践されている。具体的には、抗議活動禁止区域の設定、群衆コントロール技術と殺傷力のない武器の使用、事前の計画的な身柄拘束、監視の徹底、抗議グループへの潜入活動の強化などがおこなわれる。

このアプローチを用いる場合、警察はたいてい、都市を3つの区域にわける。ハード・ゾーン、フリースピーチ・ゾーン、ソフト・ゾーンだ。ハード・ゾーンとは、抗議活動のターゲットが存在する場所のこと。この区域や周辺には、抗議グループの侵入が禁じられる。フリースピーチ（言論の自由）・ゾーンは、ターゲットから離れた場所に設定されることが多い。抗議活動は許されるが、乱暴な活動は認められない。ソフト・ゾーンは、ハード・ゾーンの近隣区域だ。抗議グループの侵入は禁止されないが、警察はそれを妨げようとする。警察と抗議グループの衝突が起きるとすれば、この区域が舞台になるケースが最も多い[14]。

2003年のニューヨークで計画されたイラク戦争反対デモでは、抗議活動を組織して継続することがきわめて難しかった。この年の2月15日、世界中のグループが足並みをそろえて史上最大規模の抗議活動がおこなわれた。世界各地でデモに参加した人は3000万人に上った。

しかし、ニューヨークでは、話はそう簡単ではなかった。およそ25万人が街頭で抗議の意思表示をしようとしたが、警察が道路を封鎖し、馬を投入してデモ隊を追い払った。ニューヨーク市当局は、保安上の問題を理由に国連本部前でのデモ行進を禁止した。許可されたのは、約4区画離れたダグ・ハマーショルド広場での1万人規模の集会だけだった。この何カ月も前から、警察は市内でのデモ行進をすべて禁止し、1つの場所にとどまっておこなう抗議活動しか許可していなかった[15]。

パブリックフォーラムの法理

ワシントンDCは、いくつかの面でニューヨーク以上に制約が厳しい都市だ。約25%の区域が国立公園局の管理下にあり、そのなかには抗議活動の中心になりそうな場所の多くが含まれる。これらの場所では、25人以上が集まる抗議活動は許可を得なくてはならない。しかも、抗議活動が注目を集めそうなときは、国立公園局と、場合によってはさらに議会警察とも前もって調整する必要がある。たいてい、弁護士の同席が不可欠だ。それに加えて、大統領などの警護を担うシークレット・サービスが関与する場合もある。[16]

2001年の9・11テロ後は、ワシントンDCでの抗議活動がいっそう難しくなった。テロリストに狙われると懸念されているからだ。国立公園局などの政府機関は、テロとの結びつきが疑われたり、公的施設や住民の危険が少しでも高まると思えたりすれば、集会を許可しなくてもいい。しかも、ほとんどの場合、その判断の責任を問われることはない。

安全保障上の懸念が持ち出されると、往々にしてそれ以外の議論はすべて封じられてしまう。ワシントンDCには、攻撃を過度に恐れる心理が蔓延している。いたるところに自動車や歩行者の通行を制約する障害物が配置されていて、当分は撤去されそうにない。このような障害物は、今日のアメリカ社会の性格を形づくっている要素であると同時に、社会が置かれている状況の産物でもある。[17]

抗議活動の許可を得ることがいっさい不可能というわけではない。しかし、その手続きは煩雑を極める。昨今は、ウェディングプランナーやイベントプランナーだけでなく、抗議活動の準備を支える

「プロテスト・プランナー」がちょっとしたビジネスになっている。料金は馬鹿にならないが、警察との調整、許可の範囲を逸脱しない会場設営と音響システムの整備、終了後の片づけを手伝ってくれる。

最近のワシントンDCでの抗議活動は、規則や手続きに縛られた退屈なイベントになっていて、メディアもたいていそのように見ている。そのため、よほど大勢の参加者が集まらなければ黙殺される。人々が市内の重要な場所に集まって怒りを表現し、要求を叫んだ時代とは、良くも悪くも状況がまるで違う。1999年にシアトルで反グローバリゼーション・デモが猛威を振るったとき、法的な問題が発生したのは、事前に申請済みのデモではなく、熱気を帯びた自然発生的なデモだった。[18]

抗議活動が平穏化した要因はほかにもある。見過ごせないのは、9・11テロ直後に成立した「米国愛国者法」の下、警察やFBI、国家安全保障関連機関がデモ主催者を監視するようになったことだ。これにより、抗議活動に関わることに二の足を踏む人が多くなった。ほとんどのケースで、裁判所はそのような監視を差し止めていない。

抗議活動の参加者が監視カメラに記録されるリスクも高まっている。社会の表舞台で成功したい、あるいは政界を目指したいと思っている人にとっては、先々までそのときの映像が不安材料になりかねない。公の場所で無責任な行動を取ったり、一時の感情で過ちを犯したりした人が逃げおおせることは、昔より難しくなっている。今日、個人に関する情報はなかなか消えない。しかも、ワシントンDCのナショナル・モールに設置されている監視カメラのようにカメラが小型化し、私たちは気づかずに監視されている場合も多い。[19]

アメリカ連邦政府の行政機関も、抗議活動の封じ込めに一役買っている。ワシントンDCのジェファーソン記念館前では、どんなに小規模な抗議活動も許可されなくなった。トーマス・ジェファーソンは、闘争と「専制君主の流血」によって自由を再生させ続ける必要性を訴えた人物だったのだが……。2011年のワシントン連邦高裁の判決では、ジェファーソン記念館は「公共の表現と集会の場」ではないとされ、政治集会をおこなう権利は保障されないとの判断が示された。

アメリカ人がいまほど大きな言論の自由を享受していた時代は、過去になかっただろう。抗議する権利は、いくつもの判決で認められている。しかし、それは情報の流通が許されているというだけの話だ。物理的空間での抗議活動をめぐる状況は、けっして明るくない。現実の場での抗議活動や言論の自由は、昔に逆戻りしたかのように厳しく制限されるようになった。[20]

そのきっかけとなる法律上の出来事があったとすれば、それは1970年代後半から80年代前半にかけての連邦最高裁の判断だろう。連邦最高裁は、抗議活動が許される物理的な空間を制限することが違憲ではないとの判断を示した。集会が許されるためには、それにふさわしい場所であるだけでは十分でなく、その場所がパブリックフォーラム（言論の自由のために用いられるべき公的空間）として適切に認定されている必要があるとのことだった。「パブリックフォーラムの法理」である。

当時、この判断がもたらす結果を完全に見通せていたかは微妙なところだが、いずれにせよ、いま市民がこの考え方に反対している様子はない。抗議活動（これも言論の自由の一種にほかならない）の行使に厳しい地理的制約を課すことは、おおむね支持されていると言えるだろう。少なくとも、それに対する反対論は支持を集めていない。そのような制約があるおかげで、近所の騒音や渋滞、迷惑行為が最小限に抑えられているからだ。ここにも、「NIMBY」の心理が働いている。抗議活動はどこかほかでやってくれ、というわけだ[21]。

現在の状況は、法学者のハリー・カルヴェン・ジュニアが1965年の著書『黒人と憲法修正第一条』（*Negro and the First Amendment*）で描いた時代とは対照的だ。当時の法律についてカルヴェンはこう記している。「発言する者は、パブリックフォーラムを使用する至上の権利をもっている。国家は、そのような場における交通の制限と平穏維持のための制限を最小限にとどめるべきである」

連邦最高裁は1963年の「エドワーズ対サウスカロライナ州判決」で、アフリカ系アメリカ人学生の抗議グループが州議会の敷地で行進する権利を認めた。州議会の敷地は公共スペースであり、学生たちはいつでもそこに立ち入る権利があるというのが理由だった。スチュワート判事が執筆した多数意見（一人を除いてすべての判事が同意した）は、「(学生たちは）言論の自由、集会の自由、請願の自由、自分たちの苦境を是正することを求める自由……という憲法上の権利を、最も素朴かつ古典的な形で追求していた」と認めた。

この時代は、アメリカの歴史上、集会の自由が最も大幅に認められていた時期だった。1963年に人種差別撤廃を求めておこなわれた「ワシントン大行進」でも、今日では考えられないくらい自由な移動が許された[22]。

当局と抗議団体のPR合戦

変わったのは法律だけではない。デモ主催者の行動に影響を及ぼす要素も変わった。1995年の「100万人大行進」のような大規模な運動が計画される場合はたいてい、多くの団体の支援と莫大な資金援助が必要になる。そのため、社会の主流派による幅広い支持が不可欠だ。ブラックパンサー党の時代と違って、今日の抗議活動は低予算では実行できない。安い報酬で働くスタッフと長時間の行進に——そして、ときには銃に——頼る時代ではなくなったのである。

最近の抗議活動では、すべてを平和的におこない、テレビニュースでの印象を悪くしないように、専門家を雇って緻密な計画を立て、巧妙な工作を実行し、参加者の行動を一定の方向に仕向けることが不可欠だ。デモの参加者をコントロールしようとするのは、警察側だけではないのだ。最近は、ソーシャルメディアコンサルタントも関わるようになった。自然発生的に誰かが投石したりする事態を防ぐためだ。100万人大行進は、黒人男性が平和的に責任感ある行動を取っている姿をカメラに撮らせることが最大の目的だった。そして、その目的はおおむね達せられた。

このときは、PR合戦に勝ちたいと考えた警察や治安機関も、トラブルの芽に対して平和的に対処した。数十年前と違って、すぐにデモ参加者を殴打したりはしなかった。100万人大行進に関する英語版ウィキペディアのページで「対立」という言葉を検索すると、ヒットするのは、参加者数をめぐる論争についての記述だけだ。運動の支持者は、参加者の多さをアピールしようとした。これもPRのための行動だ。もっとも、近年は、デモに大勢の人を集めることよりも、インターネット上で動画が多くの人に拡散されることのほうが重要なのかもしれない。オンラインのほうが多くの人にメッセージを届けられるからだ。

1970年代以降、社会運動や抗議活動が平穏化した大きな理由の1つは、PR戦略の一環として、波風を立てないことが重視されはじめたことにある（その潮流がいま逆転しつつあるのかは別の章で論じる）。1960年代、抗議グループにとって大きな課題は、社会の注目を集めることだった。当時は、アメリカが1950年代の停滞ムードからようやく抜け出しつつあった時期で、テレビの3大ネットワークがメディア空間を支配していて、人々の価値観はきわめて保守的だった。このように一部の大手メディアの影響力が強かった時代には、大規模なデモ行進、そしてときには暴力や極端な主張など、過激な行動が好まれた。

21世紀に入ると、ある程度の注目を集めること自体は難しくなくなった。今日は、自分たちのニッチな主張に敬意をいだいてもらうことのほうが大きな課題だ。そのためには、計算し尽くされた戦略の下、整然と秩序立った行動を取ることにより、主流派の共感を得る必要がある。平和的な、もっと言えば眠たくなるくらい退屈なイベントを実行しなくてはならない。そこで、大半のグループはインターネットを利用して参加者の行動を統制しはじめた。

PRチームを雇うために莫大な資金が必要になったことの影響も無視できない。無統制の抗議活動が多かった1960年代と70年代前半に比べて、この種のコストは膨れ上がっている。その結果として、有効な活動を展開できるのは、潤沢な資金があるグループだけになった。この点は、運動を穏健化させる要素として作用している。資金を確保するためには、主流派の支持をある程度得ることが不可欠だからだ。

　ルールの強化は、平穏の維持を望む現状満足階級にしばしば直接的な恩恵をもたらしてきた。しかし、平穏を乱す行動を抑制する効果が最も大きいのは、厳しいルールそのものよりも、そこから派生する古くて新しい問題、つまりお金の問題なのかもしれない。社会が複雑になり、法律も煩雑化するのに伴い、抗議活動の費用が膨張する。その結果、抗議活動が不活発になり、社会はいっそう平穏になる。トラブルを嫌う官僚主義的な制度は、そのような制度の本来の目的はどうあれ、現状満足階級に味方するのだ。

第7章 活力を失った社会

この本では、実例や私の個人的な見解を織り交ぜつつも、データをもとに議論を進めるよう努めてきた。本章ではその方針を少し緩めて、私の純然たる主観的印象を述べてみたい。以下で指摘することは、データに基づく議論ほど強力ではないが、現状満足階級が台頭した理由を考えるうえでは見過ごせない点だ。

ここ5年ほど、私は別の著書の準備でたびたび中国を訪れている。その際に見聞きしたものを通じて、アメリカ社会の停滞がいっそう際立って見えてきた。中国訪問の経験は、私が本書を執筆する動機の1つになった。最近は経済に綻びが見えはじめてはいるが、それでも中国には野心的で活力ある文化があり、ものごとが急速に変化している。そう、昔のアメリカがそうだったように。

中国と比べると、アメリカは退屈で変化が乏しく見える。中国は多くの問題を抱えているが、訪れるたびに大きな変化を見せつけられる。ほとんどは好ましい変化だ。数え切れないほどの高層ビルが建ち、古いレストランは次々と姿を消している。工事が終わらない道路や故障した上水道など、数年前に存在した社会的・経済的問題は、完全に解決したり、大幅に改善したりしている。

30年もの間、10％の経済成長を続けた国だけのことはある。中国は、２００９年頃まで10％の成長を続け、その後も7～8％の成長率を維持していた（ただし、政府の統計が信用できないため、現在の正確な成長率は明らかでない）。10％の経済成長が続く国は、だいたい7年ごとにまったく新しい国に生まれ変わっていると言っていい。成長率が10％の場合、7年間で経済規模が2倍になるからだ。

一方、アメリカ経済はすでに成熟しきっており、経済学者の表現を借りれば「テクノロジーのフロンティア」に位置している。アメリカはテクノロジーで世界の最先端にある国なので、ほかの国からテクノロジーを取り入れて成長することができないのだ。いまのアメリカが10％の成長率を達成することは不可能だ。政府がどのような政策を採用しても、この事実は動かない。10％はおろか、5％の成長も無理だろう。

過去の世代はヨーロッパとの対比でアメリカを見ていたが、未来の世代は中国との（そして、インドなどほかの新興国との）対比でアメリカを見ることになる。そのような視点で見ると、アメリカで変化が乏しくなっていることがいっそう浮き彫りになる。

20世紀の東西冷戦の時代には、共産主義国であるソ連との激しい対立を通じて、アメリカが個人の自由を重んじる国であることが際立っていた。国内問題でも国際問題でも、アメリカ人は自由主義の思想をひときわ重んじた。それと同じように、中国などの新興国との関係も、アメリカ人の自国に対するイメージに強い影響を与え、アメリカが世界で果たす役割を左右する。

いま、中国と対比した場合のアメリカの位置づけは比較的はっきりしている。それは、平穏で安全、空気がきれいで言論の自由があり、通貨の信頼性が高い国、というものだ。地球規模で見ると、アメリカのように安全な国は少なくなる一方だ。預金先として世界で有数の人気があるのも不思議でない。これらは、もちろん素晴らしいことだ。しかし、そのような社会は意外性が乏しく、変化も少ない。

ジャック・マーとザッカーバーグの違い

数人の人物のプロフィールを通じて、アメリカと中国で、社会のダイナミズム、階層移動の活発さ、そして現状への満足度がどのくらい違うかを見てみよう。

2014年に中国で最も裕福な人物になったジャック・マー（馬雲）は、極貧の子ども時代を送った。マーが生まれた1964年、一家はとても貧しかった。国民党政府の役人だった祖父は共産党政権下で迫害され、厳しい仕打ちは一家全体に及んだ。マーの両親は、講談と弾き語りの伝統芸能を仕事にしていたが、1960年代、毛沢東が主導した文化大革命により、この芸能が禁止されてしまった。そもそもこの仕事では、当時の中国の水準で考えても（1960年代の中国は、一人当たりの所得が年間200ドルに満たなかった）、裕福な暮らしは不可能だった。[1] マーの一家は、政治的につねに危うい立場に置かれていたばかりか、物質的な面でも貧困のどん底にあったのだ。

子どもの頃、マーは懸命に努力した。朝5時に徒歩や自転車で近くのホテルまで行き、外国人観光客に話しかけて英語の練習に励んだ（この英語がのちに役立った）。しかし、苦難は続いた。中国でも人気があるケンタッキー・フライド・チキンなど、いくつもの職で不採用になり、大学入試にも数度失敗した。それでも、最終的には大学に進学して英語を学び、大学で英語を教えるまでになった。コンピュータと出会ったのは33歳のときだった。当時、インターネットとはどういうものかを友達や家族に見せようとして、あるウェブページにはじめてアクセスしたときは、ページの半分が表示されるまでに3時間半かかったという。

やがてアメリカ人の友人たちの力を借りて、中国企業向けのウェブページ制作の仕事を始めた。電子商取引サイトの「アリババ」を創業したのは1999年。2014年には、純資産が約300億ドルに達し、世界屈指の大富豪になった（その後、純資産は減少したが、それでも大金持ちであることに変わりはない）。

子ども時代のマーは、それ以上貧しくなりようがないくらい貧乏だった。彼ほどではなくても莫大な資産を築いた中国人は、同じように貧しい子ども時代を送った場合が多い。理由は明白だ。1960～70年代の中国では、ごく一握りの共産党支配層を別にすれば、ほぼすべての人が貧乏だったのだ。

劉永行も貧しい家庭に生まれ、若い頃は肥料用の人糞を運ぶ仕事をしていた。しかし、のちに中国屈指の農業関連企業「希望集団」を設立し、現在は推計で約48億ドルの資産をもつ大富豪になっている。最初は教員の仕事に就けたことで大満足だったが、腕時計と自転車を売って金をつくり、兄弟と一緒に小さな養鶏ビジネスを始めた。そこからすべてが変わった。

王文銀の一家も文化大革命でひどい仕打ちを受け、立ち直るまでに長い年月を要した。本人の話によれば、20歳までまともな靴をもっておらず、いつも腹を空かせていた。はじめて自分のビジネスを立ち上げたときは、土管の中で寝泊まりしていたという。のちにケーブルと銅製品をつくる「正威集団」を創業し、いまでは中国で14番目の資産家になっている。

一方、最近のアメリカでは、極貧から大金持ちになった立身出世物語をあまり見聞きしなくなった。大富豪は確かにいる。フェイスブックのマーク・ザッカーバーグはその典型だ。しかし、ザッカーバーグは貧しい家庭で育ったわけではない。今日、子ども時代のマーのような貧困を経験するアメリカ人はほとんどいない。まったくいないと言ってもいいだろう。それ自体は悪いことではないが、裕福で快適な社会は、ダイナミズムと社会の流動性が乏しく、現状に満足する心理が広がる。

1990年代には、インターネットなどの新しいテクノロジーのおかげで所得階層の移動が活発になるとの見方が一般的だった。誰もがインターネットにアクセスできるようになれば、それまでより上の所得階層に移行して裕福になる人が増えると予想されていた。インターネットを活用すれば、新製品を宣伝したり、新しいビジネスを立ち上げたり、斬新な方法で自分を売り込んだりするコストが大幅に下がると期待されていたのだ。

実際、インターネットはそのコストを引き下げた。しかし、予想されたほど経済的な平等は高まっていないように見える。富裕層はインターネットを用いてマーケティングをおこない、昔と同じペースで富を増やしていて、所得階層の移動はあまり活発になっていない（第4章参照）。これを壊滅的危機と呼ぶのは大げさだが、社会のダイナミズムが強まっているとは言い難い。少なくとも、貧しい人たちが所得階層を上昇させるペースは加速していない。

評論家たちは、所得階層の移動が不活発になった理由をいくつも挙げている。階層の固定がいっそう進んだこと、国外の安価な労働力との競争が激しくなったこと、テクノロジーの進化に伴い、働き手に求められるスキルや訓練が高度になったこと、過度の規制により経済が硬直化していること、労働組合の力が弱まったこと、裕福なエリート層の影響力が強まったことなどだ。ここで詳細な議論に立ち入ることはしないが（詳しくは私の前著『大格差』〔邦訳・NTT出版〕を参照）、これらの要因の多くが実際に影響していることは間違いない。

しかし、ここではもっと大きな流れに注目したい。経済が成熟すると所得階層の移動が少なくなり、しまいにはほとんど変化が起きなくなる場合が多いのである。ダイナミズムがあった社会も、成功の帰結としてそのダイナミズムを失い、現状満足の状態に陥る。

階層の固定はこうして進む

社会のダイナミズムを保つためには、摩擦とトラブルが不可欠なのかもしれない。今日のアメリカ社会の状況を理解するために、戦争や自然災害、あるいは共産主義体制の統治で壊滅的な打撃を被った社会と比較してみよう。ジャック・マーが子ども時代を過ごした中国のようなきわめて貧しい社会と比べてみてもいいだろう。そのような社会では、ほとんどの人が食うや食わずの生活を送っている。生活は、野心の強い人も弱い人も、才能の豊かな人も乏しい人も大差ない。

そのような社会で経済が変革されたり改善されたりして経済成長が始まり、たくさんの経済的機会が生み出されると、どうなるか？　一世代の間に目を見張るほど多くの人たちが貧困を抜け出し、豊かな生活を送るようになる。こうして、成長著しい新興国では階層の流動性が非常に高くなり、いくつかの好ましい現象が生まれる。裕福になる人のほとんどは、親の世代には比較的貧しかった。貧しい国から豊かな国に移行する途上にある国では、階層が固定されたままということは考えにくい。

時代が進むにつれて、そのような社会はどのように変わっていくのか？　ほぼ確実に、子の世代の所得階層が親の世代と同じというケースが多くなる。その社会がすべて正しい選択をしても、それは避けられない。知能、野心、勤勉など、高い所得をもたらす資質が遺伝したり、なんらかの形で子の世代に受け継がれたりする場合があるからだ。

研究によれば、人の知能の40～60％は遺伝で決まる（細かい数字は研究によって異なる）。いくらなんでも、この割合は大きすぎるのではないかと感じる人もいるかもしれない。しかし、仮に遺伝的な要因が関係しないとしても、富裕層が良好な教育環境や就労環境を子どもたちに用意できることは間違いない。経済的に成功している社会では、現状が維持されるようにできているのだ。[2]

個人の経済的な機会を制約することがない自由な社会でも、世代が下るごとに、階層の流動性を低下させる要因が強まっていく。ジャック・マーのように立身出世を遂げて富裕層に仲間入りした第一世代が子どもをつくると、その子はほかの子どもより大きな才能と野心をもっていて、多くの機会にも恵まれている場合が多い。その結果、次の世代の富裕層は、貧困層からのし上がった人ばかりではなくなる。そして、裕福な親の子どもとして生まれたことで経済的成功を手にする人が増える。

なかには、大富豪の子どもは甘やかされていて勤勉さが足りず、成功できないのではないかと考える人もいるかもしれない（私はそうは思わない）。しかし仮にそうだとしても、いまの中国には大富豪とは言えないまでも高所得者が大勢いる。この人たちは、子どもをハーバード大学などの一流大学に送り込もうと躍起になっている。そうした子どもたちが次世代の大富豪になるだろう。これは中流層から富裕層への出世物語ではあるかもしれないが、極貧からの出世物語とは言えない。

世代が下るにつれて、大きな経済的成功を収める人が裕福な家庭の出身というケースが増えていく。このような現象は、腐敗や不正がなくても起きる。戦争や大規模な災害が発生しない限り、富裕層がすべて貧困家庭出身者で占められることはなくなる。本書で指摘してきたマッチングと同類婚により、富裕層同士が結びつく結果、この傾向にいっそう拍車がかかる面もあるかもしれない。

これはきわめて自然な現象だ。19世紀後半~20世紀前半のイタリアの経済学者ヴィルフレド・パレートの表現を借りれば、社会における「支配層の循環」は、時代を経るにつれてどうしても弱まっていく。貧困と混乱の時代に比べると、間違いなくそれが弱まる。今日の中国でも、共産党幹部の子弟が特権的地位を得ていることが大きな社会問題になっていて、人々の不満が高まっている。

豊かで、安定していて、幸福度が高い社会ほど、所得階層の流動性を保ったり、高めたりすることが難しい。流動性が乏しくなると、社会は停止状態に陥りやすくなる。

一般に、所得階層の流動性が高いのは好ましいことだと言われる。いくつかの重要な面では、確かにそのとおりだ。貧しい家庭に生まれた子どもが勤勉に努力して財を成すという物語は、誰だって嫌いではない。それがアメリカン・ドリームだからだ。

しかし、階層の流動性が著しく高いとき、その社会ではよくないことが起きている場合もある。たとえば、深刻な災害など、貧富の差をなくすような出来事が起きたケースがそうだ。逆に、階層の流動性が低い状況は、社会と経済が安定していることの結果という場合もある。社会と経済が安定している状態には問題点もあるが、安定は多くの人が懸命に獲得しようとする貴重なものだ。

流動性が高いことの負の側面は、さまざまな国の状況を見ると理解しやすい。国が貧しかったり、混乱に陥っていたりする時期は、所得階層の流動性に関するデータが手に入りにくい場合もあるが、教育水準の流動性に関しては、たいてい質の高いデータが存在する。そうしたデータによると、高い流動性は、その社会に問題があることの反映という場合もある。

もちろん、教育水準の流動性が著しく低い国は、貧困との戦いで非常に苦戦する。流動性が低い順に挙げると、ペルー、エクアドル、パナマ、チリ、ブラジルといった国がこれに該当する。しかし、流動性がことのほか高い地域は、概して生活水準が低い。エチオピアの農村部、中国の農村部、キルギスタンなどがそうだ。これらの地域で流動性が高いのは、前の世代のほぼ全員がきわめて過酷な状況から出発したからでもある。そう考えると、世代間での所得階層の流動性が高いことは、かならずしも羨むような状況とは限らない[3]。

社会の活力は移民頼み

所得階層の流動性について考えるうえでは、ほかにも重要な視点がある。それは、移民という要素だ。それを考慮に入れると、アメリカの所得階層の流動性は、一般的なデータが示唆するよりはるかに高いようだ。

所得階層の流動性に関するデータはほぼ例外なく、ある重要な点で厳密さを欠く。ほとんどのデータは、国内における所得階層の流動性しか見ていない。親の世帯と子どもの世帯の所得の違いがどのくらい大きいかだけに注目している。では、ある人がメキシコからアメリカに移住した場合はどうなるのか？　その人の親がメキシコでいくらの所得があったかは、データに反映されない。

しかし、この移住により、子どもの所得は親に比べて大きく増加する。メキシコの貧しい世帯の年収は、わずか数千ドル相当の場合も多い。メキシコ人がアメリカに移住し、年収2万2000ドル程度の「ぱっとしない」職に就くだけでも、所得は大幅に上昇する。それくらいの収入を得て、祖国の家族に送金しているメキシコ出身者は珍しくない。しかも、アメリカへの移住者のなかには、中米やアフリカ、東南アジアなど、メキシコよりもっと貧しい国の出身者も多い。

移民の影響を直接明らかにしたデータはない。それでも、ある推計によれば、フォーチュン誌上位500社の40％は、移民やその子どもが設立している（移住者自身が創業した会社は18％）。このようなケースでは移住者の所得水準が大幅に上昇するが、それはデータに反映されない[4]。

移民が多く流れ込む国ではどこでも、所得階層の上方への流動性がデータに反映されにくい。今日のアメリカでも、国外で生まれた人が人口の約13％を占めている。この割合は1920年代以降で最も大きい。しかも、そのほとんどはアメリカより貧しい国からの移住者だ。こうした点を考えると、所得階層の上方への流動性は、データが示唆するよりかなり高いとみなせる。

したがって、アメリカとデンマークのデータを比較して、デンマークのほうが所得階層の流動性が高いと主張するのは正確でない。誤りと言ってもいい。デンマークはアメリカに比べて、ほかの国からの移住によって所得水準を上昇させた人の割合が小さく、絶対数も少ない。親の世代から国内で生活している人の間で流動性が高いにすぎないのだ。この国際比較でアメリカの数字の見栄えが悪いのは、好むと好まざるとにかかわらず、アメリカが移民の所得水準を向上させることに特化している国だからだ。

ここから何が言えるのか？　私が見るところ、移民がアメリカ人の所得上昇の機会をことごとく奪っているという見方は間違っている。実際、移民の流入が多かった20世紀前半のアメリカでは、世代間での所得階層の流動性が高かったと推測できる。それに、もしあなたが数世代前からアメリカで暮らしていて、所得を増やしたいと考えている場合、ウェストバージニア州やケンタッキー州東部など、国内で移民の流入が少ない地域に移住しようと考えるだろうか？　おそらく、そうは思わないだろう。

アメリカではますます、移民や外国人ばかりが所得水準を上昇させるようになっている。それでも、移民たちが成功し、ほかの人たちにも経済的な機会をつくり出せれば、アメリカ人全体にとって問題はない。たとえば、グーグルの共同創業者であるセルゲイ・ブリンは、そのような役割を果たした。

しかし、楽観してばかりはいられない。いま所得階層を上昇させている人たちは、文化的に社会の主流に位置しているとは言い難い。ここにも、今日のアメリカが社会の活力を「外注」している傾向があらわれている。数世代以上前からアメリカで暮らしている人たちは、新しい移民に比べて（少なくとも平均的に言えば）文化的に社会の主流に位置し、社会への影響力も大きい場合が多い。この人たちの多くはアメリカの市民権をもっていて、選挙で投票し、市民社会への参加（選挙への立候補など）にも積極的だ。

これらの活動に不熱心なことを理由に、移民を批判するつもりはない。ほかのことよりも自分と家族の生活のためにエネルギーを割きたいと考えるのは理解できる。まだ市民権を取得しておらず、成功をつかむために必死で働いている人も多い。ボランティア活動や地域のバザーに参加する時間的余裕はあまりないだろう。移民が活力旺盛なのは、稼ぎを増やそうと懸命に努力していることも一因なのだ。

このような状況の下、アメリカ社会の主流を成す文化と規範と政治は、世代間での階層移動が乏しい人たちを軸に築かれるようになっている。この人たちは、自分たちの階層を取り巻く環境しか目に入らず、ものごとのあり方があまり変わらないものと考える傾向が比較的強い。実際に自分たちが変化の乏しい人生を送っているからだ。こうして、社会の中核的な文化と規範が現状満足階級を中心に築かれるようになった。しかし、社会には、それとは大きく異なる文化や規範も存在する。

なぜアメリカは同性婚を認めたのか？

今日のアメリカに関して私が最も特徴的だと思う点は、ものごとのペースが減速し、人々が変化を嫌い、安定を維持するために多くの投資をしていることだ。

知的生活の面では、私は１９６２年に生まれて幸運だったと思っている。そのおかげで、まったく性格が異なる２つの時代を生きられたからだ。私は、１９７０年代前半の社会的混乱、暴動の多発、ベトナム戦争、ウォーターゲート事件をよく覚えている。政治が混迷していたニュージャージー州とニューヨーク州で子ども時代を送り、自動車文化の隆盛を経験し、安全が約束されていないことを肌で感じていた。いまのように平穏な社会が訪れることを予測する人はほとんどいなかった。

当時は、情報が欲しければ、図書館に足を運ぶか、図書館に電話して司書に相談するほかなかった。電話で問い合わせても、その場では回答が得られず、あとで司書から電話がかかってきた。図書館の蔵書を調べたり、ほかの図書館から資料を取り寄せたりしなければ、質問に答えられなかったからだ。答えを見つけられないケースもしばしばあった。

その頃、私がいだいていた知的野望は、西洋の古典をできるだけ読破すること。その多くは大著で、辛抱強く丁寧に読まなくてはならない本だった。ワシントンDC、フィラデルフィア、ニューヨークなど、北東部の都市に車で出かけ、古本屋回りをしたものだ。

その後、オンライン上の情報空間での活動が増えていった。今日まで12年間にわたって毎日ブログを書いているし、ツイッターにも活発に投稿している。オンライン媒体への寄稿も多い。いまでは、月に一度も図書館に行かなくても困らない。アシスタントに図書館まで行ってもらう必要もない。欲しい資料があれば、アマゾンで中古本を買えばいい。古本屋に行くこともめっきり減った。家から一歩も出ずに、必要な情報がすべて手に入る時代になったのである。

2つの世界の両方でそれなりに長い期間生きられたことは、幸せだったと思う。私は、そのような経験ができた最後の世代かもしれない。いまの子どもたちに対する影響力が圧倒的に大きいのは、情報空間のほうだ。3歳児が紙の雑誌をもって、タブレット型端末やスマートフォンのように誌面をスワイプしている姿を動画で見た人も多いだろう。しかも、たいていはそれを動画投稿サイトという情報空間で見たはずだ。

私の子ども時代のような世界は過去のものになったが、それを残念だとは思わない。私は今日のアメリカを満喫している。そのような心境になれるのは、若い頃に活力ある社会で過ごしたおかげで、いま経済面で比較的成功していて、必要な情報や資源が手に入ると感じていることが1つの理由だろう。安全が高まったことにも満足している。私の子ども時代のマンハッタンは、高級住宅地のアッパー・イースト・サイドも含めて、とうてい安全な場所とは言えなかった。

情報へのアクセスが容易になったことも、多くの人に恩恵をもたらした。無料で手に入る情報が増えたことが一助になって、さまざまなマイノリティの権利が拡大したことも見逃せない。

今日のアメリカでは、さまざまな場面で安全重視の傾向が見受けられる。多くの場合、それは私たちの生活に計り知れない恩恵をもたらしている。同性婚が受け入れられるようになったこともその1つだ。私はこれを予想外の好ましいニュースと感じた。

2008年のアメリカ大統領選で民主党大統領候補の座を争ったリベラル派のバラク・オバマとヒラリー・クリントンは、いずれも同性婚の権利を全米で認めるべきだとは主張していなかった。というより、明らかに慎重な姿勢を示していた。アメリカの二大政党では共和党よりも民主党のほうが伝統的に同性婚の合法化に前向きだったが、2人の大統領候補は、2008年の時点でアメリカ社会にまだその準備ができていないと思っていたようだ。

当時のオバマとクリントンは、アメリカ人が正義と安定の両立をどれほど強く欲しているかを過小評価していた（その点は私も同じだ）。そのような欲求の1つのあらわれとして、人々は同性婚の合法化を望んだのである。この問題は、2015年、連邦最高裁判所が——共和党政権で指名された裁判官が過半数を占めていたにもかかわらず——全米で同性婚の権利を認める判断をくだして決着した。[5]

ブロガーで著述家のアンドリュー・サリヴァンは1990年代から、同性婚の権利を認めるべきだと主張していた。しかし、民主党ですら、この主張にはおおむね冷ややかだった。突飛な考え方で、広く支持を集められないと決めつけていたのだ。民主党としては、同性婚合法化という考え方はあまりに現実から乖離しており、同性愛者の運動と強く結びついている印象をもたれすぎれば選挙で不利になりかねないと考えていた。女性やアフリカ系アメリカ人など、ほかのマイノリティの問題にもっと関心を向けるべきだと思っていたのだろう。

しかし、同性婚の権利を認めることは、社会の安定と密接に結びついていた。だから、その権利を認めるべきだという主張が短期間で大きな勝利を収めたのである。

当初は、同性愛者などLGBTの知識人の間でも、同性婚の合法化に向けた運動が全面的に支持されていたわけではなかった。たとえば、性的マイノリティに関する理論構築を目指すクィア理論の研究者であるマイケル・ワーナーは、結婚という制度が保守的すぎると主張していた。同性婚の権利よりも、恥の概念からの根本的な解放が必要だと考えていたのだ。そのために、異性愛者が同性愛者特有とされていた性的行動（たとえば、不特定多数との性行為は男性同性愛者がすることというイメージが強かった）を取り入れることを望んでいた。

ワーナーがなによりも嫌ったのは、同性カップルが異性カップルと同じように結婚の権利を得ることにより、同性愛者コミュニティが穏健化し、その結果として同性愛者を取り巻く状況が好転するという発想だった。この種の考え方は、アンドリュー・サリヴァンやジョナサン・ラウチらが唱えていたものだ。

しかし、ワーナーはオバマやクリントンと同様、快適と安定を求めるアメリカ人の心理を軽く見ていた。いま、同性婚の権利をめぐる論争はひとまず決着し、ワーナーのような主張はほとんど聞かれなくなっている。保守派の間でも同性婚の権利を擁護する主張が珍しくなくなり、ほとんどのリベラル派はこのテーマに強い関心を示さなくなった。[6]

今日のアメリカで正義の実現が叫ばれるときは――それが正義の主張であることは間違いない――つねに、波乱を減らし、社会を安定させ、リスクを小さくしたいという人々の思いが背景にある。

社会のカジュアル化で閉ざされる扉

社会の変化が少なくなっている傾向は、人々を取り巻く物理的環境にもあらわれている。建物の建築様式、都市の設計、家の内装など、すべてが堅実志向になった。実験的なモダニズムは、すっかり影を潜めた。見る者に衝撃を与えようとする試みもほとんど見られない。アートや建築、デザインの世界では、アバンギャルドが主流の仲間入りをして久しい。

平穏と安定を好む発想は、ファッションにも見て取れる。意外に感じるかもしれないが、社会の流動性の低下は、個人主義と快適志向、そしてカジュアル文化の台頭も生んだ。ビジネスや社交の世界では、ドレスコードが緩やかになっている場合が多い。これは、寛容の精神が強まったことに加えて、社会の流動性が弱まって、個人の能力やスキルによる分断（マッチングという言葉を使ってもいいだろう）が徹底された結果だ。厳しいドレスコードがなくなると、新規参入者はとりあえず外見を整えて仲間に入れてもらうという方法を使えなくなる。この点は、教育レベルの低い人や低所得世帯の出身者にとって不利な材料だ。

アメリカの富裕層は最近、いわゆる「カウンターシグナリング」により、みずからの社会的地位をアピールすることが多くなった。カウンターシグナリングとは、「わざわざ社会的地位をアピールするまでもない」ことをアピールする行為のことだ。たとえば、会社の社長は、地位が高いことが明らかなので、ネクタイをしなくても問題ない。スーツも着なくていい。逆に、きちんとした服装をすれば、みずからの地位をわざわざ証明しなくてはならない程度の人物だと思われてしまう。同様の発想で、副社長も服装がカジュアルになる。こうなると、ほとんどの社員がカジュアル・ファッションになるのは時間の問題だ。

「博士」や「教授」などの肩書にも同じことが言える。最近は、この類いの肩書に昔ほどの威光がない。肩書を過度に強調すると、「仰々しすぎる」「みっともない」と思われる。上流階級の社交の場だったカントリークラブも、最近は前時代の遺物という印象がある。マンハッタンの高級レストランの多くでは、ジャケットとネクタイという服装は時代遅れだ。高級フランス料理店のル・ベルナルディンに正装で訪れた客は、あまり金持ちでないという印象をもたれる（恋人の前で見栄を張りたい若者や、日本の得意先の心証を害したくない中間管理職は、きちんとした服装をするかもしれない）。

アメリカの超上流層は、カウンターシグナリングの達人と言っても過言でない。アメリカでは、さまざまなものがことごとくカジュアルになっている。才能豊かな新貴族階級は、自分たちが好む規範を社会に定着させる力があるからだ。カジュアル化の流れも、富裕層、とりわけシリコンバレーという最も華やかな世界の住人たちがつくり出したものだった。

歴史を振り返れば、アメリカはもともと、片眼鏡や戦争の勲章、手入れの行き届いた口髭など、仰々しいシンボルを重んじる文化をもっていなかった。19世紀前半にアメリカを訪れたフランスの思想家アレクシ・ド・トクヴィルも、アメリカ人が決闘の文化に強い違和感をいだいていることを指摘していた。

誤解してはならないのは、新しいステータス誇示の方法が古いやり方に負けず劣らず抑圧的だという点だ。貧困層が富裕層になれる可能性は、昔より小さくなった。すべてがカジュアルになったとき、人は真剣さを表現するためにどうすればいいのか?

マイクロソフトのビル・ゲイツは、カーキ色のパンツを愛用し、マクドナルドのハンバーガーが好物だ。それは、世界屈指の大富豪で慈善事業家という名声をすでに得ているため、好きなだけカウンターシグナリングを実践しても問題ないからだ。

今日、人の評判は、グーグルで検索すればすぐにわかる。そのため、ある人の社会的地位の高さは、その人のそれまでの実績を基準に判断されるようになった。社会的地位の違いを決めるのは、社交サークルを運営するスノッブな女主人ではなく、グーグル検索になったのである。

あなたがいま24歳で、これから社会で成功したいと考えているなら、昔に比べて道は険しくなった。上の階層への仲間入りを本気で目指していることを、外見で手軽にアピールする方法がなくなってしまった。カジュアル・フライデーの日に洗練された服装をしたところで、デート相手には恵まれるかもしれないが、上司の評価が高まることはない。

カジュアル文化は、すでに何かを成し遂げ、明確な業績がある人のための文化なのだ。静止状態の人、現状に腰を落ち着けている人のための文化と言ってもいい。これは、トクヴィルが言う「落ち着きのないアメリカ人」の文化とは対極にある。

画廊や高級小売店のオーナーや店長ならよく知っているように、最も多く金を使う客は、ジーンズにスニーカーで来店する場合が珍しくない。スーツとネクタイの客がバスキアの絵画に1000万ドル支払う可能性は低い。フォーマルな服装をするのは、まだ自分の財力を証明する必要を感じている人間だからだ。一方、ジーンズとスニーカー姿で駅にやって来る旅行者は、金持ちに見えないだろう。おそらく、スーツとネクタイ姿の人のほうが金持ちに見える。人々がみずからの社会的地位をアピールしたり、ほかの人の社会的地位を推し量ったりすることに関して、アメリカ社会は駅よりも画廊に似てきている。

1960年代以降、人々が所得水準を上昇させられる可能性が最も大きかったのは、日本、韓国、中国などの国だ。いずれも目覚ましい経済発展を成し遂げた国である。この3カ国に共通するのが名刺や没個性的なスーツ、ピラミッド型組織と権威への服従、完璧な手土産を重んじる文化であることは、けっして偶然ではない。大きな野心をいだく若者は、これらの慣習に従うことにより、やる気のない人との差別化ができた。

しかし、みんながそのような行動を取るのは、画一的で窮屈にも思える。成長著しい大企業のおかげで多くの人が所得階層を上昇させられる社会は、いささか抑圧的なところがある。受け入れ難いと感じる人もいるかもしれないが、「カジュアル」と「平等」は相性がいいどころか、相反する面のほうが大きいのである。

充実したマッチングが多くの楽しみをもたらすことは間違いない。しかし、社会が停滞状態にあり、しかもマッチングが徹底されている場合、その社会で生きる人たちはいずれ、さまざまな局面で門前払いされることになる。

第8章　民主主義の形骸化が進む

2016年のアメリカ大統領選では、エリートに対する反乱が注目を集めた。共和党の候補者指名を獲得したドナルド・トランプも、民主党大統領候補の座をヒラリー・クリントンと争ったバーニー・サンダース上院議員も、筋金入りの反エリート主義者だった。しかし、一皮めくると、両候補の支持者を突き動かした恐怖心と怒りの多くは、ワシントンの政治を変えたいという希望ではなく、昔に戻りたいという希望から生まれていた。

丁寧に検討すると、「アメリカを再び偉大にする」というトランプのスローガンに込められた最大のメッセージは、「自分を大統領に選べば、製造業雇用の喪失、移民への依存、政治と文化における白人男性支配の終焉など、世界で吹き荒れる変化から逃れられる」というものだった。アメリカのために有利なディール（取引）をまとめると請け合うトランプの主張は、現状維持を約束するものにほかならない。しかも、国民の負担はゼロだという。コストは、貿易交渉で他国に譲歩させること、そして政治における詐欺行為と無駄を一掃することでまかなうつもりらしい。

トランプばかりが目立っているが、現状維持はトランプ政権に限らず、ここしばらくのアメリカ政治に共通する特徴だ。この点は、政府の予算配分に最もはっきり見て取れる。政治的な聖域と化している政策に割り振られている予算があまりに多い。それらの政策は、対象となる国民が増え、コストが膨れ上がるにつれて、ますます機械的に継続されるようになっている。

公的年金、メディケア（高齢者向け公的医療保険）、メディケイド（低所得者向け公的医療保険）に費やされる予算は増える一方だ。これらの支出は増えることこそあれ、減ることはほとんど考えられない（トランプはこれらの予算をいっさい削らないと公約した）。給付内容の骨子は議会が決めており、支出額は高齢者人口の増加に伴って拡大し続ける。しかも物価が上昇すれば、物価スライド制により給付額も引き上げられる。医療費支出もさらに増える可能性が高い。

公的年金、メディケア、メディケイドの予算が連邦政府の予算全体に占める割合は、なんと49%に達している。この割合は、向こう数十年間にわたって上昇し続ける見通しだ。今後の大統領選や議会選で二大政党のどちらが勝っても、この点は変わらない[1]。

言い換えれば、大規模増税が実施されない限り、社会保障以外に使える予算は連邦政府予算の半分程度にすぎない。しかも、この残り半分の予算で国防費や国債の利払いもまかなう必要がある。この2つの歳出項目も、削減できる余地がきわめて乏しい。これらの予算を差し引いて残ったお金だけが「裁量的支出」に回る。政治が優先順位をつけて支出を決められるお金のことだ。このなかには、たとえば全米芸術基金や全米科学財団などへの芸術・科学関連の助成金も含まれる。

社会保障予算に裁量の余地が乏しく、しかも支出額の増加が避け難い状況では、政治家はしばしば裁量的支出を削減するほかなくなる。この点では、比較的左寄りの大統領だったバラク・オバマの政権も例外でなかった。オバマが裁量的支出を嫌っていたわけではない。しかし、政治家は増税に概して消極的だし、財政赤字を拡大させ続けることも避けたいと考える。そうなると、裁量的支出を減らし続ける以外になくなるのだ。

硬直化する政府予算

このような政治的現実は、数字にもあらわれている。たとえば、「ストゥーリ・ローパー財政民主主義指数」というデータがある。これは、アメリカの連邦予算のうちどのくらいの割合が(自動的に決まるのではなく)その時点での民主主義のプロセスによって決まっているかという数字だ。

この指数をつくった一人であるC・ユージン・ストゥーリはこう説明している。「この指数で明らかにしたいのは、既存の恒久的な制度(国債の利払い費も含まれる)により、未来の予算のうちどれくらいの割合がすでに確定してしまっているかだ。ここでは、その制度がリベラルな政策か保守的な政策かを問わない[2]」

この指数が浮き彫りにする現実は厳しい。1962年、連邦政府支出の約3分の2は財政民主主義の下で支出が決められていた。つまり、恒久的な制度の下であらかじめ支出が決まってはいなかったのだ。しかし、1960年代半ばになると、この割合が急激に低下しはじめ、1982年には30%を割り込んだ。この数字が最も小さかったのは、大不況下の2009年。この年は、歳入のすべてを非裁量的支出に回しても、まだ予算が足りなかった。そこで、政府は借り入れを増やして埋め合わせざるをえなくなった。

財政民主主義指数は、2014年頃の時点で20%前後。いまのペースで高齢化が進めば、2022年までに10%を下回る。この状況から抜け出す道は、なかなか見えてこない。

それどころか、今後は状況がいっそう悪化する可能性が高い。今日は金利水準がきわめて低いが、金利がいまほど低くなければ、政府が裁量的支出に回せる金額はもっと少なかったはずだ。金利が低いと国債の利払い費が少なくて済む。その点、行政管理予算局の信頼性がある予測によれば、将来の金利上昇の可能性を考慮に入れると、国債の利払い費が連邦予算に占める割合は、現在の6%から約13・5%まで上昇する見通しだという。そうなれば、財政民主主義がますます損なわれる。現実問題として国債の利息を支払わないという選択肢は取れないので、ほかの用途に回す予算を減らす以外になくなるからだ[3]。

この事態は、民主主義の産物という面もある。社会保障費が予算に占める割合が高まったのは、議員たちが有権者の意向に従った結果にほかならないからだ。

しかし、長い目で見ると、この状況には問題がある。財政民主主義が縮小すれば、社会が停止状態に陥り、未来に関する大胆な思考への投資が不足する。今後、世界は大きく変わるが、政府予算の使い道はおそらくあまり変わらないだろう。そのような国で何が起きるか想像してみてほしい。もっとも、政府の行動は社会の選好を生む原因であるだけでなく、社会の選好が生む結果でもある。だから、社会の多くの要素が停止状態にあるなかで、政府が自動継続モードになるのは意外でない。

社会的な影響力が大きい人たちは概して、政府予算の柔軟性が乏しくなってもあまり困らないように見える。現状満足階級のなかでもとくに目覚ましい成功を収めている人たちは、自助により所得が増えているし、社会秩序も保たれているように感じている。もちろん、現状に不満がないわけではないだろう。この人たちは、政府の裁量的支出の拡大を最も強く主張している層である場合も多い。それでも、切実な問題意識をいだいているようには見えない。この点が1960年代に過激なベトナム反戦運動を展開した人たちとの違いだ。

実際、いまのアメリカはおおむねうまくいっているように見える（少なくとも、2016年のアメリカ大統領選でドナルド・トランプが大方の予想を覆して勝利を収めるまでは）。その結果として、予算の柔軟性が乏しい状況が続いてきた。現状を変える力より、現状を固定する力のほうが強く働いてきたのである。

問題は、このような状況が続けば、いずれは民主主義が適切に機能しなくなることだ。民主主義の重要性を訴える論者は、システムの柔軟性と問題修正メカニズムを民主主義の長所として強調する場合が多い。民主主義の下では、政府が誤った政策を採用しても、次第に適切な政策に転換できると考えられている。政府は有権者の声に耳を傾けなくてはならず、有権者への説明責任を負うからだ。このような主張は理にかなっている。イギリスの首相を務めたウィンストン・チャーチルもこう述べていた。「アメリカ人はいつも正しい行動を取る。ただし、その前にほかのあらゆる行動を試す」

しかし、いまのアメリカで、この議論はどの程度成り立つのか？　予算のかなりの割合が毎年機械的に継続されるようになり、アメリカは「ほかのあらゆる行動」を試す能力を失ってしまった。これでは「正しい行動」に行き着けない。

アメリカ社会が停止状態に陥り、柔軟性を喪失していることは、経済全体に占める連邦政府予算の割合にもあらわれている。1965～2014年の平均を見ると、連邦政府の歳出がGDPに占める割合は20・1%、歳入がGDPに占める割合は17・4%だった。それが2014年にはどうなったか？　前者が20・3%、後者が17・5%だ。いずれも歴史的な平均値とほぼ変わらない。この割合を高いと考えるか低いと考えるかは別にして、値が長期にわたってほとんど変わっていないことは確かだ。[4]

しかも、アメリカ人は、政府の予算のほとんどを、自分たちの安全を強化し、生活の予測可能性を高めるために使っている。一般のイメージでは、西ヨーロッパの国々が高度な福祉国家を築いているのに対し、アメリカは厳しい弱肉強食の社会を築いているとされる。このような単純化した図式は、まったく事実と異なる。アメリカ政府が国民をリスクから守るために（少なくとも守ろうという意図で）費やしている金額は、ヨーロッパの国々と比べても多い。この状況は、今後も変わりそうにない。

国民一人当たりの金額で比べると、政府が国民の医療に費やしている金額は、フランスよりアメリカのほうが多い。アメリカで医療サービスを受けられない人がいるとか、患者の経済的負担が重すぎるといった批判は当然あるだろう。しかし、アメリカ政府がフランス政府よりも国民の医療に深く関与していることは間違いなさそうだ。[5]

政府が社会保障に直接支出している金額の対GDP比では、アメリカは先進国のなかでかなり下位に位置する。上位に名を連ねるのは、フランス、フィンランド、ベルギー、デンマークといった国々だ。これだけ見ると、アメリカを福祉国家の劣等生とみなす定説が正しいように思えるかもしれない。しかし、いわゆる「租税支出」を考慮に入れると状況は一変する。租税支出とは、税制度を活用して、個人や企業の行動に影響を及ぼそうとする仕組みのことだ。そのなかには、慈善団体への寄付や、年金と医療保険への加入を促すための税優遇措置も含まれる。アメリカ政府は、このような間接的な介入を大々的におこなっている。

その結果、経済協力開発機構（OECD）によれば、国民一人当たりの数字で見ると、「アメリカ政府の直接的な社会保障支出は比較的少ないかもしれないが、社会保障のために支出している金額の総額は世界で2番目に多い」。アメリカ政府は、国民が安全を感じられるように大きな努力を払っている。そのための制度に直接的に支出するより、税制措置を用いる場合が多いだけのことだ。

外国勢力による侵略やテロを防ぐための国防支出も、広い意味では人々の安全を高めることを目的とした支出とみなせる。これも加えれば、アメリカ政府が国民の安全のために費やしている金額はさらに膨れ上がる。その金額は世界で最も多い。これは、国民一人当たりの金額を見ても言えることだ。[6]

1990年代も、いまほどではないにせよ、連邦政府の予算は変化が乏しかった。それでも、当時は州政府や地方自治体が支出を大幅に増やしていたので、ローカルなレベルでは予算の柔軟性が確保されていた。しかし近年は、医療費が増大してメディケア支出が増えた結果、多くの州政府は財政が苦しくなってきた。大勢の人間を刑務所に収監するためのコストも上昇している。学校教育への支出も有権者に強く支持されているし、そうでなかったとしても、この支出を打ち切ることは難しい。

こうした状況の下、州政府が新しい政策を試みるケースはめっきり減った。州レベルの予算論議で最も問われる問いは、「年金給付に関して現実離れした約束をしてしまったことに、どのように対処するか？」と「州立大学にどのくらい州の資金を投入すべきか？」のいずれか、もしくは両方だ。気が滅入る問いと言うほかない。

説明責任から逃げる議員たち

アメリカの政治家が説明責任から逃げ、議会の票決で明確に意思表示することを避けているのは、予算の使い道だけではない。政治の最も重要な役割である戦争と平和に関しても同様の現象が見られる。アメリカ議会は、国外での軍事行動に関して票決を避けたがる傾向があるのだ。

たとえば２０１１年、アメリカ政府はリビアに対する限定的な軍事行動に踏み切った。このとき、議会の正式な同意は得なかった。当時のオバマ大統領は議会指導部と協議し、与野党から十分な支持も得ていたが、議員たちは戦争への賛否を表明するという重荷を背負いたがらなかった。イラク戦争の評判がきわめて悪かったからだ。軍事行動が裏目に出た場合に責任を回避できる余地を残したいと、議員たちは考えたのである。

この状況は、ベトナム戦争後の１９７０年代とはまるで違う。当時のアメリカ議会は、大統領が議会の明確な承認なしに戦争をおこなえる権限を制約した。それと異なり、今日の議会は、合衆国憲法と民主主義の原則によって課された責務から逃れようとしている。たいていの場合は、公式の記録に残る行動を取るより、「創造的な曖昧さ」を発揮するほうがお手軽だ。しかし、その結果として政治の説明責任が失われれば、政策が失敗に終わっても政治の状況が大きく変わらなくなる。

この状況を問題と考え、議会でもっと徹底的に議論すべきだと主張する国民もいるが、あくまでも少数派だ。この点でも、人々は現状に満足しているのである。いまの生活がそれほど悪くないと感じていて、現在の政治のあり方をさほど深刻な問題と思っていないので、その状況をただちに解決しなくても支障がないと考えている。

アメリカの社会は、これに限らず、いますぐに解決しなくても構わない課題を次々と先送りし、問題を積み上げている。このままいけば、いずれは問題解決能力を完全に失ってしまうだろう。現在だけでなく、近い未来や遠い未来にも問題を解決できなくなる。

リビアのほかに、シリアとイラクでも同様のパターンが繰り返された。議会が承認したかが明確でなく、どのような行動を取るのかも曖昧なまま、軍事行動が始まったのである。パキスタンやイエメンでドローン攻撃が何回おこなわれれば、議会による正式な宣戦布告の決議が必要とみなされるのか？　おそらく、この問いの答えを知る機会は訪れず、宣戦布告なしでドローン攻撃が続くだろう。近年は党派間の分断が原因で政治が膠着状態に陥るケースも多いが、この場合はそれが原因ではない。そもそも、国民が明確な宣戦布告を求めていないように見える。

予算の硬直化と同じように、この現象も民主的なプロセスを経て生まれている。有権者がその気になれば、票決から逃げない議員を選ぶこともできる。しかし、有権者はそのような選択をしない。選挙では現職議員の再選率がきわめて高い。現職議員の再選率はしばしば90％を超す。議会に対する有権者の支持率は目を覆うほど低いのに、選挙では現職が圧倒的に強い。

これは民主主義のプロセスが生んだ結果ではあるが、それにより、ある面ではきわめて非民主的な状況が生まれている。議員たちが政治的決定に対する説明責任を十分に問われなくなったのだ。議会に対する有権者の支持率が7％にとどまっているのは、この点が原因なのかもしれない。議会に対する支持は、今後さらに低下する可能性もある。

有権者は、議会が責任回避を脱却することを漠然とは望んでいるし、現状への不満を口にすることも多い。しかし、現状満足階級は個別の政策について考えるとき、議会がこのような状態に陥っていることをあまり深刻と考えていないようだ。その結果、ほとんどの有権者が現状を好ましく思っていないのに、議員たちの行動は変わらない。

最近の選挙は往々にして、「誰に国を統治させるべきか」よりも、「誰を批判の対象にすべきか」が焦点になっているように思える。新しい政権が誕生してもすぐに支持を失い、議論の中心はたちまち、（誰を政権に就けるべきかではなく）誰を引きずり下ろすべきかに移る。有権者は、選挙で政治家と長期の契約を結ぶという発想が薄らぎ、中古車を購入する店を選ぶような感覚で選挙に臨むようになった。いま商談している中古車販売店を飛び出して別の店に行かないのは、どの店も大して変わらないと思っているからだ。こうして、有権者は同じ政党や候補者に投票し続ける。その結果、アメリカでは選挙の投票先に関しても流動性が低下している。[7]

選挙のあり方が大きく変わり、政治学の考え方も変わりはじめた。昔の政治学では、「ダウンズ・モデル」（「中位投票者定理」とも呼ばれる）が広く支持されていた。この理論によれば、選挙では左右の二大政党が中道派の有権者の支持を獲得するためにしのぎを削ると考えられる。昔のアメリカの政治状況は、この理論で的確に描写できたかもしれない。政治学者のアンソニー・ダウンズがこの理論を最初に発表したのは、1950年代半ばだった。

今日、政治の現実はダウンズの理論から乖離しはじめているように見える。いまも昔も、政府が推進する中核的な政策は、ほとんどの有権者から支持されるような内容のものだ。しかし、それ以外の政策は、さまざまな利益団体や大口献金者の働きかけ、政治的な駆け引き、メディアを通じたPR攻勢などに左右される面が大きそうだ。中道派の有権者が政策の決定権を握るという理想は、いま起きている変化の多くを説明できていないように思える。[8]

トクヴィルの見たアメリカ

この状況は、アレクシ・ド・トクヴィルが見たアメリカとはまったく異なる。1830年代にアメリカを訪れたフランス貴族のトクヴィルが著した『アメリカのデモクラシー』は、アメリカ人の流儀や行動パターンを論じた最も有名な作品と言っていいだろう。この著作は、アメリカの民主政治を動的なプロセス、言い換えれば、1つの精神のあり方、生き方、感じ方、考え方、さらには1つの生活様式と位置づけている。

トクヴィルは南北戦争前のアメリカを的確に描写しただけでなく、今日のアメリカが経験している苦境も予言していた。アメリカ人が「落ち着きのなさ」を失うことの意味を誰よりもよく理解していたのだ。アメリカの社会が停止状態に陥れば、やがて民主主義の精神が失われると、トクヴィルは案じていた。そして、そのような停止状態が恒久的な安定をもたらすとは限らないことも指摘していた。

トクヴィルは、アメリカの未来には懸念をいだきつつも、当時のアメリカを基本的に絶えず変化し続ける国とみなしていた。『アメリカのデモクラシー』で描かれたアメリカは、つねに変動と成長の過程にあり、活力と野心に満ちていた。トクヴィルによれば、アメリカ人の焦燥感はイギリス人と比べてもはるかに強かった。それは、アメリカ人が満ち足りない感覚をつねにもっていたことが理由だという。「(アメリカ人は) 自分たちがまだ手にしていない素晴らしいものについて考えることをけっしてやめない。アメリカ人が繁栄の追求に強烈な情熱を燃やし、自分たちが繁栄への最短距離を歩んでいないのではないかという漠然とした不安にいつも苛まれていることは、傍目には奇妙に見える」と記している。

私なりに解釈すると、アメリカ人は自分の状況に不安を感じていて、しかも、自分とおおむね同等の人たちの状況も目に入る。アメリカには出自で身分が決まる貴族制度がないため、人々はほかの人たちとの違いに敏感になる。自分がもっていないものに目が行き、どうすればそれを手に入れられる可能性があるかも理解できる。その結果として、アメリカ人は焦燥感に駆られて富と社会的地位を追求するのだろう[9]。

アメリカを訪れたトクヴィルがとりわけ驚いたことは、移住の活発さだった。19世紀前半のアメリカについて、彼は次のように記している。「途方もない数の人たちがいっせいに同じ方向を目指す。言葉や宗教や習慣はまちまちでも、目的はみな同じだ。西に行けば財を手にできると言われている。

そこで、それを求めて西に向かう」。ここで言う「西」とは、極西部だけではない。まず、閑散としていた北東部のオハイオ州に移住者と資本が流入し、次はその多くがイリノイ州に移っていった。[10]

トクヴィルは、当時のアメリカの活力と平等主義、そして民主主義の精神について論じた。しかし、古典と人類社会の歴史に関する深い造詣をもとに、その状況が永遠に続く保証がないことも理解していた。アメリカ人の行動パターンのなかに破滅の種子が潜んでいるのではないかと恐れていたのである。アメリカ人に限らず、人は現状に満足して停滞にはまり込めば「未来への関心を完全に失い、鈍麻した状態」になると、トクヴィルは考えていた。[11]

未来のアメリカは、落ち着きのなさが過剰になるよりも、現状への満足感が過剰になり、その結果として、かつてアメリカを偉大な国に押し上げたエネルギーが失われる可能性のほうが大きい。そのとき、アメリカは精彩を欠いた国になるだろう。トクヴィルは、そのような懸念をはっきり記している。

多くの人は、新しい社会がつねに姿を変え続けるものと思い込んでいる。しかし、いずれ社会が硬直化して変化しなくなるのではないかと、私は案じている。既存の制度や固定観念、習慣が根を張り、変化が起きなくなる可能性がある。そうなれば、人類は進歩の歩みを止め、変わることをやめてしまう。そのとき、人間の精神が縮こまったままになり、新しい考え方が生まれなくなるのではないか、独りぼっちでおこなう些細で無意味な活動により人々が消耗してしまうのではないか、そして絶え間ない扇動によっても人類がまったく進歩しなくなるのではないかと恐れている。[12]

読者のなかには、仕事のメールへの返信に時間を取られすぎていることが悩みの種という人も多いだろう。それでも、今日の社会は、まだ電気すら用いられていなかった19世紀と比べれば大きく進歩したように見える。トクヴィルは当時、アメリカがどのように精神的・文化的に退歩する可能性があると考えていたのか？

キーワードは「汎神論」だ。一般に汎神論とは、物理的な世界全体と神を一体のものとみなす思想のことだが、ここでは特殊な意味でこの言葉を使っている。トクヴィルにとって、それは神学上の概念というだけでなく、1つの社会的構成概念でもあった。汎神論は人間と自然の一体化を促すので、人は超越的存在に関心をもたなくなり、そのような存在を意識して努力することをやめる。それが汎神論思想の本質だと、トクヴィルは考えていた。

汎神論の下では、創造主は人間から遠く離れた存在ではなくなり、人は見上げるべき存在を失う。その結果、創造性が刺激されず、情熱をもてなくなり、変わらないことを好むようになる。自尊心と満足心が強まって惰性に陥り、努力と勇敢な行動を忘れてしまう。そうなると、人は大きなことを成し遂げられなくなる。

トクヴィルに言わせれば、汎神論は人の精神を眠らせ、安静な状態に置く。すると、人は知らず知らずのうちに、凡庸で退屈な停止状態にはまり込む。汎神論は社会主義と同様に、人を安心させ、探索をやめさせる作用がきわめて強い。政治学者のピーター・ローラーの言葉を借りれば、「人間の精神を休眠させ、本来知っているはずのことを忘れさせる」のだ。[13]

いまの時代、このような状況を言いあらわすために「汎神論」という言葉は適切でないかもしれない。今日、意識的に汎神論を信じているアメリカ人はごくわずかだ。環境保護運動には汎神論的な側面があるが、それが企業活動の妨げになることはあっても、社会を停滞させたり、変化を減速させたりしているとは言えない。それに、信者数が少しずつ減っているとはいえ、キリスト教のプロテスタント諸派には、いまも膨大な数の信者がいる。それでも、汎神論がある種の社会的停滞を生むという視点は鋭い。トクヴィルがいまでは古臭く難解に感じられる言葉を用いて指摘したかったのは、おそらく内向きの充足感と現状への満足感が蔓延することの危うさだった。

当時のテクノロジーの水準から考えると、トクヴィルもこの現象がここまで拡大することは想像していなかっただろう。人々が大きな目標に向けて努力することをやめ、週に一度も家の外に出ず、インターネットでブログやニュース記事を読んだり、動画を見たりし、食料品を自宅に届けてもらえる時代が訪れるとは、思ってもいなかった。新しいテクノロジーが人々に時間的な余裕をもたらしたり、多くの人に優れたマッチングを提供したりするなど、ある種の成果を生むことも予想していなかった。

それでも、アメリカ人の焦燥感が莫大な富を生み出して、多くの人のニーズを満たす結果、人々の人生観が変わり、頑張ったり、勇気ある行動を取ったり、過去の偉業に肩を並べようとしたりしなくなる可能性があることは予見していた。人々が自分と同等の人たちと自分を比較することをやめ、より大きな成功のための努力をしなくなって、心地よい小世界に引きこもる未来を見通していたのだ。

実際、アメリカがGDPで中国に抜かれる可能性を案じてデータをチェックしている人がどれだけいるだろう？　ましてや、ＧＤＰを比較する際、為替レートベースと購買力平価ベースの違いを理解している人がどれだけいるだろうか？　こうしたことに注意を払っているのは、主に中国人のほうだ。

安定志向が生む「新しい専制政治」

トクヴィルは、アメリカの統治システムが恒久的に持続するとは思っていなかった。そして、アメリカ人の焦燥感に関する見方からこの認識に到達した。当時、アメリカの統治システムが機能していたのは、国が比較的小規模でコンパクトだからだと、トクヴィルは考えていた。しかし、その前提がいずれ成り立たなくなる可能性が高いこともわかっていた。『アメリカのデモクラシー』に、次の一節がある。

（１００年後には）アメリカが支配したり領有権を主張したりしている地域は、人口が1億人を突破し、40の州にわかれているだろう……1億人もの人が暮らすようになり、力の大きさが異なる40の国が並び立つようになったとき、連邦政府がまだ存続できるとすれば、幸運な偶然以外の何物でもない……ヨーロッパの半分に匹敵する広大な土地に分立する40の国を束ねることを求められる政治体制が長続きするとはとうてい思えない。[14]

言うまでもなく、アメリカの政治体制が崩壊するという予測は間違いだった。アメリカは南北戦争で大きなダメージを被ったが、国が瓦解する危機は乗り切った。人口は1920年代に早くも1億人を突破し、州の数は40どころか50に増えているが、今日にいたるまでアメリカ連邦政府は消滅していないし、今後もそうなる気配はない。

トクヴィルが見落としていたのは、連邦政府が解体せず、政治が極度の停止状態に陥る可能性だった。連邦政府の活動内容が大して変わらなければ、州や国民は政策の内容について争おうと思わない。これにほかの要因もあいまって、連邦政府の崩壊が避けられてきた。このような膠着状態は、ある面では気が滅入る。しかし、そのおかげでこの何十年間、アメリカが存続できたことも事実だ。トクヴィルは、アメリカ人が現状に満足し、焦燥感を失ったとき、強力な自己安定化能力が発揮されることを予測しきれていなかった。

それでも、予言が当たった点もいくつかある。たとえば、昔の専制政治とは異なり、新しいタイプの「暴政」は人々の体制順応志向と凡庸さによって生まれると指摘していた。「それは人々を苦しめて苛むよりも、人々を堕落させる」という記述もある。これは、現状満足階級の台頭をトクヴィル流の言葉で表現したものと言えるだろう。

ほとんどの場合は、不安定よりも安定のほうが好ましい。しかし、安定した政治のもたらす結果が人々にとって大いに満足できるものとは限らない。アメリカの民主政治はもともと、激しい焦燥感と成功への奮闘、そして急速な変化と一体化したものだった。トクヴィルは、それがやがて停止状態と一体化した民主政治に取って代わられる可能性を予見し、そうした未来が政治的に胸躍るものではないことに気づいていた。[15] そのような時代には、アメリカ人が自国の政治システムの民主主義的性格を強調するようになることも、トクヴィルは言い当てていた。

集権化の進行は、国民主権と不可分の関係にある。集権的な政治体制の下では、国民は神経を張り詰めずに生きられる。それと引き換えに、厳しい監督者の管理下に置かれることになるが、監督者をみずから選んだのだと考えて自分を納得させる。国民が監督者により首輪をつけられることを受け入れるのは、首輪につながれている紐の反対側を握っているのは、特定の個人や集団ではなく、社会だと考えているからだ。

この仕組みの下では、市民は新しい主人を選ぶのに必要な最小限の期間だけ、この依存状態を抜け出すが、選び終わるとまた元の状態に戻る。[16]

民主主義は死んだのか？

社会の現状満足化があまりに強まれば、いずれ反動が起きても不思議はない。最近、それが最も派手な形で現実になったのがイギリスだ。2016年、イギリスの支配層は、有権者が国民投票でEU離脱を選択したことに衝撃を受けた。このとき、イギリスの失業率は5%をわずかに上回る程度にすぎなかった。景気も上向いていたし、首都ロンドンはいまも世界有数の素晴らしい都市だ。イギリスの現状満足階級は、自分たちを取り巻く環境がさほど悪くないと感じていて、EU離脱のような極端な措置が必要だとは思っていなかった。

しかし、国民の多数は違う考えをもっていた。彼らにEU離脱を選択させた要因の1つは、国民に対して十分に説明責任を果たさないEUの官僚機構が権限を強めていて、民主主義が徐々に蝕まれかねないという認識だった。この国民投票の結果は、脆弱な状態に置かれている民主主義がついに反撃を開始した一例とみなせるだろう（EUに残留したほうがイギリスの未来にとっては好ましいのかもしれないが、それはまた別の話だ）。

民主主義が形骸化している国は少なくないが、今日の世界で民主主義を持続させることの難しさがつねに理解されているとは言い難い。民主主義は、1つの統治手段というだけでなく、1つの政治理念でもある。それが機能するためには、社会がいくつかの条件を満たさなくてはならない。個人の自由の尊重、法の支配、ある種の説明責任が不可欠なのだ。ただし、これらが具体的に何を意味するかは国や文化によって異なる。

世界の3つの経済・政治圏について見ていこう。その3つとは、中国、EU、アメリカである。中国は民主主義国ではない。近い将来、民主主義に転換することもないだろう。それどころか、ここ数年は検閲と国家統制が強まっている。要するに中国は民主主義とかけ離れた国だが、国際社会での影響力はかつてなく大きくなっている。

EUは民主主義国で構成されているが、その統治のあり方は非民主的な傾向が強い。まず、EUという機関そのものが民主的というより、官僚支配の性格が際立っている。しかも、EUは加盟国の経済政策を牛耳るようになっていることに加え、移民の出入国など、国境のコントロールにも強い影響力を及ぼすようになった（ただし、近年は国民国家からの抵抗も強まっている）。EU加盟国では、ビジネスのさまざまな面にもEUのルールが適用される。しかし、EUの土台は脆いと指摘する論者も多い。加盟国の国民の間では、EUに対する支持がけっして高くないからだ。

このようなEUの仕組みは、本当に民主的と言えるのか？　EUの官僚たちは、民主的だと躊躇なく主張するだろう。しかし、平均的な有権者はそれほど確信がない。その証拠に、欧州議会選挙に対する有権者の関心は、国政選挙よりはるかに低い。

EU大統領、欧州議会、欧州理事会などが民主的な機関だとはお世辞にも言えない。これらの職の選任や選挙には、各国の有権者の関心が反映されていないからだ。EU大統領は、加盟国の首脳たちによって選ばれる。それをもって民主的な正統性があるとされるが、実際にはいくつかのステップを間に介した民主主義という印象が強い。しかも、それらのステップのほとんどは、有権者の手が届かない場所で進む。有権者が説明責任を求めたり責任追及をしたりする道は、実質的に閉ざされている。

EUの権限を拡大させるには、加盟国での正式な民主的手続きが必要な場合もある。たとえば、アイルランドの憲法では、ある種の政治的変更をおこなう場合に国民投票を義務づけている。2008年には、EUの基本条約であるリスボン条約を批准することの是非を問う国民投票がおこなわれた。このときは反対が過半数を占めた。これにより、リスボン条約は葬り去られるはずだった。この条約が発効するためには、すべての加盟国の批准が条件とされていたからだ。

このあと、何が起きたか？　アイルランド国民に国民投票をやり直す機会が与えられたのだ。そして、2009年におこなわれた2度目の投票で、アイルランド国民は「正しい行動」を取った。有権者が「正しい行動」を選択するまで何度でも投票を繰り返させるというのは、本当に民主的なやり方と言えるのだろうか？

本書執筆時点でイギリスのEU離脱問題がどのように決着するかは明らかでないが、離脱中止の可能性も取り沙汰されている。実際にそうなるかはともかく、国民投票で示された有権者の判断に従わないことが現実的な選択肢の1つと考えられているとすれば、イギリスの政治システムは民主的性格を欠いていると言わざるをえない。

2011年以降、ヨーロッパで債務危機が広がるなかで、欧州中央銀行、欧州委員会、国際通貨基金（IMF）の三者（通称「トロイカ」）がきわめて強大な力を握り、債務危機に陥った国の予算策定に影響力を及ぼし、財政赤字削減目標の設定を強く求めるようになった。また、ドイツが賛同しない限り、どのような問題解決策も通らないように見える。ドイツのなかでも、議会よりも首相のアンゲラ・メルケルのほうが実質的な拒否権をもっているようだ。

これが民主的な状況だとはとても思えない。予算と国境を非民主的な機関や制度（予算は「トロイカ」、国境はシェンゲン協定）にコントロールされている状況で、EUの国々は本当に民主国家と言えるのか？　もちろん、国民が選挙で投票する権利を失ったわけではない。しかし、国民に選挙権があるからといって、民主主義が真価を発揮して、政策や統治のあり方が改善されるという保証はない。

EUでは、マクロ経済の運営に関して、加盟国の立法府よりも欧州中央銀行の役割が大きくなっている。実務上は賢明な選択なのかもしれないが、伝統的な意味での民主主義から一歩遠ざかってしまったことは否定できない。

近年、EU圏の国で民主主義が極端な形を取るケースが見受けられる。イギリスのスコットランドやスペインのカタルーニャの独立の是非を問う住民投票は、その典型だ。これらは、確かに直接民主主義の試みではある。しかし、最大の問題は、これらの地域が独立した場合、国家としてEUへの加盟が認められるのかという点だ。EUに加盟できなければ、民主的なプロセスを経て独立への道が選択されたとしても、独立はおそらく不可能だし、実現しないだろう。ところが、EUの意思決定は加盟国の全会一致が条件とされている。全会一致ルールの下で全当事者が拒否権をもつと、見方によっては民主的な変革が妨げられかねない。

ヨーロッパでは、こうした非民主的な仕組みが大幅に弱体化しているように見える。崩壊の一歩手前まで来ていると言ってもいいかもしれない。最近の難民危機でも、ヨーロッパの多くの国で世論が沸騰した。平均的な国民は、移民の受け入れに比較的前向きなEUの方針に反対している。内政問題でEUから指図されることに疑問をいだく人は増える一方だ。

イギリスのEU離脱国民投票は、EUの超国家的権力に対する抵抗の始まりにすぎない可能性もある。この動きは、政治の停止状態と退屈な官僚政治がやがて反乱を生み、場合によっては合法的な反革命を引き起こして、そのあとに大きな混乱がやって来るというパターンの一例なのかもしれない。

意外なことに、民主的な対話と意思決定が最も実践されているのは中南米諸国だ。数十年前まではお世辞にもまっとうな民主主義国とは言えなかった国々である。中南米諸国における民主主義の進展がもつ意義は大きい。人間が力強く進歩できる可能性を実証しているからだ。大半の中南米諸国はさまざまな問題を抱えているが、誰でも参加できる自由で(比較的)公正な選挙がおこなわれるようになった。

選挙に臨む政党や政治指導者は明確な公約を掲げて有権者に支持を呼びかけ、論戦を戦わせている。選挙の勝者は、（権力分立による制約の範囲内で）みずからの政策を実行に移す。新しい政権が誕生すると、それまでとは異なる政策が採用され、政府の予算配分の優先順位が変更される。もし有権者がそれを気に食わないと感じれば、次の選挙で政権を交代させればいい。こうして、メキシコ、ブラジル、コロンビア、ペルーなどの国々では、政策がたびたび変わってきた。

中南米諸国のほとんどでは中流層が拡大しており、それが民主的なプロセスをさらに強化する要因になっている。このような政治のあり方は、民主主義以外の何物でもない。この状況を１９６０年代に予見できた人がいただろうか？　当時の中南米には、民主主義国など皆無に等しかった。

もっとも、中南米諸国の状況を見る限り、民主化がすべての問題を解決するわけではないと考えるべきだろう。民主主義国（実際には部分的に民主的な国と言うべきかもしれない）で民主主義の素晴らしさが強調されている割には、世界の国々で民主化への動きが強まらないのは、これが大きな一因なのかもしれない。

アメリカの民主政治の現状を理解したければ、最大のライバルである中国からどのように見られているかを考えればいい。私の経験から言うと、アメリカを称賛して羨む中国人は多い。その理由として挙げるのは、高い生活水準、言論の自由、環境汚染の（比較的な）少なさなどだ。しかし、アメリカを称賛する中国人ですら、アメリカの政治には素晴らしい点を見つけづらい。多くの人が指摘するのは、政府が十分に役割を果たしていないという点だ。

左派やリベラル派など、大きな政府を望む論者が言うような意味で政府の働きが足りないというだけではない。アメリカの政治は、規制緩和や減税など、小さな政府への道を推し進めることもできていない。アメリカはひたすら現状維持にはまり込んでおり、その傾向がとりわけ際立っているのが政治の世界なのだ[17]。

停止状態のアメリカに停止状態の政治が生まれるのは、当然なのかもしれない。しかし、それもいつかは終わる。次章では、その理由を詳しく論じよう。その議論を通じて、現状満足階級の時代が永遠に続くわけではないことを明らかにしたい。

第9章　現状満足階級が崩壊する日

本書では、アメリカ社会があまり変化せず、リスクを避けたがるようになった要因を論じてきた。財政が硬直化し、民主主義のプロセスが蝕まれていること、移住が不活発になったこと、生産性の高い都市に新しい建物が建ちにくくなったこと、所得と社会的地位による社会的分断が進んだこと、安全とリスクへの関心が高まったこと、子どもが過保護になったこと、新興企業の設立が減り、生活水準の上昇ペースが鈍化したことなどである。

これらの要因により、少なくとも短期的には、アメリカはより平穏で安全で平和な社会になった。しかし、それと引き換えに、再生と自己刷新の能力、そして新しい活力源を生み出す能力を失いつつある。しかも、今日の社会的・経済的停滞は一時的な現象ではなさそうだ。停滞の背景には、構造的な要因があるように思える。そうした要因は、小手先の改革ではなかなか取り除けない。

それに、平和と平穏も永遠に続くわけではなさそうだ。変化の兆候は、すでに見えはじめている。

いずれは、社会の活力だけでなく、平和と平穏も少しずつ失われていく。安定はただでは得られない。予算もかかるし、人々の支持も不可欠だ。社会の流動性が弱まりすぎれば、ゆくゆくは既存の秩序への逆風が強まり、安定を維持するための資金も足りなくなる。今日のアメリカは、未来の進歩を生む源泉を再生できておらず、未来の世代から前借りしているに等しい。

いまのシステムにさまざまな問題の芽が潜んでいるとして、それがどのような問題かを知るためには、どこに注目すればいいのか？ そして、それらの問題は、どのような形で現実化するのか？「歴史は巨大な警報装置である」というのは、政治ジャーナリストで平和活動家の故ノーマン・カズンズの言葉だ。この言葉が正しいとすれば、いま起きている出来事はどのような未来を警告しているのだろう？

人種問題という「炭鉱のカナリア」

2014～15年にミズーリ州ファーガソンやメリーランド州ボルティモアで起きた暴動や、ミズーリ大学のキャンパスで発生した抗議活動は、事件が起きた地域だけでなく、アメリカの社会全体に深刻な問題が生まれていることを示すサインに思える。個々の事件の余波がいつまで残るかはわからないが、一連の出来事の背景にある要因の影響はずっと消えないだろう。

この点は、大不況について考えると理解しやすい。知ってのとおり、大不況はサブプライムローン（信用度の低い個人向けの融資）の借り手から始まった。では、大不況を引き起こしたのはこの人たちだったのか？　それはまったく違う。サブプライムローンを借りた低所得者やマイノリティは、言ってみれば炭鉱のカナリアだった。

数字を見れば明らかなように、サブプライムローン問題は、景気の過熱という大きな問題の一部にすぎなかった。すべての（あるいはほぼすべての）人が過剰なリスクを伴う行動を取るようになったとき、真っ先にお金が底を突き、ニュースの題材になるのは、貧しい人たちである場合が多い。この大不況でもそうだった。

このとき、景気後退の影響が最後に押し寄せたのは現代アート市場だった。アート作品の買い手は、景気の冷え込みを肌で感じるのが最も遅い。ほとんどが富裕層で、潤沢な資金をもっているからだ。2008年に投資銀行大手のリーマン・ブラザーズが破綻した直後にも、イギリスのアーティストであるダミアン・ハーストの作品を扱った大規模なオークションがおおむね成功裏に終わっている（ハーストは、動物の死体をホルムアルデヒド漬けにして透明のボックスに入れた作品がとくに有名なアーティストだ）。世界の金融インフラの多くの部分が崩壊しつつあったときに、このオークションの売り上げは2億ドルを超えた。

サブプライムローン問題は、その後に訪れる大規模な崩壊の序曲だった。しかし、ほとんどの人は、かなり時間が経つまで、金融システム全体に関わる大問題が発生していることに気づかなかった。

最近のアメリカでは、一部の貧困層と人種的マイノリティ（とくにアフリカ系アメリカ人）の不満が高まりはじめている。そうした不満は、ニュースでも大きく取り上げられ、人種関係の大問題と位置づけられている。いまのところ、犯罪率、刑務所への収監率、GDPといった社会・経済指標には影響があらわれていない（殺人事件の発生率がじりじり上昇しているというデータも一部にあるが、本書執筆時点で確証はない）。しかし、この動きは、大不況前のサブプライムローン問題と似たような意味をもっているのかもしれない。

アフリカ系アメリカ人の抗議活動にすべて共感するかはともかく、この層がアメリカの社会でとりわけ弱い存在であることは間違いない。そのため、ほかの層よりも早く、現状に問題を感じ、不満を表明し、現状満足階級への異議申し立てを始めている。これは、社会の底流で非常に悪いことが起きているサインと見ていいだろう。

このような不満に対しては、それほど深刻な問題ではない、実際に困っているわけではない、本当に苦しんでいるとは言えない、といった批判もよく聞こえてくる。今日のアメリカでは貧困層もかなり豊かな生活を送っているというのが、その理由だ。表立ってそうは言わなくても、不満を甘えと考えている人は多い。

私に言わせれば、このような反応は重要なことを見落としている。不満の増大は、既存のシステムが破綻しており、現状満足階級が（悪気ではないにせよ）社会に害を及ぼしていることへの警鐘と受け取るべきだ。不満を表明している人たちの主張の粗を探したり、矛盾を突いたりするのではなく、問題を正面から論じたほうがいい。

２０１６年のアメリカ大統領選でドナルド・トランプが共和党の候補者指名を獲得し、民主党の候補者指名レースでもバーニー・サンダースがヒラリー・クリントンを相手に大健闘したことを機に、メディアはようやく、何か問題が起きているらしいと気づいた。「専門家」である行政官を無条件に信頼して国の運営を委ねたいと思う人は減る一方だ。その信頼がいつ完全に崩壊するかはわからないが、国民投票でEU離脱を選択したイギリス人と同様、アメリカの有権者も専門家の主張に敬意を払わなくなったように見える。多くの人が選挙で専門家やエリートにノーを突きつけるのは、単なる意趣返しではないのかもしれない。

長い目で見ると、アメリカ人が落ち着きのなさを失った先に待っているのは、いっそうの平穏と安定ではなさそうだ。さらに思いがけない事態が起きる可能性のほうが高い。2016年の大統領選でトランプ旋風が吹いたのは、この男の強烈な個性、過激な言葉と主張、そしてメディア操作の賜物だった。その点は間違いない。しかし、この現象の根底にある要因も見逃してはならない。その要因とは、これまで安定をもたらしていた現状満足感と停止状態が激しく揺らいでいるということだ。激変は、社会、経済、政治のすべてで同時に進行している。

サブプライム問題がそうだったように、人種暴動やトランプ旋風も大きな変化の一部なのかもしれない。いま注目を集めている出来事は、社会の亀裂がいっそう深まっていく序曲にすぎない可能性がある。その亀裂が広がれば、やがて社会の平穏と安静が引き裂かれかねない。人々は、これまで安全を追求してきたことで盤石な安全を手にできたわけではなかったのだと思い知らされる。社会の亀裂が「大いなるリセット」を引き起こし、社会のあり方は根底からひっくり返されるだろう。

ファーガソンの暴動などが最初のステップで、2016年の大統領選が2つめのステップだとすれば、次に起きるのは何か？　それを知るためには、いま起きている問題をしっかり見るべきだ。これらの問題は、来るべき時代の序曲なのだから。

以下では、どのような形で不安定な時代が戻ってくるかを見ていきたい。まず大学のキャンパス、続いて犯罪、政治、そして外交と国際情勢について検討する。実は、最も気がかりなのは国際情勢への影響だ。

キャンパスに再び嵐が吹き荒れる

最近、アメリカの大学で抗議活動がおこなわれ、人種問題に関する不満が表明される機会が増えた。これは、しばらく前にはまったく予想できなかったことだ。おそらく、不満はそもそも解消されていなかったのだろう。それなのに、主流メディアの報道を見る限り、ほとんどの白人はそうした不満に関心を示してこなかった。その点では、教育レベルが高く、知識の多い人たちも例外でなかった。

では具体的に、いま何が起きているのか？　東部の名門大学であるプリンストン大学では、ウッドロー・ウィルソン公共政策大学院の名称変更を求める運動が起こった。校名の由来になった第28代大統領ウッドロー・ウィルソンが人種差別主義者だったというのが理由だ。この運動は、おそらく誰も予想していなかったくらい長く続いた（要求は大学当局に却下された）。

イェール大学で相次いだ出来事も、アフリカ系アメリカ人学生の疎外を浮き彫りにし、さらには彼らの疎外感をいっそう強めた。発端は、ハロウィーンで人種差別的と受け取られかねない仮装を許可すべきでないと、ある学生が大学当局に訴えたことだった。この騒動も簡単には終息しなかった。

最も目を見張るべき展開が見られたのはミズーリ大学だろう。なかでも強烈だったのは、大学のアメリカンフットボール・チームがストライキをおこない、学長の辞任を要求したことだ。チームにはアフリカ系アメリカ人の学生も多く、大学に人種差別が蔓延してキャンパスがマイノリティへの敵意に満ちている状況に対して不満があったのだ。結局、学長が辞任に追い込まれた。ほとんどの人にとって予想外のことだった。この一件は、アメリカンフットボール・チーム（とメディア）の影響力をまざまざと見せつけた。これをきっかけに、ほかの大学の学長たちも頭痛の種が増えた。この種の問題に対していっそう慎重な対処が必要になったからだ。

騒動がメディアで大きく報じられると、ミズーリ大学が人種差別的な侮辱や中傷の温床になっていることが明るみに出た。キャンパスで「Nワード」（アルファベットの「N」で始まるアフリカ系アメリカ人に対する侮辱表現）が用いられることも珍しくなく、建物の壁に排泄物でナチスのカギ十字が描かれたりもした。ソーシャルメディアにも、マイノリティに対する匿名の脅迫が無数に書き込まれた。なかには、物理的な暴力を予告したものもあった。アメリカンフットボール・チームが学長に辞任要求を突きつける前にも、何件もの抗議活動がおこなわれ、ハンガーストライキを敢行する学生も登場していた。

ほとんどの部外者が気づいていなかっただけで、人種間の緊張はキャンパスに深く根を張っていたようだ。トランプの政治集会で支持者が見せる振る舞いや、オンライン上のトランプ支持者の書き込みも、同様の事実を浮き彫りにした。人種差別は表向き見えなくなっていただけで、社会の底流にずっと存在し続けていたのである。

ミズーリ大学の学生構成は、アメリカの大学の典型だ。アフリカ系アメリカ人の割合は8％で、アメリカの人口に占める割合（13％）を下回っている。しかも、彼らの卒業率は55％にすぎない（白人学生は71％）。ミズーリ大学で、アフリカ系と白人の学生はまったく異なる経験をするのだ。ここにも、アメリカの社会で人種の分断が再び強まっていることが見て取れる。

ミズーリ大学が「人種の分断が激しい」と言われるのは、いまに始まったことではない。しかし、今日のアメリカは、もはや現状満足階級が理想とするような社会ではなくなった。それに伴い、ミズーリ大学も突然、途方もない変化のなかに放り込まれた。その変化の行き着く先はまだ見えない[1]。

以上のような出来事を紹介したのは、論争でどちらかに肩入れすることが目的ではない。これらの論争は、それほど単純ではない場合が多い。私が指摘したいのは、一見すると平和な環境も一皮めくると、かならずしも平和ではないということだ。そのような表面上の平和が揺さぶられると、たいてい混乱が拡大し、不満が強まる。

大学のキャンパスに限った話ではない。メディアに注目されないまま水面下で社会の分断が拡大し、いつの間にかそれが当たり前になっているというのは、今日のアメリカでしばしば見られるパターンだ。大きなニュースが発生しない限り、メディアは社会の変化に大きな関心を示さない。そうするうちに分断が当然の状態になり、多くの人はそれをあまり気にとめなくなる。

私たちは、誰もが「同類」や「同志」と寄り集まり、分断された環境で生きている。そのため、大学で分断が進行することをそれほど有害だと感じない。長い目で見れば、社会で機会と活力が奪われるという弊害が間違いなくある。しかし、この問題は目に見えにくく、報道もされにくい。少なくとも、状況を深く観察しない人は問題に気づかない。

キャンパスの騒動がニュースで取り上げられると、それに注目が集まる結果、問題がいっそう悪化する場合もある。抗議活動の参加者たちは、運動の規模の大きさと力強さと激しい情熱を目の当たりにし、不幸せな人がいかに大勢いて、その人たちがいかに不幸せかを実感する。そのため、抗議活動がより大規模で先鋭的になる。一方、運動に批判的な人たちは、抗議活動の参加者を「甘やかされた過保護な子ども」と批判し、彼らの甘い考えを揶揄する。対立が頂点に達すると、対話が亀裂の修復につながらず、むしろ反目を煽る場合が多い。

二極化と分断が深まるにつれて、2つの陣営のどちらにつくかが問われるようになり、学生や教職員はさまざまな論点に対する姿勢ではっきり二分されるようになった。こうして、アメリカ社会にまた1つ分断が生まれたのである。

アメリカの大学は、これからも激しい対立の舞台になる可能性が高い。キャンパスでこの種の問題が論じられれば論じられるほど、二極化に拍車がかかるように見える。差し当たり、キャンパスで起きる出来事が外の世界を大きく揺さぶることはないだろう。象牙の塔は、ほかの世界から隔絶している面があるからだ。しかし、楽観ばかりしてはいられない。キャンパスで発生する騒動は、馬鹿げていたり、大げさだったりすることも多い半面、その背後には見過ごせない不満が隠れている。それが理にかなった不満である場合も少なくない。

社会の不満がキャンパスで最初に表面化するのは、大学生が抗議活動に時間を割きやすく、大勢の人間が同じ空間に集まっていて（情報テクノロジーの重要性ばかりが注目されるが、物理的空間のもつ意味はいまでも大きい）、しかも高学歴層ほど政治意識が高いからだ。では、いつ、どのようなスピードで、社会全体に騒乱が広がるのか？　トランプ陣営の人種差別的な言動やその他の不適切な振る舞いを見ると、ほとんどの人が予想しているより早く、騒乱が社会をのみ込む可能性もありそうだ。

水面下で増加するサイバー犯罪

いま多くのアメリカ人は、犯罪率が低下したことを当たり前のように思っている。今後、もっと治安が改善すると考えている人も多いかもしれない。しかし、その期待は裏切られると、私は予想している。長期の傾向を見ると、新たな犯罪多発時代が目前に迫っている可能性がある。変化はすでに始まっているのかもしれない。

もっとも、1960～80年代と同じような犯罪が再び増えるとは思っていない。つまり、殺人、自動車強盗、学生運動家の爆弾テロ、徴兵制反対派の破壊行為や暴動、コカイン常用者による路上強盗などが際立って増加することは考えにくい。「歴史は繰り返さない。しかし韻を踏む」という言葉のとおり、新しいタイプの犯罪が増えはじめているように思える。犯罪率が低下しているという統計には反映されていない犯罪があるのだ。それは、インターネット上の犯罪だ。

このタイプの犯罪に関して信憑性がありそうなデータは見当たらないが、いくつかの目立ったニュースを見るだけでも状況の深刻さがわかる。報道によれば、インターネット上では成り済まし事件が年間1000万～1500万件、フィッシング攻撃が何千万件も起きている。詐欺事件も途方もない件数に上る。場合によっては、犯人がどこの国にいるかすら突き止められない。ある推計によれば、ナイジェリアのインターネット詐欺集団だけでも、世界中から詐取している金額が年間120億ドルを超すという。

これまでに個人データを盗まれたアメリカ人は何千万人にも上る。それがどのような結果をもたらすかは、まだ明らかになっていない（当局がまだ公表していないだけという可能性もある）。すでに膨大な数の指紋情報が盗まれていて、それが悪用されればセキュリティ・システムが損なわれかねない。サイバー恐喝やサイバースパイ行為も横行しているが、ほとんど報道されていないのが現状だ。薬物の密売にインターネットが利用されるケースも増えている。

迷惑メールが原因で時間が浪費されることの経済損出は、推計で年間200億ドルに上るとも言われる。迷惑メールは違法ではないかもしれないが、好ましくない行為であることは間違いない。違法なオンラインポルノ（未成年者が閲覧する場合も多い）も氾濫している。[2]

いま、どのくらいサイバー戦争がおこなわれているのか確かなことはわからない。しかし、アメリカがイランにサイバー攻撃を仕掛けたという事実は、少なくとも明らかになっている（「スタックスネット」というコンピュータウイルスを送り込み、イランの核開発を妨害した）。サイバー戦争は、米中関係の大きな争点でもある。中国はアメリカ企業から大量の知的財産を盗んでいる。一方、それに対してアメリカ側が取ってきた行動は、よくわかっていない。企業はサイバー攻撃への防御に費やす金額を増やしているが、サイバー攻撃による被害を公表することには前向きでない（そもそも被害に気づいていないケースも多いだろう）。

2016年のアメリカ大統領選では、ロシアのハッカーが民主党全国委員会のコンピュータに侵入し、電子メールとボイスメールの内容を盗み出した可能性が高い。選挙でトランプを勝たせることが目的だったようだ。

2016年には、ほかにも気がかりなニュースがあった。バングラデシュ中央銀行のシステムがハッキングを受け、国際決済システムの一翼を担うSWIFT（国際銀行間通信協会）経由の不正送金により8100万ドルが盗まれたという。その金のほとんどは回収されていない。このハッカーグループは、なんと10億ドルを奪おうと計画していたと報じられている。世界経済の基盤は決済システムの安全性と信頼性だが、そのシステムがどのくらい強靭なものかはおぼつかなくなっている。ハッカーの能力が高まり続けていることを考えると、懸念は強まるばかりだ。

以上に挙げたような犯罪は、一般的な犯罪統計には含まれない。殺人や傷害、窃盗などの件数だけ見ると、犯罪が減少しているように思えるだけだ。

犯罪の大波がやって来る

インターネット上の犯罪が増えているのは、意外なことではない。人々がオンライン空間で過ごす時間が多くなれば、そこでの犯罪が増えるのは当然だ。マッチングの主要な舞台がインターネットに移行したように、犯罪者と被害者のマッチングもインターネット上で起こるケースが増えている。政府に対する人々の信頼が大幅に弱まったように、やがてインターネットへの（少なくとも、その多くの部分への）信頼も失われるのかもしれない。

インターネット犯罪は、インターネットの利用が増えはじめたのと同時に、つまり1990年代に入って増加しはじめた。これは、ほかの犯罪が減りはじめた時期でもある。この点を考慮に入れると、多くの人が思っているほど犯罪は減っていないと言えそうだ。

法律上の犯罪には該当しないとしても、インターネット上の迷惑行為も増えている。オンライン上での脅し、ストーキング、侮辱、嫌がらせ、誹謗中傷、それに、ソーシャルメディアを利用したマーケティングなどのことだ。

違法な脅迫行為も、インターネット上でおこなわれた場合はほとんど警察の目にとまらない。摘発されるケースはもっと少ない。事件の件数があまりに多く、しかも犯人を突き止めることが難しいからだ。そもそも、警察に届け出ても捜査してもらえない場合も多い。そのため、膨大な数のインターネット犯罪が通報されないままになっている。当然、そのほとんどは統計に反映されない。

適切な表現ではないかもしれないが、インターネット犯罪は現実世界の犯罪よりましな面もある。インターネット上で人を脅したり、嫌がらせをしたり、ストーキングをしたりはできるが、（少なくとも現時点では）インターネットの中で人を殺すことはできない。インターネット犯罪は、主として詐欺、成り済まし、恐喝、脅しや嫌がらせなどの形を取る。その意味で、インターネット上の犯罪は、古いタイプの犯罪に比べて穏健と言えなくもない。この点は、本書で論じてきた社会の穏健化の傾向とも合致する。

しかし、インターネット上の犯罪には特有の難しさもある。物理的な暴力を伴うケースが比較的少なく、あまり目に見えにくいため、サイバー犯罪への怒りが現実世界で高まりにくく、なかなか被害者が一致団結して選挙の投票で共同行動を取らないのだ。アメリカでは1970年代以降、政治家にとって「強い姿勢で犯罪に臨む」ことが選挙で有利な材料になった。それがさまざまな好ましい変化を生み出した面もある。たとえば、警察官のパトロールが増やされた。しかし、サイバー犯罪に関してこのようなことは起きていない。近い将来、それが変わることもなさそうだ。

サイバー犯罪は、たいてい派手さがない。映画にするなら、チャールズ・ブロンソンやクリント・イーストウッドのような人物ではなく、インドア派のコンピュータプログラマーが主人公で、主人公が猛烈な勢いでキーボードを叩く場面が多くならざるをえない。製作者は、映画に緊迫感をもたせることに苦労するだろう。いずれにせよ、いまのところ人々はサイバー犯罪とインターネット詐欺に対してあまり怒りを募らせていないように見える。

それでも、次に犯罪が急増するときには、おそらくインターネットが大打撃を被るだろう。インターネット全体とは言わないまでも、そのかなりの部分が大きなダメージを受ける可能性が高いと、私は予想している。

その場合も、アマゾンやフェイスブック（そして、両社の新しいライバル企業）の成長は、おそらく減速しない。これらの企業は豊富な資金をもっていて、システムの安全性を高めるための投資ができるからだ。しかし、ほとんどの人は、自由なインターネットを安全な場所だと思わなくなる。不当な扱いをされたり、侮辱されたり、嫌がらせを受けたり、個人情報を盗まれたりする場所というイメージが強まるだろう。人々は、いわば壁に囲われて規制の行き届いたアプリの世界に移っていく。

その結果、インターネットが万人にとって自由な思想とビジネスの場になるという理想は、夢物語のままで終わる。インターネット犯罪と野放しのオンライン広告により、その理想郷が奪われてしまうのだ。インターネットの世界では、悪者たちが勝利を収めることになる。というより、すでにそれが現実になっている。

自由なインターネットではなく、閉ざされたインターネットの中に人々が引きこもる傾向は、今後ますます加速するだろう。多くの人がその恩恵に浴することは事実だが、社会のなかで最も自由で弱い部分、すなわち自由なインターネットが敗北を喫しつつあることは見過ごせない。

ネットワークの最も弱い部分には、未来のトラブルの兆しが最初にあらわれる。しかし、インターネット犯罪は、ほかの出来事と切り離されて、目につきにくい場所で起きることが多いため、問題が表面化するまでに時間がかかる。長期にわたって問題がくすぶり続け、気がついたときには深刻な大問題に発展しても不思議はない。

大きな流れとしては、犯罪が少ない平和な時代はいつまでも続かないと思っておいたほうがいい。1960年、社会学者で文化批評家のダニエル・ベルは、いくつかの階級問題と若干の「社会的反乱」を別にすれば、アメリカ社会に犯罪の大波が押し寄せる兆候はないと論じた。「都市住民が日々の生活のなかで経験する暴力は、100年前や50年前はもとより、25年前よりも少なくなるだろう」言うまでもなく、ベルの予想ははずれた。このあとほどなく、アメリカは史上最大の犯罪の大波を経験した。このときも、犯罪の増加がかなり進行するまで新しい潮流はあまり目につかなかった。これは、前述した「大いなるリセット」の典型的なパターンと言える。[3]

犯罪率が低下していることに関して驚くべき点の1つは、そのような現象が起きた明確な理由がわかっていないことだ。ニューヨーク大学法科大学院ブレナン司法センターが最近、「犯罪減少をもたらした原因は何か?」と題した報告書を発表した。オリヴァー・ローダー、ローレン＝ブルック・アイゼン、ジュリア・ボウリングが共同執筆した131ページの本格的な学術研究だ。

一般的に犯罪を減少させる要因としては、刑務所への収監者の増加(ただし、この要因の影響は一般に思われているほど大きくない)、警察官の増員、社会の高齢化、所得水準の上昇、アルコールや薬物を常用する人の減少、経済環境の変化、子どもの鉛への暴露の減少と、その結果としての発達障害の減少などが知られている。しかし、この報告書によれば、これらの要因をすべて考慮に入れても、1990~99年の犯罪減少の半分近く、そして2000~13年の犯罪減少の半分以上は、まったく説明がつかないという。

しかも同じ時期に、アメリカだけでなくカナダでも、同じ程度の割合で犯罪率が減少している(お察しのとおり、両国の犯罪率の絶対値には大きな開きがある)。この点を考慮すると、アメリカで犯罪率が下がったのは、アメリカの政策や法制度の変更が理由ではなさそうだ。犯罪の減少は、もっと言葉で表現しにくい要因が生み出したものなのだろう。具体的には、時代の空気が大きく影響したように思える。問題は、時代の空気が突如変わる場合があることだ。いつ新しい力学が生まれ、好ましくないトレンドが進行しはじめても不思議はない。[4]

私が思うに、犯罪率の低下をもたらした最大の要因は、アメリカ人の「落ち着きのなさ」が弱まったことだ(カナダでも犯罪率が下がっていることを考えれば、これは北米人全体の傾向なのかもしれない)。その背景にあるのは、社会のムードの変化だ。しかし、このような心理的要因は高齢化のような社会的要因と異なり、ずっと続く保証はない。人々の心理を正確に把握することや、数値計測することは不可能だ。ほかの要因で説明できる部分を取り除いた残りがこの要因によるものと推定することしかできない。それがどのように変化するかを事前に予測することも難しい。

いまの状況がずっと変わらないと決めつけ、犯罪率が下落し続けると考えるのは早計だ。犯罪を増やす要因はよくわかっておらず、犯罪率がさらに下落するという予測は揺るぎない主張にはほど遠い。次にアメリカで生まれる大きなイノベーションが犯罪のイノベーションだったとしても意外でない。

政治の能力が減退する

アメリカ政府の政策をどう評価するにせよ、この数十年、政府が安定的に運営されてきたことは間違いない。しかし、使い道があらかじめ決まっている予算の割合が大きくなっていることには問題がある。国が危機に見舞われたとき、その問題に対処するための財政的な余裕、もっと言えば柔軟性が失われるからだ。バルト3国と南シナ海で同時に軍事危機が発生したとしよう。政府がそれに対処するためには、いまより多くの資源が不可欠だし、いまより政府内の足並みがそろい、国民が介入を支持する必要がある。

バルト3国と南シナ海の軍事危機というのは、あくまでも1つの例だ。いつ、どのような危機が訪れるかはわからない。それが二正面作戦や三正面作戦が必要な軍事危機だと決まったわけでもない。早急に対処しなくてはならない環境危機や大規模なテロ、あるいはナシーム・ニコラス・タレブが言うところの「ブラック・スワン」、すなわちまったく想定外の出来事が起きる可能性もある。

いずれにせよ、現状では、危機が起きたときに政府の支出を増やして対処することは簡単でない。アメリカ経済が耐えられず、国民も支持しないような大規模増税（と歳出削減）が必要になるからだ。

問題は予算だけではない。危機に対処する仕組みも不可欠だ。しかし、この点でも状況は厳しい。2001年の9・11テロ後に新設された国土安全保障省の運営が軌道に乗るまでに、どれだけ年数を要しただろう？（いまも軌道に乗っているとは言えないかもしれない）。アメリカの公共部門は、優れた制度や機能を短期間で築くことがめっきり不得意になってしまった。月面着陸を成し遂げた時代とは雲泥の差だ。このときは、計画の発表から実行までの間に10年もかからなかった。

大きな政策上の危機が発生するまでは、すべて問題がないように見え、平和な状態が続く。政府もそれまでと同じように機能し続ける。しかし、国民の間でしらけムードが広がり、社会は次第に公共部門の制度を強化する能力を失っていく。そうするうちに政府の柔軟性が大きく損なわれ、いざ政策の変更が必要になったときには、それが不可能になっている。

このように社会制度が破綻するのがいつなのかは、予測がつかない。それは、いつ次の大きな危機が——社会がいまもっている能力、とりわけ財政上の能力では対処しきれないほど大規模な危機が——訪れるかで決まる。その日がいつ来るか、そしてそのとき社会にどのくらいの対処能力があるかは、運に左右される面もある。この点は、長期の財政計画を考えるうえで心強い材料とは言えない。

政治の安定がどのくらい損なわれているかを理解するうえでは、政府に対する国民の信頼の度合いも1つの指標になる。その信頼が強いときは、政府の危機対応能力も比較的高い。政府が国民の支持を得られるからだ。それに対し、国民が政府をあまり信頼していないと、たとえば親が子どもに予防接種を受けさせないといった現象が広がる。アメリカでは子どもの予防接種率がじわじわと落ち込んでいて、公衆衛生上の危機の様相を呈しはじめている。

では、政府に対する国民の信頼度はどうなっているのか？ その数字は明るいものではない。世論調査会社ピュー・リサーチ・センターの最近の調査によると、つねに、あるいはおおむね政府を信頼できると答えたアメリカ人は約19％。政府の政策がうまく運営されていると考える人も、20％にとどまる。それに対し、「普通のアメリカ人」のほうがもっとうまく国を運営できると考える人が過半数に達している。これほど政府に厳しい見方が示されるのは、この半世紀を通じて異例のことだ。このような回答は、有権者の愚かさのあらわれではない。国民が政府を信頼していない結果、実際に政府が信頼に値しなくなっているのだ[5]。

アメリカ国民の政府に対する信頼が最高潮に達したのは、1958年だった。このときは、77％の人が政府を基本的に信頼していると答えていた。国民が政府を強く信頼していたのは、遠い昔の1950年代だけではない。1990年代から2000年代前半にかけて連邦政府への信頼が高まり、政府を信頼する人の割合は最終的に60％近くに達した。ところが、その後、政府の中核的な機能や能力は大きく変わっていないのに——あるいは、それゆえにと言うべきなのかもしれないが——政府に対する国民の信頼は目を覆うほど落ち込んだ。

政府が国民の信頼を失い続ければ、やがて政府の果たせる機能が縮小してしまう。その兆候は、さまざまな局面ですでに見て取れる。大きな危機が訪れるまでは、政府が社会保障給付さえ継続していれば、政府が信頼されていなくても大きな問題にはならない。しかし、外交や公衆衛生や環境などの面で政府が新しい具体的な行動を取る必要が生じれば、政府が信頼されていないことが大きな足枷《あしかせ》になる。国民が一致団結して新しい取り組みを支持することが期待しにくいからだ。その点が過去の月面着陸計画や州間高速道路整備計画、さらにはレーガン政権時代の軍拡計画とは異なる。

うまく運営されている国の政府は、たいてい国民から信頼されている。そのような政府は、実行したい政策を国民に示し、国民の信頼を得て計画を推進し、最後にはそれなりに公正な選挙で有権者の審判を受ける。それに対し、国民から信頼されていない政府は往々にして、嘘とごまかしとペテンに頼らざるをえない。汚職と経済的な不正、透明性の欠如が政治について回る。この点は、スウェーデンとアルゼンチンの違いを思い浮かべればわかりやすい。

政治への信頼がどのくらい低下しているかは、対立政党の支持者が互いをどれくらい激しく嫌っているかにもあらわれる。最近のアメリカでは、共和党員も民主党員も、党への忠誠心が強まっているように見える。これは、支持政党の政治家に対する信頼が強まったからではない。対立政党の政治家と支持者への信頼が弱まった結果、支持政党への忠誠心が強まったのだ。昔に比べて、共和党員は子どもが民主党員と結婚することを望まず、民主党員も息子や娘が共和党員と結婚することを望まなくなった。社会保障制度はおおむね支障なく運用されているものの、アメリカでは未来の政府の能力が蝕まれ、未来の危機に対処する能力が損なわれつつあると見ていいだろう。[6]

アメリカ人がトランプを選んだことの意味

アメリカ国民の政府に対する信頼の低下は、ドナルド・トランプを大統領に選んだことにもあらわれている。共和党支持者の多くは、既存のシステムをもう信用していない。トランプに対する批判が彼の支持者にほとんど響いていないように見えることからも、その点は明らかだ。共和党支持者は、既存のシステムの「逆」をひたすら望んでいるように見える。

2016年の大統領選がトランプの勝利という予想外の結果で終わると、原因の分析が始まった。セレブとしての知名度を生かして奇襲の形で出馬したこと、罵詈雑言を繰り返してメディアの注目を引きつけたこと、王様（既存の政治的エスタブリッシュメント）が裸だと言ってのけたことなどが勝因として挙げられている。

しかし、そうした要因もさることながら、トランプの勝利は2007~08年の金融危機と同様、「大いなるリセット」の典型と言える。すべてが順調で平穏に見えていたのに、ある日突然、すべてがひっくり返ってしまった。このようなことが起きるのは、深刻な危機が発生するときまで、社会的・経済的な圧力が高まっていることが目に見えにくい場合だ。2016年の大統領選でも、不満をいだいている層の心をつかむ能力が傑出した候補者、すなわちドナルド・トランプが登場してはじめて、社会と経済の変化が表面化した。

政治の機能不全が深刻化している背景には、所得の不平等があると、最近よく指摘される。しかし、この主張を裏づける証拠はない。2016年大統領選の共和党予備選でトランプに投票した人の平均所得は年間約7万ドルに上り、教育レベルも全米平均より高かった。メディアがどのように報じていようと、トランプの勝利を生んだのは「持たざる者」の反乱ではない。そもそもトランプの選挙運動は、莫大な資産とゴージャスなライフスタイルを強調していた。不本意に感じる人もいるだろうが、トランプを勝たせた最大の立役者は現状満足階級なのである。

未来へのダイナミックで説得力あるビジョンが見えない状況で、人々は後ろ向きのビジョンに引きつけられる。その類いのビジョンを示すのは、エリート層である場合が多い。トランプが中国についての語る内容は、数年前に経済学者のポール・クルーグマンが中国製品への関税措置を提唱した発言とほとんど変わらない。[7]

ヨーロッパ諸国を対象にした大規模な研究が明らかにしているように、所得の不平等が高まると、社会不安よりも政治的無関心が強まるケースが多い。ヨーロッパの民主主義国25カ国のデータによると、所得階層上位20％の人たちを別にすれば、所得の不平等が拡大するほど抗議活動への参加が少なくなる傾向がある。政治への関心、政治に関する会話の頻度、選挙への参加も、所得の不平等が大きい社会ほど少ない。また、国際共同意識調査の「世界価値観調査」によれば、所得の不平等が大きい社会では、民主主義への支持が弱い。そのような社会では、政治への参加も不活発になる可能性がある。[8]

いつアメリカで革命が起きるのかと問う人は多い。しかし、いまアメリカに革命が迫っているわけではなさそうだ。世論調査によれば、アメリカ人は1970年よりも富の再分配に関心を示さなくなっている。なかでも、再分配への支持が際立って弱まったグループが2つある。1つは高齢者だ。その支持の下落幅は、このテーマに関する民主党員と共和党員の考え方の開きを100とした場合、50を上回る。

おそらくもっと意外なのは、アフリカ系アメリカ人の間で再分配への支持が弱まっていることだろう。この変化の半分近くは、人種に基づく経済的支援への支持が落ち込んだことによるものだ。人種間の経済格差が拡大しているにもかかわらず、そのような現象が起きているのだ。アフリカ系アメリカ人の多くは人種間の関係が悪化したと感じているが、富の再分配への関心は強まっていない[9]。

これらの研究結果は、実証的な決定打とまでは言えない。しかし、所得の不平等がつねに暴動や反乱や蜂起を生むという思い込みを否定する材料とは言える。不平等が拡大すれば、再分配への要求が高まるとも限らない。現実には、不平等は政治的無関心を生む。

では、トランプ現象など、最近の政治的混乱は、どのように解釈すべきなのか？　不平等が拡大していることとの関係を強調する論者が多いが、ここでは別の仮説を提示したい。

私の見るところ、現状満足階級のエリートたちは、現状を維持しても社会の活力が失われないという説得力あるストーリーを描けなくなった。細部の改善にばかり終始し、強力で前向きなビジョンを示す能力を失ってしまったのだ。その結果、2016年の大統領選では、(民主党員の間ですら)既成政治家であるヒラリー・クリントンへの支持が盛り上がらなかった。イギリスのEU離脱の是非を問う国民投票でも、残留派は、EUにとどまるという現状維持を選んだ場合の明るいビジョンを示せなかった。代わりに、離脱した場合の弊害を数え上げて恐怖心を煽る戦術を用いたが、効果は乏しかった。

現状満足階級の人たち自身も、いまの世界が未来へ前進するエネルギーをもっているとは思っていない。今日の社会では、低所得層が裕福な権力層に反乱を起こしているだけではない。所得・教育階層を問わず、多くの人たちが既存のシステムを信じなくなっている。強力なイデオロギーがなく、未来に対する強力な楽観精神も存在しない時代に、その空白を埋めるのはもっと劣悪な思考だ。この現象もさまざまな所得・教育階層で起きている。

実際、目下の反乱で先頭に立っているのは、現状満足階級のなかでも特権層のように見える。ドナルド・トランプが裕福な一家の出身なのは、偶然ではない。特権層が反乱を起こして空白を埋めようとする動きは、これからも続きそうだ。

活力ある混乱の時代へ

アメリカの時代精神が「快適と安定」ではなくなり、よくも悪くも「変化と活力」に変わる日は来るのか？　これは難しい問いだ。社会が高齢化しつつあることを考えると、活力の向上には限界がありそうにも思える。高齢者は行動パターンをあまり変えず、性格が穏やかな場合が多いからだ。しかし、10年後、15年後、20年後のアメリカで以下のような変化が起きないとも限らない。

＊既存の抗鬱剤が好まれなくなり、患者をいまほど鎮静させずに鬱を治療する方法が普及する。

＊都市間の経済格差が広がり、経済的動機による移住が再び増える。その結果、新時代の開拓者たち

が登場する。無人運転車や新しい交通システムにより遠距離通勤の苦痛が和らぐことも、この動きを後押しする。

＊人工知能、スマートソフトウェア、ロボティクス、インターネット・オブ・シングズ（ＩｏＴ）が生産性を目覚ましく向上させ、現状を激しく揺さぶるような変化を次々と生み出す。口頭で指示するだけで望みどおりのことが実現したり、問いをつぶやくだけでただちに優れた回答が示されたりするようになる。

＊安価で環境にやさしいエネルギーが登場して、現実世界で大規模なプロジェクトを追求しやすくなる。たとえば、アメリカ人が再び宇宙探査に関心を示すようになる。ただし、それはロボットを用いた探査になるだろう。新時代のロボット探査を通じて太陽系全体への理解が深まり、木星を周回する衛星の海に生命体が見つかるかもしれない。

＊国際危機や国内テロが続き、人々が「いまを生きること」を大切にするようになる。人生があまり平穏に感じられなくなる。

＊資産の増加、機械の導入による家事の自動化、そして社会慣習の変化により、3、4人の子どもをもうけるカップルがまた増えはじめる。経済的に余裕のある超富裕層の間では、すでにそのような変化が起きている。教育レベルの高い女性ほど出産数が少ない傾向は、アメリカでは見られなくなった。アメリカは再び若い社会になり、大人も活力ある未来を思い描くようになる。[10]

＊人種問題がメディアで大きく取り上げられる結果、アフリカ系アメリカ人が社会の片隅に追いやられている状況が変わりはじめる。知的領域も含めて、社会のさまざまな場面でアフリカ系アメリカ

人が大きな役割を果たすようになる。また、アフリカ系移民の新しい波が押し寄せて、人種間の力学が劇的に変わり、その過程で社会に根本的な変化が起きる。アフリカ系移民は、アメリカ社会に若い気持ちも取り戻させる。アフリカは若年人口が多いうえ、年長世代はあまり移住しないため、アメリカに移り住むアフリカ人の多くが若者だ。

たとえば以上のような形で、アメリカ社会がダイナミズムを取り戻すのではないかと、私は考えている。大胆なシナリオかもしれないが、突飛な空想とは言えないだろう。このような時代が現実になれば、アメリカ人の自己イメージや国家と未来についてのイメージは、いまほど静的なものではなくなり、もっとせわしなく、変革志向のものになる。それはおおむね好ましい結果をもたらすが、部分的には混乱も避けられない。

以下では、未来の最も危うい側面、すなわち外交と国際情勢に話題を転じよう。

楽観ムードが消えた世界情勢

国際関係に目を向けると、1990年代の楽観ムードがあらかた消えてしまったことに気づく。中東の多くの国は壊滅的打撃を被り、ロシアはウクライナに侵攻して既存の国際秩序を破壊した。中国は南シナ海で存在感を強めており、世界の多くの地域ではテロのニュースが絶えない。ヨーロッパも難民危機にうまく対処できずにいる。この点は、ヨーロッパが1990年代のユーゴスラビア難民危機に比較的上手に対処できたのとは対照的だ。

ロシアと中国は、いずれも10～15年前に比べて社会の自由度が低下し、検閲も強まっているように見える。トルコでは、民主主義が完全に崩壊しつつあるようだ。ヨーロッパの経済は、依然として停滞から抜け出せていない。欧州連合（EU）の統治メカニズムが財政危機や難民危機に対処できるかもおぼつかない。イギリス国民は、（自国の経済的利益に反するように見えるにもかかわらず）国民投票でEUからの離脱を選択した。

国際問題は、本書で扱うテーマの範囲外に思えるかもしれない。しかし、広い意味では関係がある。世界が激しい変化に見舞われていれば、一国だけ変化を完全に免れることは不可能だからだ。

いま起きている個々の問題の根底には、もっと大きな問題が潜んでいる。それは、どのような歴史の法則が世界を動かしているのかという問題だ。この10～15年の間に、歴史は一直線に進歩するのではなく、循環するのではないかという考え方が再び頭をもたげてきた。この考え方が正しいとすれば、由々しきことと言うほかない。よい時代のあとには、悪い時代がやって来ることを意味するからだ。私たちが問題を遠ざけるためにどれだけ努力しても、それは避けられないのだ。

最近の歴史を振り返ってみよう。１９９０年代は楽観論に満ちた時代だった。アメリカの生産性は力強く上昇していて、情報テクノロジーがあらゆる問題を解決する日がいずれやって来るように思えた。実質賃金が3％以上伸びた年もあり、その恩恵は中流層にも及んだ。

すべてが好ましい方向に進んでいるように見えた。9・11テロはまだ起きておらず、テロが相次いで発生することもなかった。インドや中国、ロシアも含めて、あらゆる国が好ましい経済自由化路線を歩んでいるように思えた。ロシアがいずれEUに加盟するとの見通しまで語られていた。当時のロシアは、不完全ながらも民主主義国に見えていたのである。中東の状況も、理想的とはとうてい言えないまでも、いまのような大混乱には陥っていなかった。

1990年代は、改革と民主化と経済成長の時代だった。とくにアメリカでは、刑務所に収監されたアフリカ系アメリカ人たちを別にすれば、人々の生活は安定していた。これ以上ないくらい好条件がそろったバラ色の時代と言ってもよかっただろう。いまも、この時代の遺産がすべて消えたわけではない。昔に比べれば、豊かな生活ができる人は増えている。アフリカ、インド南部、中国を中心に、極度の貧困に苛まれる人の数も15年前より減った。子どもの貧困も少なくなった。

しかし、トレンドの変化に着目すると、今日の状況は、少なくとも1990年代に比べてそれほど好ましいとは言えそうにない。しかも、以前は安定と成長をもたらしていたパターンが、いまは新しい問題の多くを（間接的にせよ）生み出しているように見える。近年は、「歴史は繰り返す」という循環理論が正しいのではないかと思わせる出来事が後を絶たない。そうやって歴史が循環するたびに、世界は大きなダメージを被るらしい。

循環理論の復活がとくに目立つのは、マクロ経済の分野だろう。1990年代のほとんどの時期、そして2000年代に入ってからも長い間、大半の経済学者は、「大いなる平穏」の時代がやって来たと信じていた。金融政策と金融規制の改善により、景気循環に終止符が打たれたというのは大げさにしても、景気循環の影響はほぼ抑え込まれたと考えられていた。そのような学界の状況は、2008年の世界金融危機まで続いた。

大いなる平穏の時代には、中央銀行が教科書的な処方箋に従いさえすれば、先進国の経済は成長とある程度の安定を半永久的に享受できると言われていた。実際、アメリカなど多くの国では、長期にわたり失業率が抑えられていて、経済に大きな波乱は起こらなかった。

しかし、その安定のなかに不安定化の要因が潜んでいた。安定したシステムが自己破壊の種子を宿していたと言ってもいいだろう。安定した未来を予想した投資家や住宅所有者は、大きなリスクを背負い込み、過剰な借金をしはじめた。そうやってアメリカ人が借り入れを増やし、不動産バブルをつくり出した結果、金融システムが不安定化してしまった。そのプロセスについては、ここであらためて詳しく論じるまでもないだろう。

注目すべきなのは、金融危機の終わり頃になると、経済学者たちの論調がハイマン・ミンスキー流の見方に移ったことだ。ミンスキーは、景気循環により経済危機が繰り返されるという理論を唱えた20世紀の経済学者である。その理論によれば、金融の安定性が高まると投資家の警戒が緩くなり、リスクの大きな行動を取りすぎる結果、最終的には金融の安定性が損なわれるという。

そのパターンは、ユーロ圏でも現実になった。ヨーロッパで単一通貨ユーロが導入されたあと、経済の先行きに関する楽観論が強まり、ユーロ圏の周縁国にまで大量の資金が流入した。ギリシャもそうした国の1つだった。しかし、現実にそぐわない過大な期待が形づくられて大量の資金が流入し、2011年にとうとう金融の崩壊と金融危機が起きた。このあと、たびたび危機が持ち上がり、ヨーロッパのほとんどの国で経済成長が停滞し、多くの国で大量の失業者が生まれた。

最近、景気循環の波がなくなったと主張するマクロ経済学者はほとんどいなくなった。いまでは、景気は循環し、いずれは深刻な景気後退が再び起きるという見方が一般的になっている（このほうが妥当な考え方だろう）。安定が長く続けば、人々が過剰なリスクを抱えるようになり、景気が過熱する。しかし、バブルのあとには、景気の調整局面が待っている。その調整は、厳しいものになる可能性が高い。平穏な状態が盤石で長続きするほど、やがてやって来る景気悪化は過酷になる。

私たちは、景気に関してこのような現実を学んだ。そして最近、ほかの領域でも同様のパターンが見られることに気づきはじめた。アメリカ人は不動産バブルの持続や中東情勢の立て直しには失敗したかもしれないが、快適な小世界の中に引きこもることには成功してきた。向こう数十年間のアメリカに関する大きな問題は、普通の人たちの暮らしが再び混乱と無秩序に見舞われるのはいつか、そして安定の崩壊はどのような形で起きるのかという点だ。

歴史は循環する

平和と平穏の時代から波乱の時代への移行については、さまざまな論者がさまざまな言葉で論じてきた。都市経済学者のリチャード・フロリダは、主に北米の都市をテーマにした著書『グレート・リセット』（邦訳・早川書房）で、そのような転換を「大いなる《グレート》リセット」と呼んだ。

ウォール・ストリート・ジャーナル紙のグレッグ・イップは、『フールプルーフ――なぜ安全が危険を生み、危険が安全を生むのか?』（*Foolproof: Why Safety Can Be Dangerous and How Danger Makes Us Safe*）と題した著書を執筆し、安全を過剰に追求することの落とし穴を指摘した。安全になりすぎると、人は過度のリスクを蓄積するようになるというのだ。ナシーム・ニコラス・タレブは、グレゴリー・F・トレヴァートンとの共著論文に、「嵐の前の静けさ――なぜ不安定のあとに安定が訪れ、安定のあとに不安定が訪れるのか」（The Calm Before the Storm: Why Volatility Signals Stability and Vice Versa）という題名をつけた。

しかし、このような考え方はまだ主流とは言えない。そこで、あらためて指摘しておきたい。過去15年ほどで最も注目すべき変化は、ものごとが進歩し続けるというモデルより、歴史が循環するというモデルのほうが未来を的確に予測できるように見えはじめたことだ。

いま起きている出来事の多くは一つひとつが重要だが、以上で論じた大きなリスクとの関係を考慮に入れてはじめて正しく理解できる。金融経済学の言葉を使えば、歴史が循環するという可能性は、システム全体に波及しかねないリスクのなかで最大のものなのだ。

近年は、同様の循環モデルが国際関係にも当てはまるのではないかと考える人が増えている。スティーブン・ピンカーが著書『暴力の人類史』（邦訳・青土社）で指摘したように、第二次世界大戦後、ほとんどあらゆるタイプの紛争が減っていることは確かだ。これは素晴らしいことと言っていい。しかし、その傾向は今後も続くのか？

ピンカーに言わせれば、平和は平和を生む。平和は繁栄をもたらすので、平和を経験した人はますます平和を望むようになる、というわけだ。快適で幸せな生活を犠牲にしてまで戦争をおこない、不確実性と苦痛と出費にさらされたい人がどこにいるだろうと、ピンカーは考える。確かに、いま多くの国では、武力紛争が起きることは考えられない。今日、フランスとイギリスの間で戦争が始まると思っている人がどれだけいるだろう？（両国は過去に何度も戦火を交えてきたのだが）。

繁栄と民主主義と安全を手にした人は、それを二度と手放したくなくなるように見える（それは、いたってまっとうな感覚と言える）。平和は、近代化がもたらした重要な恩恵だ。いま、ほとんどの先進国の住人はきわめて平和な時代に生きている。その点では、中東以外の多くの新興国も同様だ。

しかし、平和をもたらす要素は弱まっているように見える。世界情勢を少し見ただけでも、変化の兆候はいやでも目に入る。豊かな国々が平和と安定を強く望めば望むほど、独裁者は武力行使や脅しを通じて領土や資源を奪うことに積極的になる。これは、マクロ経済の安定が過剰なリスク追求を生み、その結果として安定が崩れるのと似た図式だ。安全なムードが充満しているときも、リスクは次第に膨らんでいく。火山の地中でマグマが溜まっていくような感じだ。

もちろん、ほとんどの国は平和の継続を強く望んでいる。その思いは、以前より強まっているかもしれない。しかし、すべての国が同じ行動原理に従うとは限らない。一部の独裁国家は、世界の大半の国が平和と安定を望む状況を見て、領土などを力ずくで奪う好機だと考える。実際、この新しい世界秩序の下、ウラジーミル・プーチンのロシアはウクライナの一部を占領し、シリアにも実戦部隊を送り込んだ。いずれの場合も、その結果として既存の規範が激しく揺さぶられた。

最近は、北大西洋条約機構（ＮＡＴＯ）の未来も危ぶまれている。ＮＡＴＯに否定的なドナルド・トランプの言動もその一因だが、それ以上に加盟国の熱意が弱まっていることが大きな要因だ。加盟国の多くが、以前約束しただけの国防費を支出しなくなっている。

中東と北アフリカの多くの地域は、さまざまな武装勢力の戦いにより破壊されてしまった。武装勢力は、内戦を起こしても外国が本格的に介入することはないと予想していたのだ。実際、本書執筆時点で、第二のアフガニスタンや第二のイラクを恐れるアメリカは、地上部隊の関与を最小限にとどめている。紛争の大きさを考えれば、派遣されている部隊の規模はあまりに小さい。

世界が年を追うごとに平和になっていく日々は、もう終わった。この新しい傾向がいつまで続くかはまだわからない。少なくとも、以上に挙げたどのケースでも、「自由世界」の対応によって問題が解決されてはおらず、侵略も押し戻されていない。今後も平和の破壊が続く、さらにはそれが加速するかもしれないと思っておいたほうがよさそうだ。歴史が循環して安定が不安定に転じ、やがては紛争が起きる可能性がある。

世界の平和が崩壊しつつあると判断するのはまだ早い。ひょっとすると、いま危険に直面している地域が問題を解決し、平穏が取り戻されるかもしれない。しかし、平和が拡大し続けるという確信は揺らいだ。激しく揺らいだと言ってもいい。あなたが本書を読むとき、世界情勢がいくらか落ち着いていたとしても、この点は動かない。

シリアのように内戦で壊滅的なダメージを被る国が、今後どれくらい出現するだろう？　ロシアのクリミア併合がまかり通れば、今度はどの国が同様の行動を取るだろう？　ペルシャ湾岸諸国は、すべての安定を維持できるのか？　サウジアラビアとイランの間で本格的な代理戦争が勃発する可能性はないか？　北朝鮮の独裁者はアジアに激震を走らせずにいられるのか？

私がこの文章を書いている時点で、これらの問いの答えは見えない。しかし、世界が全体として明らかに好ましい方向に進んでいるとはとうてい言えない。

大半の指標によれば、世界では紛争が増加し、自由が縮小しつつある。この数年は、紛争の数が増えている。中東の多くの地域が戦火に見舞われており、シリアは第二次世界大戦後で最悪の難民危機を生み出した。21世紀に入って、自由主義の否定と専制政治の台頭も目立っている[1]。

より平和な世界に向けた足取りは、以前ほど確かなものに見えなくなった。平和の恩恵が大きければ大きいほど、平和と繁栄を享受している国は、戦争や武力行使に消極的になる。そうすると、一部の乱暴な国は、ほかの国々が軍事的に対抗してこないことを見透かして、他国の領土を一方的に併合したり、軍事攻撃をおこなったりするなど、攻撃的な行動を取ることに積極的になる。ある一カ国がこれに成功すれば、同様の行動を取る国がほかにも出てくる。過半数の国が平和への思いを強めていても、こうしたことは避けられない。ひとたびタガがはずれれば、いわば一握りの腐ったリンゴがあるだけでも世界の安定が突き崩されかねない。こうして不安定な時代に逆戻りし、歴史の循環が起きる可能性がある。

古代ギリシャでは、歴史は循環するという考え方が当たり前だった。多くの都市国家や帝国の興隆と衰退を目の当たりにしてきた古代ギリシャ人は、発展が永遠に続くわけではなく、零落も永遠に続くとは限らないと知っていた。振り子のように、ものごとは興隆と衰退の間を行き来するものと考えていたのだ。私が最近読んだ古代史に関する著作に、印象的なくだりがあった。

ギリシャは、経済が悲惨な状態にある。リビア、シリア、エジプトは、内戦にのみ込まれていて、外国勢力と外国人戦闘員がその火に油を注いでいる。トルコとイスラエルは自国が混乱に巻き込まれることを恐れており、ヨルダンには難民が押し寄せ、イランは戦闘的な態度を見せ、イラクは混乱に陥っている。これはいつの世界の描写だと思うか？　２０３１年？　その答えも間違いではないだろう。しかし、紀元前１１７７年の世界もこんな感じだった。３０００年以上前、青銅器時代の地中海で文明が相次いで崩壊し、それがその後の西洋世界の歴史を根底から変えた。これは歴史の分水嶺、古代史の転換点だった。

これは、エリック・H・クラインの著書『B.C.1177――古代グローバル文明の崩壊』（邦訳・筑摩書房）の一節だ。[12]ここに引用した文章には、注目すべき点が2つある。1つは、言うまでもなく、遠い過去と現代の類似性だ。しかし、もう1つ見落とせない点がある。それは、紀元前１１７７年と同様の状況が出現するのが２０３１年だと、クラインが考えていたことだ。

この本が出版されたのは、２０１４年3月（原稿が完成したのはその1年以上前だろうが）。それから1年しか経っていない２０１５年半ばの時点ですでに、この記述はことごとく現実になっているように見える。予想が最も大きくはずれているのは、トルコに関する記述だ。今日のトルコは、「混乱に巻き込まれることを恐れて」いるとは言えない。すでに混乱にのみ込まれている。

残念なことと言うべきだろうが、歴史が循環する可能性があるという古代人の知恵は、18世紀の啓蒙思想と19世紀の産業革命の時代に忘れ去られてしまった。それ以降、猛烈な進歩が永遠に続くという考え方が定着した。現実の世界で目覚しい進歩が起きていたからだ。

反体制派の大半も、なんらかの形で進歩が続く可能性を信じていた。「正しいスイッチ」が押されれば、社会は好ましい方向に進歩すると考えていたのだ。たとえばカール・マルクスは、共産主義の社会が実現すれば、完全な平和と理想郷という最終的な形態が到来すると思っていた。古典派経済学者たちは、商業社会が長い歴史的進歩の終着点だと考えていた。哲学者のヘーゲルは、歴史とは、市民社会、商業主義、近代国家（それを体現しているのがプロイセンの官僚機構だと考えていた）に向けた歩みだと主張した。

一方、循環理論は、18世紀イタリアの哲学者ジャンバッティスタ・ヴィーコの著作のように地下思想的な存在になっていった。当時の歴史的現実と合致しないように見えたこともあり、この種の考え方は西洋思想の傍流に押しやられてしまった。そのため、人々は、進歩が減速したときにその重大性に気づかず、安定を突き崩す圧力が高まりはじめた可能性に目が向かなかった。

それでも、20世紀に2度の世界大戦が起きたときは、進歩が永遠に続くという考え方に冷や水が浴びせられた。その後しばらくの間は、歴史の循環理論が復活した。その傾向はとくにヨーロッパで顕著だった。アーノルド・トインビーやオズヴァルド・シュペングラーといった歴史家の著作がその例だ。

しかし、1940年代後半以降、西洋世界のほとんど、とくにヨーロッパは非常にうまくいきはじめたように見える。それに伴い、進歩が永遠に続くという考え方が主流に返り咲いた。そのような発想は以前より強まったとも言える。2度の世界大戦が起きても、経済と社会の進歩、社会の寛容性の拡大、民主主義の進展、そして楽しい夏休みが失われなかったとすれば、どんなことが起きても大丈夫だと考えられるようになったのである。

私たちは向こう20年くらいの間に、歴史の原理を痛いほど思い知らされる可能性がある。現状満足階級に特有の思考様式が絶大な影響力を失えば、人々の考え方が変わり、社会や経済や法律も変わる。その変化は避けて通れないものだが、最終的には好ましい結果をもたらすだろう。しかし、多くの人は、現状への満足感に浸ることができた時代を恋しく思うに違いない。

あとがき

出版工程の性格上、本書の大部分は、2016年のアメリカ大統領選投票日の前に書き終えていた。ドナルド・トランプがヒラリー・クリントンを破って当選する可能性にはどうにか言及できたものの、大統領選についてまとまった議論はできなかった。そこで、2018年のペーパーバック版刊行に当たり、大統領選とその後の展開が本書のテーマとどう関係するかを少し述べてみたい。ただし、今回も執筆と刊行の「時差」は避けられない。読者がこの文章を読む頃には、また新しい出来事が——もしかすると非常に重大な出来事が——起きているだろう。

私に言わせれば、2016年の大統領選で戦わされた論戦は、きわめて後ろ向きのものだった。選挙戦では、アメリカの歴史に関する2つの異なる見方がぶつかり合った。トランプとクリントンは大統領選史上有数の高齢の候補者で、いずれもフレッシュな顔とは言い難かった。トランプは1980

年代に、クリントンは1990年代に名を成した人物だ。

ヒラリー・クリントンは、オバマ前政権の政治がおおむね成功だったという前提に立って選挙戦を展開した。福祉をいくらか充実させる以外は、基本的にオバマ政権の政治を継承する意向を示したのだ。また、1990年代に夫のビル・クリントンが大統領を務めたときの成功（それを成功と考える人ばかりではないだろうが）を思い出させて、有権者に支持を呼びかけることもした。選挙運動では、「今度は彼女の出番」というキャッチフレーズも用いられた。

ひとことで言えば、クリントンの選挙運動の根底には既得権意識があるように見えた。主要テーマのすべて、少なくとも大半について詳細な政策綱領を用意してはいたが、アメリカをどこに導きたいのか、なぜ大統領になりたいのかというビジョンをうまく有権者に示せなかった。彼女には当然のごとく大統領になる資格があると、本人も支持者も感じていたようだ。

本人も支持者も心の底では、クリントンが大統領になっても、アメリカが大きく変わったり、もっと刺激的な国になったりすることはないと気づいていたのだろう。それでも構わないと、現状に満足している人たちは思っていた。クリントンが支持者に訴えたのは、トランプが当選すればもっと悪い結果が待っているということだった（この主張には信憑性があったと言えるだろう）。

トランプも後ろ向きのビジョンを掲げて選挙戦に臨んだ。ただし、トランプが見ていた過去は、クリントンよりはるかに昔だった。「アメリカを再び偉大にする」というスローガンは、1990年代よりもっと前の時代（具体的にいつ頃かは明確でないが）を意識している。

スローガンは、「アメリカに新たな偉大さをもたらす」といったものでもよかったはずだ。ジョン・F・ケネディは「新しいフロンティア」、リンドン・ジョンソンは「偉大な社会」、ロナルド・レーガンは「(アメリカの)新しい朝」という言葉を使った。トランプは、あえてそのような未来志向の表現を用いなかった。

トランプが選挙戦で掲げた公約の中核は、1950年代のアメリカを思い出させる。いまよりも製造業の雇用が多く、輸入品に対する関税が高くて、移民は少なく、同盟国に依存しておらず、差別や偏見を含まない表現を用いるべきだという考え方も強調されず、男女の役割の違いがもっと明確だった時代のアメリカだ。大ざっぱに言えば、アイゼンハワー大統領の時代をイメージすればいいだろう。

2017年1月の政権発足後にトランプが実行してきたことは、(少なくとも私がこの文章を書いている時点では)選挙戦で約束したこととはだいぶ違う。トランプ政権が力を入れてきたのは、オバマ政権時代の改革を撤回することだった。さまざまな規制や環境保護政策、外交政策、それに(あまり成功しているとは言えないが)医療保険改革などを転換させてきた。これらの政策転換への賛否はさておき、アメリカ政府の三権をすべて支配下に置いている政党の大統領にしては、やっていることがあまりに控えめに思える。トランプは、言葉だけは過激だが、本質は現状維持の大統領なのだ。

注目すべきなのは、トランプ支持者の多くがこの状況をあまり不満に思っていないように見えることだ。支持者は、トランプが過去のアメリカを、あるいは空想上の輝かしい過去のアメリカを取り戻せないことに気づいている。それでも、ホワイトハウスの主が自分たちと同じ価値観に基づく感情を表明し、自分たちを尊重してくれていると思えるだけで満足している人が多い。

私はアメリカン・インタレスト誌に寄せた論文の中で、トランプを「プラセボ(偽薬)大統領」と呼んだことがある。その論文で、私は次のように指摘した。

トランプの最も主要な政策は「言葉」だ。彼が「嘆かわしい」状況をコントロールすると約束すれば、それだけで状況がコントロールされたとみなされる。彼の支持者は、論議の不足こそ、アメリカが抱えている問題の本質だと考えているからだ。これは、一般論レベルではジョージ・オーウェルやフランクフルト学派の思想家たちに近い発想だが、具体的な主張はオルトライト（オルタナ右翼）の影響を強く受けている。[1]

トランプ政権は、具体的な結果を出そうとしていない。トランプが有権者に提供するのは、変化が起きているという雰囲気と大げさな言葉だけだ。実際には、多くのことを現状のまま維持している。というより、共和党の伝統的な支持層（裕福なエリートたち）の利益に沿った政策を実行してきた。トランプ政権下で、アメリカはまったく前に進んでいない。どの方向にも前進していない。変わったのは、政治システムの混乱が深まったことだけに思える。政治の混乱は、本書で紹介した「大いなるリセット」が起きつつあることの1つのサインだ。既存の秩序が瓦解しはじめている可能性があるのだ。トランプ政権への賛否はどうあれ、この分析は間違っていないだろう（私自身は、トランプを支持したことは一度もない）。

一方、反トランプ派の現状満足ぶりも際立っている。反トランプ派の多くは、トランプが大統領を務めていることを深刻な危機、救いようのない惨事とみなしている。本稿執筆時点でトランプをめぐるロシア疑惑の真相は明らかでないが、恐ろしいこと、法に反すること、無責任なことがなされたと思っている人は多い。

驚かされるのは、このように考えている人が大勢いるにもかかわらず、トランプ政権に対する抗議活動が盛り上がらないことだ。本来なら、週末ごとにワシントンDCなどの大都市で大規模なデモがおこなわれ、大統領の弾劾罷免が要求されてもおかしくない。座り込みやデモ行進や徹夜集会や、ことによると暴動が起きても驚かない状況だ。

しかし、大規模な抗議活動はあまり見られていない（大学のキャンパスでは、安全な空間の確保、差別表現の禁止、倫理上問題がある保守派論客による講演の中止などを求めて、それなりに多くの抗議活動がおこなわれている）。1960年代や70年代だったら、状況は違っただろう。もっと激しい活動が展開されて、もっと大きな成果を挙げていたに違いない。時代は変わったのだ。

ソーシャルメディアがトランプ（やその他の物議を醸す政治家たち）への批判を吸い上げている面も大きい。人々はそれこそ一日中、ツイッターやフェイスブックにトランプ批判の書き込みをしている。どのような政治的立場に立つにせよ、これが生産的な状況だとは思えない。私の目には、有害そのものに見えるときもある。ソーシャルメディアは、人々が変革を求めて立ち上がる意欲をそぐという意味で「大衆のアヘン」と化しているのかもしれない。これも、人々が現状に満足していることの1つのあらわれだ。

政治的な二極化も、現状が継続しやすい状態をつくり出している。1963年のアメリカでロシア疑惑が持ち上がっていたら、たちまち激しい非難が湧き上がったに違いない。当時は、アメリカのあるべき姿についておおよその合意が存在した。もし政権の振る舞いに問題があれば、有権者がその共通認識に基づいて行動し、問題が是正された。ロシア政府によるアメリカ大統領選への介入問題は、支持政党の枠を超えて重大な問題と認識され、誰もが躊躇なく強い抗議を表明しただろう。

しかし、イデオロギーと所得による分断が進んでいる今日のアメリカでは、ロシア疑惑は民主党対共和党の論争になってしまっている。その結果、ロシアの再度の介入を防ぐために対策を講じたり、介入を許した人物を罪に問うたりすることが困難になっている。

イギリスの欧州連合（EU）からの離脱をめぐる国民投票とその後の展開も、本書で論じた現象のいくつかを浮き彫りにした。トランプ大統領の誕生を望んだアメリカ人と同様、EU離脱を望んだイギリス人の行動にも、何かを変えたいという切実な思いが反映されていた。しかし、いずれの国民も、自分がすでに手にしている具体的な権利を手放すつもりはまったくなかった。

イギリスのEU離脱問題は、政治的な袋小路にはまり込んでしまった。離脱後のイギリスとEUの関係について、イギリス政府はEUに対してほとんど交渉力をもっていないのが現実だ。ところが、国民は現実離れした期待をいだいている。EU諸国の市場への自由なアクセスを認められ、EU市民としての権利のほとんどを引き続き保持できるような合意を結べると夢見ているのだ。

イギリスの保守党政権は、一貫性のある交渉ができておらず、政権基盤も揺らいでいる。誰がイギリスの舵取り役を務めたとしても、それなりに秩序ある形でEU離脱を完了させられるとはとうてい思えない。本稿執筆時点では、イギリスがEUと新しい合意を結べないまま離脱する可能性も現実味を帯びている。そうなれば、イギリスの産業界と金融界はただちに大打撃を被る。

ひとことで言えば、イギリスのEU離脱推進派は、過去への回帰を人々に約束していた。しかし、過去を取り戻すことは現実的に考えて不可能だ。実際、EU離脱をうまく成し遂げる準備はまったくできていなかった。

一連のプロセスで露呈したのは、イギリス人が現状と異なる未来を思い描けなくなっている現実だ。国民投票のあと、イギリスを社会主義的な方向に変えていく動きも、リバタリアン的な方向に導く動きも見られなかった。離脱推進派のほとんどは、EUの好ましい要素を「いいとこ取り」したいと考えていただけだった。EU離脱で失うものには、思いが及ばなかったかのようだ。現実から目をそらし、現状に満足している社会では、このような思考様式がよく見られる。

しかし、今日の世界には、現状に満足していない人たちもいる。本書で述べたように、移民はいまのアメリカ社会で最も現状満足に程遠い存在と言えるかもしれない。移民たちは、文化や言語や職が大きく変わることを覚悟の上でアメリカにやって来た（その変化すべてを歓迎しているかは別の問題だ）。その結果、やや精神が不安定になる場合もある。そもそも、外国に移り住もうと考える人は、精神が不安定な面があるのかもしれない。

移民は、アメリカ生まれの人たちより、新しいビジネスを始めるケースがはるかに多い。リスクを伴う行動にも概して積極的だ。移民という立場上、彼らは現状維持に走ろうにも守るべき「現状」がない。祖国を飛び出した時点ですでに危ない橋を渡っている。

アメリカの政治状況は、移民に対して厳しいものになりつつある。トランプ政権は、アメリカへの移住を難しくする措置をいくつも導入してきた。トランプが永遠に大統領であり続けることはないが、共和党内の親移民派の力は弱まる一方だ。長い目で見れば、それがアメリカをいっそう現状に満足した国に変えていく。

アメリカで現状への満足を揺さぶってきた存在としては、移民のほかにシリコンバレーの起業家が挙げられる。シリコンバレーのテクノロジーは人々の現状に対する満足感を高めているが、その一方で、有力テクノロジー企業のリーダーたちは文化と経済のあり方を激しく揺さぶり続けてきた。

そのような歴史は素晴らしいが、最近はテクノロジーの世界もダイナミズムを失いはじめたように見える。フェイスブック、グーグル、アマゾン、アップルといったテクノロジー産業の巨人が君臨する世界は、変化が乏しくなっている。20年、あるいは30年前のシリコンバレーと比べれば、そう言わざるをえない。今日の巨大テクノロジー企業が成功していないと言うつもりはないが、テクノロジーの世界は停滞期に差しかかっているように見える。アメリカのテクノロジー産業も官僚体質に陥り、現状をほんの少し改善するだけで満足するようになりかねない。

私は希望を捨ててはいない。しかし、近年はテクノロジーの世界で劇的な変化が起きていないことも事実だ。この点は、21世紀の最初の10年間に、グーグルやアマゾンの台頭、スマートフォンの普及など、既存の秩序を根底から揺さぶるような変化が起きたのと対照的だ。

本書では、サイバー戦争の時代が幕を開けつつあることも指摘した。インターネット犯罪が増えて、インターネットが西洋社会の最大の弱点になる恐れがあると考えた。この予測は、私が予想していたよりはるかに早く現実になった。私は本書の原稿を書いたとき、これほどまでにサイバー攻撃が激化するとは思っていなかった。イデオロギー闘争の道具として「フェイクニュース」が用いられたり、ハッキングによりヒラリー・クリントンなどの電子メールが暴露されたりしたことは、私の予想を超えていた。社会のサイバーセキュリティがきわめて脆弱だったことも浮き彫りになった。原子力発電所へのハッキング攻撃が計画されていたというニュースまで報じられた。

この問題に関しても、私たちは現状に満足しているように見える。アメリカが真珠湾攻撃に匹敵する大規模なサイバー攻撃を受けるリスクは、けっして見過ごせない。それにもかかわらず、核となるサイバーインフラや物理的なインフラを守るために十分な手を打っているとはとうてい言えない。「きっと大丈夫」と決めてかかっているように思える。これも現状への満足感の1つのあらわれだ。このケースでは、社会のダイナミズムの減退がきわめて危険な結果をもたらしかねない。

アメリカでは再開発による都市の高級化も野放図に進み、所得による分断にも拍車がかかっているように見える。また、私たちは精神を落ち着かせる薬品への過度の依存をやめておらず、相変わらず子どもたちを危険から遠ざけることに躍起になっている。そしてなにより、アメリカ人は自分たちが現状に満足していることに疑問を感じていない。

とはいえ、未来への希望もある。今日のアメリカには、いまだかつてなく大勢の優秀な人材がいる。その才能を活用できていないだけだ。では、どうすれば、イノベーション精神と活力を取り戻せるのか？　私は、その道のりが険しいものになると思わずにいられない。

タイラー・コーエン

解説

タイラー・コーエンの思想的立ち位置
――リバタリアニズム（自由至上主義）という視点

渡辺 靖（慶應義塾大学SFC教授）

私にとってのタイラー・コーエン

本書は、*The Complacent Class: The Self-Defeating Quest for the American Dream*（New York: St. Martin's Press, 2017）の全訳に日本語版への序文とペーパーバック版へのあとがきの翻訳を加えたものである。

著者のタイラー・コーエンは経済学の分野ではすでに広く名を知られた存在だが、私が初めてその慧眼に触れたのは『アメリカはアートをどのように支援してきたか――芸術文化支援の創造的成功』（2013年、原題は *Good & Plenty: The Creative Successes of American Arts Funding*, 2010）を朝日新聞の書評欄で取り上げた時だった。

私はアメリカ研究に加え、文化政策にも関心を有しているが、「芸術支援のために庶民の税金は投じられるべきか」はつねに悩ましい問いである。「政府が特定の芸術（家）の価値を判断するのは危険だ」「政府による直接助成よりも民間の自助に委ねるべきだ」など左や右から多くの懸念が表明されてきた。そうした中にあって、コーエン氏はアメリカが、フランスなど他の先進国に比べて少ない公的支援にもかかわらず、芸術大国である理由の一つとして間接助成制度を採用している点を強調している。つまり、特定の芸術や組織を直接助成するのではなく、優遇税制や大学を通した助成をおこなうことで、価値論争に振り回されることなく、創造的で幅広い芸術支援を可能にしているというわけだ。

非営利団体（NPO）支援の話になると必ずといっていいほどアメリカの優遇税制の仕組みが参照されるが、その根底には、政府が直接的に関与（助成、規制）するよりも、あくまで最低限のプラットフォームを用意し、あとはNPOなりアーティストなり企業がそれぞれ切磋琢磨したほうが、自由で多様な社会の創造に寄与するという考え方がある。コーエン氏もその立場を強く支持している。文化政策、ひいては創造的な社会のあり方を考えるうえで重要な視点だ。

リバタリアニズムの論理

コーエン氏は厚生経済学、貨幣経済学、景気循環論など経済学の分野で多岐にわたる卓越した業績をあげているが、私にとってのコーエン氏はまずは文化経済学者であり、絶えず創造的な文化芸術のあり方を模索し続ける姿が印象的だった。

その後、アメリカ研究者としての私は現代アメリカにおける草の根のリバタリアニズムの隆盛に関心を抱き、２０１９年1月に『リバタリアニズム――アメリカを揺るがす自由至上主義』（中公新書）を上梓した。その調査・執筆の過程で何度も出くわしたのがコーエン氏の名前である。

リバタリアニズムというのは、端的に言えば、自由市場・最小国家・社会的寛容を重んじる思想的・政治的立場を指す。とりわけ政府が市場や個人のライフスタイルに口を出すことを嫌い、むしろ市民・民間による自発的・自生的な秩序形成を重んじる。それゆえ、減税、規制緩和、自由貿易、移民、ＬＧＢＴ（性的マイノリティ）、人工妊娠中絶、マリファナ解禁などに賛同する一方、政府主導の医療保険制度（オバマケア）や職業免許制度、歳出拡大、銃規制、軍備増強、対外介入、ナショナリズム、人種主義などには異を唱える。

アメリカでは「保守」と「リベラル」の対立がよく知られており、一般的に、共和党が「保守」政党であり、民主党が「リベラル」政党とされる。リバタリアンは経済的には「保守」で、社会的には「リベラル」に近い。それゆえ、経済面では共和党と、社会面では民主党と親和性が高いが、たとえば、軍備増強に積極的な共和党、銃規制に前向きな民主党のそれぞれと相容れない局面も少なくない。

多くのリバタリアンは自らが重視する政策課題に応じて共和党か民主党に入って、いわば「内側」から影響を与えようとするが、共和党も民主党も「大きな政府」に陥っていると批判する者は「リバタリアン党」という第三政党に入ることを選択する。有権者に占める割合、そして長年、大統領選ににおける得票率は0・5%程度の弱小政党ではあるが、2012年の大統領選では約1%、2016年には約3・3%へと得票率を伸ばし、激戦州ではキャスティングボートを握る存在となった。

リバタリアン系の代表的シンクタンク、ケイトー研究所（CATO Institute）の試算では、全米の有権者のうち10～12%がリバタリアン（ないしその基本的な価値観を共有する）とされる。とりわけ、ミレニアル世代（今世紀に成人した若い世代）では党派対立や二大政党制に不満を抱く層の受け皿としてリバタリアニズムに共感する声が顕著になっている。2020年の大統領選では最大の有権者ブロックになり、今後、アメリカの政治・経済・文化の中心を担うのがこの世代であることを考えると、この含意は大きい。

理論的支柱としてのタイラー・コーエン

思想・哲学の分野ではすでに多くの論考が存在するリバタリアニズムであるが、その草の根レベルでの実態を探るべく、私は全米の主要なリバタリアン系のシンクタンクや年次大会などを訪れた。そこで実感したのはコーエン氏の存在感の大きさである。

たとえば、保守系のニュースマックス・メディアなどが2017年に1万人以上のリバタリアンからの回答をもとに行った影響力調査で、コーエン氏は45位に位置している。1位はロン・ポール（元連邦下院議員）、2位は息子のランド・ポール（連邦上院議員）、コーク兄弟（総合企業コーク・インダストリーズCEOの兄チャールズならびに副社長の弟デイヴィッド）が5位・6位を占めている。日本でも馴染みのある人物としては、スティーブ・フォーブス（「フォーブス」誌の発行人、10位）、クリント・イーストウッド（俳優、23位）、ニーアル・ファーガソン（歴史学者、56位）などの名もある。

大学教授としてはリチャード・エプステイン（法学者、31位）、アーサー・ラッファー（経済学者、37位）、ウォルター・ウィリアムズ（経済学者、41位）に次ぐ順位だが、この三者がすでに70代後半であることを考えると、まだ50代の現役大学教授であるコーエン氏の影響力の大きさがわかる。ちなみに同調査のサイトでは、コーエン氏を次のように紹介している。

『大停滞（*The Great Stagnation*）』『大格差（*Average Is Over*）』『大分断（*The Complacent Class*）』といったコーエンの著作リストに目をやれば、運転席で居眠りしているうちに、いまや後退の危機にあるアメリカの目を醒まそうと彼が懸命なことに読者はすぐ気づくだろう。数冊の本に加え、コーエンはニューヨーク・タイムズ紙にコラムを書き、ブログ「Marginal Revolution」を運営し、ジョージ・メイソン大学や彼が立ち上げた「Marginal Revolution University」（オンライン教育プロジェクト）で経済学を教えている。（https://www.newsmax.com/bestlists/libertariansnewsmaxfreedomfest/2017/06/01/id/793510/）

もう一点、私がコーエン氏の存在感の大きさを実感したのはジョージ・メイソン大学を訪れた際である。ワシントン郊外にある同大はしばしば高等教育における「リバタリアンの聖地」と称される。同大にはマルカタスセンター（Mercatus Center）と人文学研究所（Institute for Humane Studies）というリバタリアン系の研究所が2つある。前者（マルカタスはマーケットのラテン語）が政策研究中心、後者が教育中心という違いこそあれ、どちらもコーク財団からの支援を受け、1980年代半ばに同大に合流。両者を合わせた予算・人員規模はケイトー研究所（年間予算は約3000万ドル、専任スタッフは約160人、客員研究員などが約140人）を上回る。日本の大学の研究所とはスケールが違う。

大学付設の研究所らしく、オーストリア学派、ヴァージニア学派、新制度学派など経済学の理論を基にした学術的な分析や提言が目立つ。あえて外交・安保は扱わず、財政や規制緩和、医療保険、移民など内政に特化している点も特徴的だ。現在、コーエン氏はマルカタスセンターの所長として、大学上層部のみならず、同僚や学生から厚い信望を集めている。

自由で創造的な社会を目指して

コーエン氏のこうした思想的背景は、本書を読み解くうえで重要である。

政府による硬直的な職業免許制度の拡大（新規参入を阻むべく業界が政府の権限強化を助長している面もある）、大学における言論の自由の萎縮、社会の活力の源泉である移民への規制、政府歳出の拡大（歳出削減を阻む既得権益の存在）など、本書で示されたコーエン氏の懸念は多くのリバタリアンのそれと重なる。いずれも市民・民間による自発的・自生的な秩序形成とは正反対の動きであり、最悪の場合、アメリカは経済的・社会的自由の少ない権威主義社会へと退却しかねない。リバタリアニズムにとって権威主義こそは最も忌避すべき対極の思想的・政治的立場に他ならない。

先述のランキング調査の紹介文にあるように、コーエン氏の著書は創造的な社会のあり方、とりわけアメリカ社会の活力再生への模索を通奏低音としている。本書では、リスクを嫌い、自分の繭にこもり、現状維持に専心する人々（＝「現状満足階級」）の拡大が、企業間の競争や移住、転職、さまざまなイノベーションを停滞させる原因になっている点を問題視している。アメリカがアニマル・スピリッツに満ちたイノベーション大国に見えて、実はこの数十年で活力を大きく低下させているという指摘は日本人読者には衝撃的かもしれない。日本では何かと理想化されがちなアメリカの大学だが、コーエン氏の目には異なって映るようだ。

教育、所得、人種などの面で進む社会のタコツボ化＝分断は民主主義そのものを停滞させる。アメリカは一見、快適で安定しているようで、実はより不自由さとリスクを増しているのではないか。そうした疑念をもとに、コーエン氏は経済・産業から地域社会、大学教育、ライフスタイル、トランプ現象にいたるまで、アメリカ社会の諸相を点検し、その原因を分析し、処方箋を提示する。他の著作同様、各州から海外の最新事情まで広汎かつ綿密に把握しているコーエン氏の博識ぶりにはただただ驚愕させられる。

もっとも、私にはイノベーションの停滞は日本社会においてより深刻に思える。コーエン氏は「日本語版への序文」で日本を「現状満足の『先駆者』」であるとしつつ、「ほかのどの国よりも上手に現状満足の時代を生きている」と述べる。褒められているようだが、正直、微妙なところだ。少なくとも、コーエン氏の好評価を真に受けて、現状満足するのは愚の骨頂だろう。本書を糧としながら、私たちは日本社会の活力再生をより一層加速しなくてはならない。

Zick, Timothy. *Speech out of Doors: Preserving First Amendment Liberties in Public Places.* Cambridge: Cambridge University Press, 2009.

Zumper National Rent Report. October 2015, www.zumper.com, https://www.zumper.com/blog/2015/10/zumper-national-rent-report-october-2015/?utm_content=bufferf5f6e&utm_medium=social&utm_source=twitter.com&utm_campaign=buffer.

Syverson, Chad. "Challenges to Mismeasurement Explanations for the U.S. Productivity Slowdown." National Bureau of Economic Research Working Paper 21974, February 2016.

Taleb, Nassim Nicholas, and Gregory F. Treverton. "The Calm Before the Storm: Why Volatility Signals Stability, and Vice Versa." *Foreign Affairs* (January/February 2015).

Tanner, Adam. "How Ads Follow You from Phone to Desktop to Tablet." *MIT Technology Review,* July 1, 2015.

Taylor, Kate. "Race and Class Collide in a Plan for Two Brooklyn Schools." *The New York Times,* September 22, 2015.

Taylor, Timothy. "The Surprising Stability of the Federal Budget." *Conversable Economist,* January 27, 2015.

Thompson, Derek. "The Myth of the Millennial Entrepreneur." *The Atlantic,* July 6, 2016. "Three-in-Ten U.S. Jobs Are Held by the Self-Employed and the Workers They Hire." Pew Research Center, Social & Demographic Trends, October 22, 2015.

Tocqueville, Alexis de. *Democracy in America.* Vols. 1 and 2. Translated by George Lawrence. New York: Doubleday, 1969 [1835, 1840]. [原典の翻訳に、『アメリカのデモクラシー』（岩波文庫）などがある]

U.S. Department of Labor, Bureau of Labor Statistics. "Productivity Change in the Nonfarm Business Sector, 1947–2014." http://www.bls.gov/lpc/prodybar.htm.

U.S. Department of Transportation, Bureau of Transportation Statistics. Figure 3-10: Daily Person-miles of Travel (PMT) by Age Group: 1983, 1990, and 1995 NPTS, and 2001 and 2009 NHTS, http://www.rita.dot.gov/bts/sites/rita.dot.gov.bts/files/publications/transportation_statistics_annual_report/2013/figure3_10.html.

Van Buskirk, Eliot. "50 Genres with the Strangest Names on Spotify." *Hypebot.com,* October 2, 2015, http://www.hypebot.com/hypebot/2015/10/spotify-identifies-50-genres-with-the-strangest-names.html.

Vara, Vauhini. "Why Doesn't Silicon Valley Hire Black Coders?" *Bloomberg Businessweek,* January 21, 2016.

Waldmeir, Patti. "Living China's Dream." *The Financial Times,* September 13, 2015.

Warner, Michael. *The Trouble with Normal: Sex, Politics, and the Ethics of Queer Life.* Cambridge, MA: Harvard University Press, 1999.

Wehner, Mike. "Love Bacon? This Dating App Is Made Just for You." *The Daily Dot,* September 16, 2015.

Winship, Scott. "When Moving Matters: Residential and Economic Mobility Trends in America, 1880–2010." Manhattan Institute e21 report, November 2015.

Wolfers, Justin. "Why the New Research on Mobility Matters: An Economist's View." *The New York Times,* May 4, 2015.

Yglesias, Matthew. "All This Digital Technology Isn't Making Us More Productive." *Vox,* July 9, 2015.

2015.
Sethi, Rajiv, and Rohini Somanathan. "Inequality and Segregation." *Journal of Political Economy* 112, no. 6 (December 2004): 1296–1321.
Sharkey, Patrick. "Geographic Migration of Black and White Families over Four Generations." *Demography* 52 (February 2015): 209–231.
Sharpe, Katherine. "The Silence of Prozac." *The Lancet* 2 (October 2015): 871–873.
Silver, Nate. "The Mythology of Trump's 'Working Class' Support." *FiveThirtyEight,* May 3, 2016.
Smedley, Tim. "Forget the CV, Data Decide Careers." *Financial Times,* July 9, 2014.
Smith, Alexander McCall. "The Secret of the Jane Austen Industry." *The Wall Street Journal,* March 27, 2015.
Smith, James P., and Finis R. Welch. "Black Economic Progress after Myrdal." *Journal of Economic Literature* 27 (June 1989): 519–564.
Smithsimon, Gregory. "'A Stiff Clarifying Test Is in Order': Occupy and Negotiating Rights in Public Space." In Ron Shiffman, Rick Bell, Lance Jay Brown, and Lynne Elizabeth, eds., *Beyond Zuccotti Park: Freedom of Assembly and the Occupation of Public Space,* 34–48. Oakland, CA: New Village Press, 2012.
"Social Spending Is Falling in Some Countries, But in Many Others It Remains at Historically High Levels." OECD, *Social Expenditure Update,* November 2014.
Solt, Frederick. "Economic Inequality and Democratic Political Engagement." *American Journal of Political Science* 52, no. 1 (January 2008): 48–60.
Solt, Frederick. "Economic Inequality and Nonviolent Protest." *Social Science Quarterly* 96, no. 5 (2015): 1314–1327.
Steinbock, Dan. "American Innovation under Structural Erosion and Global Pressures." The Information Technology & Innovation Foundation, February 2015.
Steuerle, C. Eugene. *Dead Men Ruling: How to Restore Fiscal Freedom and Rescue Our Future.* New York: Century Foundation Press, 2014.
Stine, Deborah D. "The Manhattan Project, the Apollo Program, and Federal Energy Technology R&D Programs: A Comparative Analysis." Congressional Research Service, June 30, 2009.
Streithorst, Tom. "Why the Rent Is so High and Your Pay Is so Low." *The Los Angeles Review of Books,* August 4, 2015.
Stroub, Kori J., and Meredith P. Richards. "From Resegregation to Reintegration: Trends in the Racial/Ethnic Segregation of Metropolitan Public Schools, 1993–2009." *American Educational Research Journal* 20, no. 10 (2013): 1–35.
"Student Testing in America's Great City Schools: An Inventory and Preliminary Analysis." Council of the Great City Schools, 2015.
Swanson, Ana. "These Are the Jobs Where People Are Most Likely to Marry One Another." *The Washington Post,* September 21, 2015.

Quinn, Kevin. "7th Grader Told His Star Wars Shirt Isn't Allowed in School." ABC13, December 11, 2015.

Rao, Justin M., and David H. Reiley, "The Economics of Spam." *Journal of Economic Perspectives* 26, no. 3 (2012): 87-110.

Reardon, Sean F., and Kendra Bischoff. "Growth in the Residential Segregation of Families by Income, 1970-2009." USA 2010 Project, November 2011a.

Reardon, Sean F., and Kendra Bischoff. "Income Inequality and Income Segregation." *American Journal of Sociology* 116, no. 4 (2011b): 1092-1153.

"Red Flag Manuscript: 'Chaos' in Western Democracy." http://chinascope.org/main / content/view/6505/103. Republished in Qiushi, July 23, 2014, http://www.qstheory.cn/dukan/hqwg/2014-07/23/c _1111750512.htm.

Robinson, John P. "Television and Leisure Time: Yesterday, Today, and (Maybe) Tomorrow." *Public Opinion Quarterly* 33, no. 2 (1969): 210-222.

Rodrigue, Edward, and Richard V. Reeves. "Four Ways Occupational Licensing Damages Social Mobility." Brookings, Social Mobility Memos, February 24, 2016.

Roeder, Oliver, Lauren Brooke Eisen, and Julia Bowling. "What Caused the Crime Decline?" Brennan Center for Justice, New York University School of Law, 2015.

Rubinowitz, Leonard S., and James E. Rosenbaum. *Crossing the Class and Color Lines: From Public Housing to White Suburbia.* Chicago: University of Chicago Press, 2000.

Şahin, Yşegül, Joseph Song, Giorgio Topa, and Giovanni L. Violante. "Mismatch Unemployment." *American Economic Review* 104, no. 11 (2014): 3529-3564.

Sampson, Robert J. *Great American City: Chicago and the Enduring Neighborhood Effect.* Chicago: University of Chicago Press, 2000.

Sampson, Robert J. "Moving to Inequality: Neighborhood Effects and Experiments Meet Structure." *American Journal of Sociology* 114, no. 11 (July 2008): 189-231.

Sampson, Robert J., Jeffrey D. Morenoff, and Thomas Gannon-Rowley. "Assessing 'Neighborhood Effects': Social Processes and New Directions in Research." *Annual Review of Sociology* 28 (2002): 443-478.

Samuelson, Robert J. "Is the Car Culture Dying?" *Washington Post,* July 11, 2016.

Sax, Leonard. *The Collapse of Parenting: How We Hurt Our Kids when We Treat Them Like Grown-Ups.* New York: Basic Books, 2015.

Schleifer, James T. *The Making of Tocqueville's Democracy in America.* 2nd ed. Indianapolis: Liberty Fund, 2000.

Schwartz, Nelson D. "Low-Income Workers See Biggest Drop in Paychecks." *The New York Times,* September 2, 2015.

Schwarz, Alan. "Still in a Crib, Yet Being Given Antipsychotics." *The New York Times,* December 10, 2015.

Scott, Robert E. "The Manufacturing Footprint and the Importance of U.S. Manufacturing Jobs." Economic Policy Institute Briefing Paper 388, January 22,

Smith & Welch." National Bureau of Economic Research Working Paper 20283, July 2014.
"New Racial Segregation Measures for Large Metropolitan Areas: Analysis of the 1990–2010 Decennial Censuses." Population Studies Center, University of Michigan, 2015.
"The New Shelter Dog: Smart Pet Adoption Brings Joy Instead of Stigma." *The New York Times,* October 2015 (paid post), http://paidpost.nytimes.com/purina-one/the-new-shelter-dog.html.
Newton, Huey P. *Revolutionary Suicide.* New York: Penguin Classics, 2009 [1973]. [『白いアメリカよ、聞け——ヒューイ・ニュートン自伝』(サイマル出版会)]
Nosowitz, Dan. "A Penny for Your Books." *The New York Times,* October 26, 2015.
Nunn, Ryan. "Match Quality with Unpriced Amenities." University of Michigan job market paper, April 2013.
"Occupational Licensing: A Framework for Policymakers." The White House, July 2015.
Office of Management and Budget, Budget of the United States FY2017.
"One in 31: The Long Reach of American Corrections." Philadelphia: Pew Charitable Trusts, March 2009.
Orfield, Gary, Erica Frankenberg, with Jongyeon Ee and John Kuscera. "Brown at 60: Great Progress, a Long Retreat and an Uncertain Future." The Civil Rights Project, May 15, 2014.
Owens, Ann, Sean F. Reardon, and Christopher Jencks. "Trends in School Economic Segregation, 1970 to 2010." Center for Education Policy Analysis, Stanford University, working paper, 2014.
Partnership for a New American Economy. "The 'New American' Fortune 500." June 2011.
Passel, Jeffrey S., D'Vera Cohn, and Ana Gonzlez-Barrera. "Net Migration from Mexico Falls to Zero—and Perhaps Less." Pew Research Center Hispanic Trends, April 23, 2012.
Pethoukis, James. "America Suffering from 'Economic Calcification'—JP Morgan." American Enterprise Institute, September 2, 2014.
"Pets by the Numbers." U.S. Humane Society, at http://www.humanesociety.org/issues/pet_overpopulation/facts/pet_ownership_statistics.html.
Pierceson, Jason. *Same-Sex Marriage in the United States: The Road to the Supreme Court and Beyond.* Lanham, MD: Rowman & Littlefield, 2013.
"Public Safety, Public Spending: Forecasting America's Prison Population 2007–2011." Philadelphia: Pew Charitable Trusts, February 14, 2007, revised June 2007.
Purtill, Corinne. "Trump Voters Earn More and Are Better Educated than the Typical American." *Quartz,* May 9, 2016.

on Innovation and Growth, December 30, 2011.
Mandel, Michael. "U.S. Investment Heroes of 2015: Why Innovation Drives Investment." Progressive Policy Institute, September 2015.
Mathews, Anna Wilde. "Health-Care Providers, Insurers Supersize." *The Wall Street Journal,* September 21, 2015.
Mazumder, Bhashkar. "Black-White Differences in Intergenerational Economic Mobility in the United States." Federal Reserve Bank of Chicago, 2014.
McAlone, Nathan. "This Dating App Uses Your Heartbeat to Help You Find a Match." *Business Insider,* January 14, 2016.
McKenna, Claire, and Irene Tung. *Occupational Wage Declines since the Great Recession: Low-Wage Occupations See Largest Real Wage Declines.* Washington, DC: National Law Employment Project, September 2, 2015.
McPhail, Clark, David Schweingruber, and John McCarthy. "Policing Protest in the United States: 1960-1995." In Donatella Della Porta and Herbert Reiter, eds., *Policing Protest: The Control of Mass Demonstrations in Western Democracies,* 49-69. Minneapolis: University of Minnesota Press, 1998.
"Millions of Victims Lost $12.7B Last Year Falling for Nigerian Scams," *Geektime,* July 21, 2014, http://www.geektime.com/2014/07/21/millions-of-victims-lost-12-7b-last-year-falling-for-nigerian-scams/.
Mitchell, Don. "The Liberalization of Free Speech: Or, How Protest in Public Space Is Silenced." Unpublished manuscript, Stanford University, 2003.
Mitchell, Don, and Lynn A. Staeheli. "Permitting Protest: Parsing the Fine Geography of Dissent in America." *International Journal of Urban and Regional Research,* 29, no. 4 (December 2005): 796-813.
Molloy, Raven S., Christopher L. Smith, Riccardo Trezzi, and Abigail Wozniak. "Understanding Declining Fluidity in the U.S. Labor Market." Finance and Economics Discussion Series, Federal Reserve Board, Washington, DC, 2016.
Molloy, Raven, Christopher L. Smith, and Abigail Wozniak. "Declining Migration Within the US: The Role of the Labor Market." National Bureau of Economic Research Working Paper 20065, April 2014.
Mueller, Holger M., Paige Ouimet, and Elena Simintzi. "Wage Inequality and Firm Growth." Centre for Economic Policy Research working paper, 2015.
Murakawa, Naomi. *The First Civil Right: How Liberals Built Prison America.* Oxford: Oxford University Press, 2014.
Nakai, Daisuke. "Percentage of Animals Put to Death in Shelters Reaches Low." *The New York Times,* April 12, 2010.
Nakamura, Leonard, and Rachel Soloveichik. "Capturing the Productivity Impact of the 'Free' Apps and Other Online Media." Working paper, February 18, 2016.
Neal, Derek, and Armin Rick. "The Prison Boom & the Lack of Black Progress after

Latzer, Barry. *The Rise and Fall of Violent Crime in America.* New York: Encounter Books, 2016.

Lawler, Peter Augustine. *The Restless Mind: Alexis de Tocqueville on the Origin and Perpetuation of Human Liberty.* Lanham, MD: Rowman & Littlefield, 1993.

Lawrence, Robert Z., and Lawrence Edwards. "US Employment Deindustrialization: Insights from History and the International Experience." *Peterson Institute for International Economics,* Policy Brief PB1327, October 2013.

Lee, Chul-In, and Gary Solon. "Trends in Intergenerational Income Mobility." *Review of Economics and Statistics* 91, no. 4 (November 2009): 766-772.

Lemann, Nicholas. *The Promised Land: The Great Black Migration and How It Changed America.* New York: Vintage Books, 1991. [『約束の土地——現代アメリカの希望と挫折』(桐原書店)]

Lens, Michael C., and Paavo Monkkonen. "Do Strict Land Use Regulations Make Metropolitan Areas More Segregated by Income?" *Journal of the American Planning Association* 82, no. 1 (Winter 2016): 6-21.

Leventhal, Tama, and Jeanne Brooks-Gunn. "The Neighborhoods They Live In: The Effects of Neighborhood Residence on Child and Adolescent Outcomes." *Psychological Bulletin* 126, no. 2 (2000): 309-337.

Leventhal, Tama, Véronique Dupéré, and Elizabeth A. Shuey. "Children in Neighborhoods." In Marc H. Bornstein and Tama Leventhal, eds., *Handbook of Child Psychology and Development Science,* 493-533. Hoboken, NJ: Wiley, 2015.

Liptak, Adam. "U.S. Prison Population Dwarfs That of Other Nations." *The New York Times,* April 23, 2008.

Livingston, Gretchen. "Texas Moms Are Most Likely to Give Birth in the Same State They Were Born." *Pew Research Center,* September 25, 2014.

Logan, John R. "Separate and Unequal: The Neighborhood Gap for Blacks, Hispanics and Asians in Metropolitan America." USA 2010 report, July 2011.

Long, Jason, and Joseph Ferrie. "Intergenerational Occupational Mobility in Great Britain and the United States since 1850." *American Economic Review* 103, no. 4 (2013): 1109-1137.

Ludwig, Jens, Greg J. Duncan, Lisa A. Gennetian, Lawrence F. Katz, Ronald C. Kessler, Jeffrey R. Kling, and Lisa Sanbonmatsu. "Long-Term Neighborhood Effects on Low-Income Families: Evidence from Moving to Opportunity." *American Economic Review* 103, no. 3 (2013): 226-231.

Malamud, Ofer, and Abigail K. Wozniak. "The Impact of College Education of Geographic Mobility: Identifying Education Using Multiple Components of Vietnam Draft Risk." National Bureau of Economic Research Working Paper 16463, October 2010.

Mandel, Michael. "My Chart of the Year: The Investment Drought Continues." *Mandel*

Jasper, James M. *Restless Nation: Starting Over in America.* Chicago: University of Chicago Press, 2000.

Jencks, Christopher, and Susan E. Mayer. "The Social Consequences of Growing Up in a Poor Neighborhood." In Laurence E. Lynn Jr. and Michael G. H. McGeary, eds., *Inner-City Poverty in the United States,* 111-186. Washington, DC: National Academies Press, 1990.

Johnson, Rucker C. "Long Run Impacts of School Desegregation & School Quality on Adult Attainments." *National Bureau of Economic Research Working Paper* 16664, August 2015.

Johnson, Steven. "The Creative Apocalypse That Wasn't." *The New York Times Magazine,* August 23, 2015.

Jolly, Jennifer. "Matchmaking, with Dogs as Dates." *The New York Times,* November 17, 2015.

Kaiser Family Foundation. "Generation M2: Media in the Lives of 8-to 18-Year-Olds." January 20, 2010.

Kalven, Harry Jr. *The Negro and the First Amendment.* Chicago: University of Chicago Press, 1965.

Kaysen, Ronda. "The South Bronx Beckons." *The New York Times,* September 21, 2015.

Kim, Sukkoo. "Economic Integration and Convergence: U.S. Regions, 1840-1987." *Journal of Economic History* 58, no. 3 (September 1998): 659-683.

Kleiner, Morris M. "Border Battles: The Influence of Occupational Licensing on Interstate Migration." W. E. Upjohn Institute for Employment Research, *Employment Research Newsletter* 22, no. 4 (2015): 4-6.

Kleiner, Morris M., and Alan B. Krueger. "Analyzing the Extent and Influence of Occupational Licensing on the Labor Market." *Journal of Labor Economics* 31, no. 2 (April 2013): S173-S202.

Koncius, Jura. "Stuff It: Millenials Nix Their Parents' Treasures." *The Washington Post,* September 21, 2015.

Krastev, Ivan. *Democracy Disrupted: The Politics of Global Protest.* Philadelphia: University of Pennsylvania Press, 2014.

Krieckhaus, Jonathan, Byunghwan Son, Nisha Mukherjee Bellinger, and Jason M. Wells. "Economic Inequality and Democratic Support." *Journal of Politics* 76, no. 1 (January 2014): 139-151.

Krotoszynski, Ronald J. "Could a Selma-like Protest Happen Today? Probably Not." *The Los Angeles Times,* March 7, 2015.

Kucsera, John, with Gary Orfield. *New York State's Extreme School Segregation: Inequality, Inaction and a Damaged Future.* N.p.: The Civil Rights Project, March 2014.

New York Times, June 9, 2016.

Harrington, Jesse R., and Michele J. Gelfand. "Tightness-Looseness across the 50 United States." *PNAS* 111, no. 22 (June 2014): 7990–7995.

Hathaway, Ian, and Robert E. Litan. "Declining Business Dynamism in the United States: A Look at States and Metros." *Economic Studies at Brookings* (May 2014).

Hazan, Moshe, and Hosny Zoabi. "Do Highly Educated Women Choose Smaller Families?" *Economic Journal* (September 2015): 1191–26.

Healy, Kieran. "The Persistence of the Old Regime." *Crooked Timber* blog, August 6, 2014.

Heath, Alex. "Spotify Is Getting Unbelievably Good at Picking Music—Here's an Inside Look at How." *Tech Insider,* September 3, 2015.

Hertz, Daniel. "How Segregated Is New York City?" *NewGeography,* October 15, 2014, http://www.newgeography.com/content/004568-how-segregated-is-new-york-city.

Hertz, Tom. "Trends in the Intergenerational Elasticity of Family Income in the United States." *Industrial Relations* 46, no. 1 (January 2007): 22–50.

Hertz, Tom, Tamara Jayasundera, Patrizio Piraino, Sibel Selcuk, Nicole Smith, and Alina Verashchagina. "The Inheritance of Educational Inequality: International Comparisons and Fifty-Year Trends." *B.E. Journal of Economic Analysis and Policy* 7 (January 2008): 2.

Highway Loss Data Institute. "Evaluation of Changes in Teenage Driver Exposure." *Bulletin Bulletin* 30, no. 17 (September 2013).

Hilger, Nathaniel G. "The Great Escape: Intergenerational Mobility since 1940." *National Bureau of Economic Research Working Paper* 21217, May 2015.

Hsieh, Chang-Tai, and Enrico Moretti. "Why Do Cities Matter? Local Growth and Aggregate Growth." *National Bureau of Economic Research Working Paper* 21154, May 2015.

Hudson, David L. Jr. "Freedom of Assembly Was Crucial to the Civil Rights Movement." In Robert Winters, ed., *Freedom of Assembly and Petition,* 114–119. Farmington Hills, MI: 2006.

Hyatt, Henry R., and James R. Spletzer. "The Recent Decline in Employment Dynamics." *IZA Working Paper* 7231, February 2013.

Hyatt, Henry R., and James R. Spletzer. "The Shifting Job Tenure Distribution." U.S. Census Bureau Working Paper CES 1612, February 2016.

Ingraham, Christopher. "Teen Marijuana Use Falls as More States Legalize." *The Washington Post,* December 16, 2014.

Ip, Greg. "Why Corporate America Could Use More Competition." *The Wall Street Journal,* July 8, 2015.

"Is GDP Wildly Underestimating GDP?" *Asymptosis* blog, November 27, 2015.

Jaffe, Eric. "The Mystery of Our Declining Mobility." *CityLab,* December 17, 2012.

(2011): 636-652.
Gillham, Patrick F., Bob Edwards, and John A. Noakes. "Strategic Incapacitation and the Policing of Occupy Wall Street Protests in New York City, 2011." *Policing and Society* 23, no.2 (2013): 81-102.
Global Peace Index 2016. Institute for Economics and Peace, 2016. Goldin, Claudia. "America's Graduation from High School: The Evolution and Spread of Secondary Schooling in the Twentieth Century." *Journal of Economic History* 58, no. 2 (1998): 345-74.
Goldstein, Robert Justin. *Political Repression in Modern America: From 1870 to the Present.* Cambridge, MA: Schenkman Publishing, 1979.
Goodin, Dan. "Beware of Ads That Use Inaudible Sound to Link Your Phone, TV, Tablet, and PC." *Ars Technica,* November 13, 2015.
Gordon, Robert J. *The Rise and Fall of American Growth: The U.S. Standard of Living since the Civil War.* Princeton, NJ: Princeton University Press, 2016. [『アメリカ経済——成長の終焉』(日経 BP 社)]
Graeber, David. *The Utopia of Rules: On Technology, Stupidity, and the Secret Joys of Bureaucracy.* Brooklyn: Melville House, 2015. [『官僚制のユートピア——テクノロジー、構造的愚かさ、リベラリズムの鉄則』(以文社)]
Graif, Corina. "(Un)natural Disaster; Vulnerability, Long-Distance Displacement, and the Extended Geography of Neighborhood Distress and Attainment after Katrina." *Population and Environment* (August 2015): 1-31.
Greenwood, Jeremy, Nezih Guner, Georgi Kocharkov, and Cezar Santos. "Technology and the Changing Family: A Unified Model of Marriage, Divorce, Educational Attainment and Married Female Labor Force Participation." *American Economic Journal: Macroeconomics* 8, no. 1 (December 2015): 1-41.
Grönqvist, Erik, Jonas Vlachos, and Björn Öckert. "The Intergenerational Transmission of Cognitive and Non-Cognitive abilities." *IFAU—Institute for Labour Market Policy Evaluation working paper,* 2010.
Hacker, Jacob S., and Paul Pierson, "After the 'Master Theory': Downs, Schattschneider, and the Rebirth of Policy Focused Analysis." *Perspectives on Politics 12,* no. 3 (January 2014).
Haidt, Jonathan, and Marc J. Hetherington. "Look How Far We've Come Apart." *The New York Times,* September 17, 2012.
Haltiwanger, John, Ian Hathaway, and Javier Miranda. "Declining Business Dynamism in the U.S. High-Technology Sector." Ewing Marion Kauffman Foundation, February 2014.
Haltiwanger, John, Ron Jarmin, and Javier Miranda. "Where Have All the Young Firms Gone?" Ewing Marion Kauffman Foundation, May 2012.
Hannah-Jones, Nikole. "Choosing a School for My Daughter in a Segregated City." *The*

1850." Northwestern University working paper, 2005.
Field, Alexander J. "US Economic Growth in the Gilded Age." *Journal of Macroeconomics* 31 (2009): 173–190.
Finkel, Eli J., Paul W. Eastwick, Benjamin R. Karney, Harry T. Reis, and Susan Sprecher. "Online Dating: A Critical Analysis from the Perspective of Psychological Science." *Psychological Science in the Public Interest* 20, no. 10 (2012): 1–64.
Fiorina, Morris. "Americans Have Not Become More Politically Polarized." *The Washington Post,* June 23, 2014.
Fisher, Marc. "A Love Affair in Reverse: For a Generation Hooked on Smartphones, Social Media and Uber, Car Culture Is Fading." *The Washington Post,* September 6, 2015.
Florida, Richard, and Charlotta Mellander. "Segregated City: The Geography of Economic Segregation in America's Metros." Martin Prosperity Institute, University of Toronto, 2015.
Fontanella Khan, James, and Arash Massoudi. "Megadeals for 2015 Hit Record High." *The Financial Times,* September 18, 2015.
Francis, Theo, and Ryan Knutson. "Wave of Megadeals Tests Antitrust Limits in U.S." *The Wall Street Journal,* October 18, 2015.
Franck, Karen A., and Te-Sheng Huang. "Occupying Public Space, 2011: From Tahrir Square to Zuccotti Park." In Ron Shiffman, Rick Bell, Lance Jay Brown, and Lynne Elizabeth, eds., *Beyond Zuccotti Park: Freedom of Assembly and the Occupation of Public Space,* 3–20. Oakland, CA: New Village Press, 2012.
Freedom House, "Freedom in the World 2016." https://freedomhouse.org/report/freedomworld/freedomworld2016.
Friedman, Uri. "Bill Gates: 'The Idea That Innovation Is Slowing Down Is . . . Stupid.'" *The Atlantic,* March 12, 2014.
Furman, Jason. "Business Investment in the United States: Facts, Explanations, Puzzles, and Policy." Remarks delivered at the Progressive Policy Institute, September 30, 2015, online at https://m.whitehouse.gov/sites/default/files/page/files/20150930_business_investment_in_the_united_states.pdf.71958_pdf.
Ganong, Peter, and Daniel Shoag. "Why Has Regional Convergence in the U.S. Stopped?" Harvard Kennedy School working paper, June 2012.
Gentile, Thomas. *March on Washington: August 28, 1963.* Washington, DC: New Day Publications, 1983.
Gillham, Patrick. "'More than a March in a Circle': Transgressive Protests and the Limits of Negotiated Management." *Mobilization: An International Quarterly* 12, no. 4 (January 2007): 341–357.
Gillham, Patrick F. "Securitizing America: Strategic Incapacitation and the Policing of Protest since the 11 September 2001 Terrorist Attacks." *Sociology Compass* 5/7

Decker, Ryan, John Haltiwanger, Ron S. Jarmin, and Javier Miranda. "The Secular Business Dynamism in the U.S." Working paper, June 2014.

Decker, Ryan, John Haltiwanger, Ron S. Jarmin, and Javier Miranda. "Where Has all the Skewness Gone? The Decline in High Growth (Young) Firms in the U.S." National Bureau of Economic Research Working Paper 21776, December 2015.

"Dogs and Fire Hoses Turned on Negroes: Marchers Sent Sprawling." *Chicago Tribune,* May 4, 1963.

"Dogs, Fire Hoses Used to Disperse Negro Marchers." *St. Petersburg Times,* May 4, 1963.

Eastwick, Paul W., and Eli J. Finkel. "Selective vs. Unselective Romantic Desire: Not All Reciprocity Is Created Equal." *Psychological Science* 18 (April 2007): 317-319.

Eastwick, Paul W., and Eli J. Finkel. "Sex Differences in Mate Preferences Revisited: Do People Know What They Initially Desire in a Romantic Partner?" *Journal of Personality and Social Psychology* 94, no. 2 (2008): 245-264.

Eastwick, Paul W., Laura B. Luchies, Eli J. Finkel, and Lucy L. Hunt. "The Predictive Validity of Ideal Partner Preferences: A Review and Meta-Analysis." *Psychological Bulletin* 140, no. 3 (May 2013): 623-665.

Economic Report of the President. Washington, DC: presented to Congress February 2015.

Edlund, Lena, Cecilia Machado, and Michaela Sviatchi. "Bright Minds, Big Rent: Gentrification and the Rising Returns to Skill." National Bureau of Economic Research Working Paper 21729, November 2015.

Eichenlaub, Suzanne C., Stewart E. Tolnay, and J. Trent Alexander. "Moving Out but Not Up: Economic Outcomes in the Great Migration." *American Sociological Review* 75, no. 1 (February 2010): 101-125.

Eisenberg, Arthur. "Some Unresolved Constitutional Questions." In Ron Shiffman, Rick Bell, Lance Jay Brown, and Lynne Elizabeth, eds., *Beyond Zuccotti Park: Freedom of Assembly and the Occupation of Public Space,* 74-86. Oakland, CA: New Village Press, 2012.

Eligon, John. "Black Students See a University Riven by Race." *The New York Times,* November 12, 2015.

Fernald, John. "Productivity and Potential Output Before, During, and After the Great Recession." National Bureau of Economic Research Working Paper 20248, June 2014a.

Fernald, John. "A Quarterly, Utilization-Adjusted Series on Total Factor Productivity." Federal Reserve Board of San Francisco, April 2014b.

Fernald, John, and Bing Wang. "The Recent Rise and Fall of Rapid Productivity Growth." Federal Reserve Bank of San Francisco, February 9, 2015.

Ferrie, Joseph P. "The End of American Exceptionalism? Mobility in the U.S. since

Casselman, Ben. "Corporate America Hasn't Been Disrupted." *FiveThirtyEight*, August 8, 2014.

Chandra, Amitabh, Amy Finkelstein, Adam Sacarny, and Chad Syverson. "Healthcare Exceptionalism? Performance and Allocation in the U.S. Healthcare Sector." National Bureau of Economic Research Working Paper 21603, October 2015.

Chetty, Raj, Nathaniel Hendren, and Lawrence F. Katz. "The Effects of Exposure to Better Neighborhoods on Children: New Evidence from the Moving to Opportunity Experiment." National Bureau of Economic Research Working Paper 21156, May 2015.

Chetty, Raj, Nathaniel Hendren, Patrick Kline, Emmanuel Saez, and Nicholas Turner. "Is the United States Still a Land of Opportunity? Recent Trends in Intergenerational Mobility." National Bureau of Economic Research Working Paper 19844, January 2014.

Chetty, Raj, Nathaniel Hendren, Patrick Kline, and Emmanuel Saez. "Where Is the Land of Opportunity? The Geography of Intergenerational Mobility in the United States." *Quarterly Journal of Economics* 129, no. 4 (November 2014): 1553-1623.

Chyn, Eric. "Moved to Opportunity: The Long-Run Effect of Public Housing Demolition on Labor Market Outcomes of Children." Working paper, University of Michigan, 2015.

Cline, Eric H. *1177 B.C.: The Year Civilization Collapsed.* Princeton, NJ: Princeton University Press, 2014. [『B.C. 1177——古代グローバル文明の崩壊』(筑摩書房)]

Cobb, Charles E. Jr. *This Nonviolent Stuff'll Get You Killed: How Guns Made the Civil Rights Movement Possible.* New York: Basic Books, 2015.

Congressional Budget Office. "An Update to the Budget and Economic Outlook: 2015 to 2025." https://www.cbo.gov/sites/default/files/114th-congress-2015-2016/reports/50724-BudEconOutlook-3.pdf.

Costa, Dora L., and Matthew E. Kahn. "Power Couples: Changes in the Locational Choice of the College Educated." *Quarterly Journal of Economics* 115, no. 4 (November 2000): 1287-1315.

Cowen, Tyler. *Average Is Over: Powering America beyond the Age of the Great Stagnation.* New York: Dutton, 2013. [『大格差——機械の知能は仕事と所得をどう変えるか』(NTT 出版)]

Dao, Mai, Davide Furceri, and Prakash Loungani. "Regional Labor Market Adjustments in the United States and Europe." IMF working paper, February 2014.

Davis, Steven J., and John Haltiwanger. "Labor Market Fluidity and Economic Performance." National Bureau of Economic Research Working Paper 20479, September 2014.

Decker, Ryan. "We're Getting Old and Fat!" *Updated Priors blog,* March 18, 2013, http://updatedpriors.blogspot.com/2013/03/were-getting-old-and-fat.html.

Berger, David W. "Countercyclical Restructuring and Jobless Recoveries." Yale University working paper, 2012.

Bergin, Paul R., Robert C. Feenstra, and Gordon H. Hanson. "Offshoring and Volatility: Evidence from Mexico's Maquiladora Industry." *American Economic Review* 99, no. 4 (September 2009): 1664-671.

"Beyond Distrust: How Americans View Their Government." Pew Research Center, November 23, 2015.

Bishop, Bill. *The Big Sort: Why the Clustering of Like-Minded America Is Tearing Us Apart.* Boston: Houghton Mifflin, 2008.

Black, Dan A., Seth G. Sanders, Evan J. Taylor, and Lowell J. Taylor, "The Impact of the Great Migration on Mortality of African Americans: Evidence from the Deep South." *American Economic Review* 105, no. 2 (February 2015): 477-503.

Bloom, Joshua, and Waldo E. Martin Jr. *Blacks against Empire: The History and Politics of the Black Panther Party.* Berkeley: University of California Press, 2013.

Boehm, Eric. "You're It: School District Bans Tag during Recess." *The Daily Signal,* October 8, 2015.

Boluk, Liam. "Ride or Die: Less Money, Mo' Music & Lots of Problems: A Look at the Music Biz." Redef.com, August 13, 2015.

Boroush, Mark. "U.S. R&D Increased in 2013, Well Ahead of the Pace of Gross Domestic Product." InfoBrief, National Science Foundation, National Center for Science and Engineering Statistics, September 2015.

Bossard, James H. S. "Residential Propinquity as a Factor in Marriage Selection." *American Journal of Sociology* 38, no. 2 (September 1932): 219-224.

Burdick-Will, Julia, Jens Ludwig, Stephen W. Raudenbush, Robert J. Sampson, Lisa Sanbonmatsu, and Patrick Sharkey. "Converging Evidence for Neighborhood Effects on Children's Test Scores: An Experimental, Quasi-experimental, and Observational Comparison." Working paper, 2010.

Burrough, Bryan. *Days of Rage: America's Radical Underground, the FBI, and the Forgotten Age of Revolutionary Violence.* New York: Penguin Press, 2015.

Byrne, David M., John G. Fernald, and Marshall B. Reinsdorf. "Does the United States Have a Productivity Slowdown or a Measurement Problem?" Working paper, March 1, 2016.

Cadena, Brian C., and Brian K. Kovak. "Immigrants Equilibrate Local Labor Markets: Evidence from the Great Recession." Unpublished working paper, 2013.

Campoy, Ana. "Boom Times Test Austin's Music Scene." *The Wall Street Journal,* August 26, 2015.

Case, Anne, and Deaton, Angus. "Rising Morbidity and Mortality in Midlife among White Non-Hispanic Americans in the 21st Century." *PNAS* 112, no. 49 (2015): 15078-83.

参考文献

Amior, Michael. "Why Are Higher Skilled Workers More Mobile Geographically? The Role of the Job Surplus." CEP Discussion Paper 1338, 2015.

Andrews, Dan, Chiara Criscuolo, and Peter N. Gal. "Frontier Firms, Technology Diffusion and Public Policy: Micro Evidence from OECD Countries." OECD working paper, 2015.

Anger, Silke, and Guido Heineck. "Do Smart Parents Raise Smart Children? The Intergenerational Transmission of Cognitive Abilities." *Journal of Population Economics* 23 (2010): 1255, 1282.

Ansari, Aziz, and Eric Klinenberg. "How to Make On-Line Dating Work." *The New York Times,* June 13, 2015.

Ansari, Aziz, with Eric Klinenberg. *Modern Romance.* New York: Penguin Press, 2015. [『当世出会い事情――スマホ時代の恋愛社会学』(亜紀書房)]

Attica: The Official Report of the New York State Special Commission on Attica. New York: Bantam Books, 1972.

Ashok, Vivekinan, Ilyana Kuziemko, and Ebonya Washington. "Support for Redistribution in an Age of Rising Inequality: New Stylized Facts and Some Tentative Explanations." National Bureau of Economic Research Working Paper 21529, September 2015.

Badger, Emily. "The Wealthy Are Walling Themselves Off in Cities Increasingly Segregated by Class." *The Washington Post,* Wonkblog, February 23, 2015.

"Bailout Barometer: How Large Is the Financial Safety Net?" Federal Reserve Bank of Richmond, February 3, 2016.

Barber, David. *A Hard Rain Fell: SDS and Why it Failed.* Jackson: University of Mississippi Press, 2010.

Bausum, Ann. *Stonewall: Breaking Out in the Fight for Gay Rights.* New York: Viking Press, 2015.

Bell, Daniel. *The End of Ideology: On the Exhaustion of Political Ideas in the Fifties.* New York: The Free Press, 1962 [1960]. [『イデオロギーの終焉――1950年代における政治思想の枯渇について』(東京創元新社)]

Benton-Short, Lisa. "Bollards, Bunkers, and Barriers: Securing the National Mall in Washington, DC." *Environment and Planning D: Society and Space 25* (2007): 424-446.

[17] 中国人の見方については、たとえば“Red Flag Manuscript: ‘Chaos’ in Western Democracy” (2014) を参照。

第9章 現状満足階級が崩壊する日

[1] 大学のキャンパスにおける出来事については、たとえばEligon (2015) を参照。

[2] ナイジェリアのインターネット詐欺グループについては、“Millions of Victims Lost $12.7B Last Year Falling for Nigerian Scams” (2014) を参照。ただし、私はインターネット犯罪に関する推計をいっさい信用していない（とくにこの領域では推計の信頼度が低いと考えている)。迷惑メールの経済コストについては、Rao and Reiley (2012) を参照（この論文では控えめの推計を示している)。

[3] Latzer (2016, p. 102) およびBell (1962 [1960], chapter 8, とくにp. 151) を参照。

[4] 犯罪減少の諸要因については、Roeder, Eisen, and Bowling (2015, p. 6) を参照。カナダとの比較については、Latzer (2016, p. 247) を参照。

[5] “Beyond Distrust” (2015).

[6] 二大政党の支持者が互いに対していだく信頼の低下については、たとえばHaidt and Hetherington (2012) を参照。

[7] たとえば、Purtill (2016) およびSilver (2016) を参照。

[8] Solt (2008, 2015) を参照。世界価値観調査については、Krieckhaus, Son, Bellinger, and Wells (2014) を参照。

[9] Ashok, Kuziemko, and Washington (2015) を参照。これは長期にわたり強力に続いてきた傾向で、1970年の特定の日に始まったわけではない。

[10] 女性の教育レベルと子どもの数の関係については、Hazan and Zoabi (2015) を参照。

[11] Global Peace Index 2016 (2016) およびFreedom in the World (2016) を参照。

[12] Cline (2014) を参照。

あとがき

[1] “America’s Placebo President?” https://www.theamericaninterest.com/2017/03/06/americasplacebopresident/.

(1983, pp. 65-71) を参照。

第７章　活力を失った社会

[1] この時期の信憑性の高いデータは見当たらないが、1人当たりの年間所得を100ドル未満と推計しているものをよく見かける。数字を鵜呑みにすべきではないが、生活水準が非常に低かったことは間違いない。

[2] たとえば、Anger and Heineck (2010) および Grönqvist, Vlachos, and Öckert (2010) を参照。

[3] Hertz, Jayasundera, Piraino, Selcuk, Smith, and Verashchagina (2008) を参照。

[4] Partnership for a New American Economy (2011).

[5] 同性婚の合法化をめぐる争いについては、Pierceson (2013) を参照。

[6] Warner (1999) を参照。

第８章　民主主義の形骸化が進む

[1] Congressional Budget Office (N.d.).

[2] Steuerle (2014, pp. 7-8).

[3] Office of Management and Budget; Budget of the United States FY2017 (とくに Summary Tables; Table S4 and Table S12) を参照。

[4] T. Taylor (2015) を参照。

[5] 以下の資料に基づいて著者が計算。http://ec.europa.eu/eurostat/statistics-explained/index.php/File:Current_healthcare_expenditure_2012_(%C2%B9)_YB15.png, http://ec.europa.eu/eurostat/statisticsexplained/images/9/92/Healthcare_expenditure_YB2015.xlsx, http://ec.europa.eu/eurostat/statisticsexplained/index.php/Healthcare_expenditure_statistics, http://data.worldbank.org/indicator/SH.XPD.PCAP.

[6] "Social Spending Is Falling in Some Countries" (OECD, 2014).

[7] Krastev (2014, pp. 39 and passim) を参照。

[8] 政治学の考え方の変化については、Hacker and Pierson (2014) を参照。

[9] 引用は Tocqueville (1969), vol. 2, bk. 2, chap. 16, p. 536による。民主主義と落ち着きのなさの関係については、同書の vol. 2, bk. 2, chap. 16および p. 613も参照。

[10] Tocqueville (1969, vol. 1, bk. 1, pp. 374-377).

[11] Tocqueville, (1969, vol. 2, bk. 1, p. 548).

[12] Tocqueville (1969, vol. 2, bk. 2, part 3, chap. 21, p. 645).

[13] Tocqueville (1969), passim, and vol. 1, bk. 1, part 1, chap. 7を参照。Lawler (1993, pp. 34-36) も参照。引用は同書の p. 36による。

[14] Tocqueville (1969), vol. 1, pp. 377-378. 同書の pp. 376 および 381 も参照。Schleifer (2000) も参照。

[15] Tocqueville (1969), vol. 2, bk. 2, Part 4, chap. 6, p. 691.

[16] Tocqueville (1969), vol. 2, bk 2, Part 4, chap. 6, p. 693.

[18] このサービスや同様のほかのサービスについては、Jolly (2015) を参照。
[19] Chandra, Finkelstein, Sacarny, and Syverson (2015, including p. 20) を参照。
[20] Şahin, Song, Topa, and Violante (2014) を参照。
[21] Nunn (2013) を参照。
[22] Smedley (2014).
[23] Ansari (2015, pp. 89-90).

第６章　アメリカ人が暴動をやめた理由

[1] Burrough (2015, p. 5) を参照。
[2] Bloom and Martin (2013, p. 29) および Barber (2010, p. 32) を参照。
[3] Newton (2009, p. 128).
[4] Goldstein (1979, pp. 430-432). 抗議活動の件数については、McPhail, Schweingruber および McCarthy (1998, p. 55) を参照。
[5] Bausum (2015, p. 49) を参照。
[6] Cobb (2015, pp. 7, 129, passim) を参照。
[7] たとえば、"Dogs, Fire Hoses Used to Disperse Negro Marchers" (1963) を参照。子どもへの放水については、"Dogs and Fire Hoses Turned on Negroes" (1963) を参照。
[8] Krotoszynski (2015) を参照。
[9] 引用は Hudson (2006, p. 115) による。
[10] Franck and Huang (2012, p. 16). ワン・チェース・マンハッタン・プラザの占拠計画については、Gillham, Edwards, and Noakes (2013, p. 84) を参照。
[11] これらの戦術に関する考察は、Smithsimon (2012, p. 42) を参照。
[12] 民間企業が関わることの法律上・実務上の意味については、Eisenberg (2012) を参照。
[13] Zick (2009, pp. 1-2) を参照。
[14] さまざまなアプローチについては、Gillham (2007) を参照。ゾーンわけについては、Gillham (2011) を参照。
[15] Mitchell and Staeheli (2005) を参照。
[16] Mitchell and Staeheli (2005) を参照。
[17] こうした動きについては、Benton-Short (2007) を参照。
[18] シアトルの自然発生的なデモについては、Mitchell (2003) を参照。
[19] 監視については、Mitchell and Staeheli (2005) を参照。監視カメラについては、Benton-Short (2007) を参照。
[20] このような視点については、Zick (2009, esp. p. 25) を参照。
[21] Zick (2009, pp. 53, passim) を参照。
[22] カルヴェンの最初の引用は Kalven (1965, p. 139) による。エドワーズ対サウスカロライナ州判決に関する引用は Kalven (1965, pp. 139-143) を、スチュワート判事の多数意見の引用は同書 p. 179による。ワシントン大行進については、Gentile

Case and Deaton (2015) を参照。

[26] Hilger (2015) を参照。所得階層の流動性に関する研究（おおむね同様の結論を導いている）は、Long and Ferrie (2013); Chetty, Hendren, Kline, Saez, and Tuner (2014); Hertz (2007); Lee and Solon (2009) を参照。

[27] 高校卒業率については、たとえば Goldin (1998) やアメリカの国勢調査を参照。Gordon (2016) は、1870~1970年ともっと最近の時代を比較している。

[28] U.S. Department of Transportation, Bureau of Transportation Statistics を参照。

[29] アポロ計画については、Stine (2009) を参照。

[30] 情報テクノロジーの価値が過小評価されているかという議論については、Byrne, Fernald, and Reinsdorf (2016) も詳しい。ちなみに、同論文ではこの仮説を否定している。Syverson (2016) も参照。

[31] Nakamura and Soloveichik (2016) も参照。

第５章　マッチング社会の幸福論

[1] Heath (2015) も参照。

[2] Van Buskirk (2015) も参照。

[3] 国際比較のデータは S. Johnson (2015) を参照。それ以外のデータと分析は Boluk (2015) を参照。

[4] S. Johnson (2015) を参照。数字は the Department of Labor, the Occupational Employment Statistics を参照。

[5] Bossard (1932) を参照。Ansari (2015) は、恋愛と結婚におけるマッチングの現状を整理している。

[6] シズルについては、Wehner (2015) を参照。

[7] ワンスについては、McAlone (2016) を参照。

[8] Eastwick and Finkel (2007) を参照。

[9] Swanson (2015) を参照。

[10] Greenwood, Guner, Kocharkov, and Santos (2015) を参照。

[11] 潜在的なメリットとデメリットについては、Eastwick and Finkel (2008) および Eastwick, Luchies, Finkel, and Hunt (2013) を参照。引用は Finkel, Eastwick, Karney, Reis, and Sprecher (2012, p. 46) による。同論文は、このテーマに関する良質なまとめでもある。

[12] ユーザーにつきまとうインターネット広告については、Tanner (2015) を参照。

[13] 引用は Goodin (2015) による。

[14] Koncius (2015) を参照。

[15] これらの市場については、Nosowitz (2015) を参照。

[16] "Is GDP Wildly Underestimating GDP?" (2015) は、GDP が過小評価されている可能性について論じている。

[17] ペットの安楽死については、"Pets by the Numbers" (N.d.), Nakai (2010) および "The New Shelter Dog" (2015) を参照。

スト、Michael Feroliによる。その概略をPethoukis (2014) で読むことができる。

[5] Decker, Haltiwanger, Jarmin, and Miranda (2014, pp. 19, passim).

[6] Decker, Haltiwanger, Jarmin, and Miranda (2014, pp. 19, 29). ユニコーン企業の減少については、Decker, Haltiwanger, Jarmin, and Miranda (2015) を参照。

[7] Decker, Haltiwanger, Jarmin, and Miranda (2014, p. 16).

[8] Healy (2014) を参照。

[9] たとえば、医療産業についてはMathews (2015) を参照。

[10] Ip (2015) を参照。

[11] Francis and Knutson (2015) を参照。

[12] 無形資産が重要になる傾向は、テクノロジー産業で最も際立っている。テクノロジー企業がつくるもの（有形の製品やソフトウェア）の多くは、10年も経たずに時代遅れになる。成功しているテクノロジー企業が高い株式時価総額を誇っている一因は、優秀な人材を集め、新しい問題を次々と解決する能力が傑出していると考えられているからだ。そのような能力は、無形資産にほかならない。

[13] 純資本投資については、Mandel (2011) を参照。資本サービス量と非住宅投資については、アメリカ労働省労働統計局のデータに基づくMandel (2015) を参照。Furman (2015) も参照。資本サービス量は、生産のための資産が一定期間内に生産活動に及ぼす貢献を数値化しようとするものだ。しかし、企業はそうした資産をすでに所有しているので、その値は市場価格を直接反映できず、たとえば償却率を推定する必要があるため、どうしても厳密性を欠く。

[14] Fontanella-Khan and Massoudi (2015) を参照。

[15] Boroush (2015) を参照。

[16] 製造業における研究開発については、Lawrence and Edwards (2013) を参照。

[17] Steinbock (2015).

[18] 引用はFernald and Wang (2015) による。これらの指標に関しては、Field (2009) およびFernald (2014a, 2014b) も参照。TFPの数字はアメリカ労働省労働統計局による。TFPについてさまざまな異なる数字が発表されているのは、景気循環と設備稼働率の調整方法の違いが原因なのかもしれない。しかし、そうした細部の違いはあっても、基本的な状況は変わらない。参考までに、Field (2009) によれば、19世紀末のTFPは1～2%と推計されている（ただし推測の域を出ない）。

[19] アメリカ労働省労働統計局による。

[20] 事業再構築による生産性向上については、Berger (2012) を参照。

[21] この点については、Yglesias (2015) を参照。

[22] たとえば、Andrews, Criscuolo, and Gal (2015) およびMueller, Ouimet, and Simintzi (2015) を参照。

[23] McKenna and Tung (2015) およびSchwartz (2015) を参照。

[24] Economic Report of the President (2015, chap. 1).

[25] さまざまな悲観的データについては、Cowen (2013) を参照。メキシコ人移民については、Passel, Cohn, and Gonzalez Barrera (2012) を参照。死亡率については、

[13] Bishop (2008, p. 131) およびアメリカ国勢調査局のオンラインデータを参照。
[14] これらの結果については、Stroub and Richards (2013) を参照。
[15] J. R. Logan (2011, passim, and esp. p. 3) を参照。
[16] Orfield and Frankenberg (2014, p. 10).
[17] Orfield and Frankenberg (2014, p.12).
[18] Orfield and Frankenberg (2014, p. 14).
[19] Orfield and Frankenberg (2014, pp. 14, 25). J. R. Logan (2011) も参照。
[20] Orfield and Frankenberg (2014, p. 18).
[21] Orfield and Frankenberg (2014, p. 19). 学校の人種統合と人生での成功の関係については、R. C. Johnson (2015) を参照。
[22] Orfield and Frankenberg (2014, p. 20).
[23] Kucsera with Orfield (2014, pp. vi-viii).
[24] "New Racial Segregation Measures for Large Metropolitan Areas" (2015). このデータに関する議論は、D. Hertz (2014) も参照。
[25] K. Taylor (2015) および Hannah Jones (2016) を参照。
[26] J. R. Logan (2011) を参照。引用個所は p. 3。
[27] Vara (2016) より引用。
[28] 中南米系とアジア系に関するデータは、J. R. Logan (2011) を参照。
[29] Chetty, Hendren, Kline, and Saez (2014) を参照。
[30] 格差の縮小が止まったことについては、Mazumder (2014) を参照。
[31] ソーティングと二極化については、Bishop (2008) を参照。
[32] Fiorina (2014) を参照。
[33] 収監者数の増加については、"Public Safety, Public Spending" (2007) および "One in 31" (2009) を参照。トクヴィルについては、Liptak (2008) を参照。
[34] Neal and Rick (2014).
[35] Murakawa (2014, pp. 121-122) を参照。

第４章　創造しなくなったアメリカ人

[1] ゲイツについては、Friedman (2014) を参照。
[2] Hathaway and Litan (2014) を参照。新興企業に関する具体的な数字は、Haltiwanger, Jarmin, and Miranda (2012) を参照。テクノロジー企業については、Haltiwanger, Hathaway, and Miranda (2014) を参照。この点に関してわかりやすくまとめた記事に、Casselman (2014) がある。ここで挙げた数字は、主に the Census Bureau's Longitudinal Business Database による。この点に関する考察は、Decker, Haltiwanger, Jarmin, and Miranda (2014) を参照。とくに、若い企業があまり増えていない点については、Decker, Haltiwanger, Jarmin, and Miranda (2015) も参照。
[3] Decker, Haltiwanger, Jarmin, and Miranda (2014, pp. 11, passim).
[4] Decker, Haltiwanger, Jarmin, and Miranda (2014, pp. 11, passim) および Decker (2013) を参照。新しい企業で働いている人の数については、JP モルガンのエコノミ

[31] ゴトロー・プログラムに関する研究としては、たとえばRubinowitz and Rosenbaum (2000) を参照。最近の研究については、Chyn (2015) を参照。近隣効果全般については、Leventhal and Brooks Gunn (2000); Sampson, Morenoff, and Gannon Rowley (2002); Burdick Will, Ludwig, Raudenbush, Sampson, Sanbonmatsu, and Sharkey (2010); Leventhal, Dupéré, and Shuey (2015) を参照。

[32] 家賃相場との関係については、Ganong and Shoag (2012) を参照。

[33] Streithorst (2015).

[34] Streithorst (2015). サウスブロンクスの高級化については、Kaysen (2015) を参照。ニューヨーカーが家賃に支払っている金額と、アメリカの所得の中央値の関係は、(3750*12 / 53657) で83.9%となっている。1980年代については、Edlund, Machado, and Sviatchi (2015) を参照。

[35] Hsieh and Moretti (2015). 引用個所はこの論文の「要旨」。

第３章　甦る社会的分断

[1] Reardon and Bischoff (2011a, 2011b). 給食費については、Owens, Reardon, and Jencks (2014) を参照。

[2] Reardon and Bischoff (2011a, 2011b).

[3] Reardon and Bischoff (2011a, pp. 18-19).

[4] Florida and Mellander (2015, pp. 44-45).

[5] Florida and Mellander (2015, pp. 44-45). 大学都市で分断が際立っている一因は、大学の存在そのものにある。アメリカの大学の多くは分断の度合いが甚だしく、しかも地元の文化に及ぼす影響も大きい。大学が都市の文化を決定づけているケースもある。

[6] Florida and Mellander (2015, p. 9). サンフランシスコについては、*Zumper National Rent Report* (2015) を参照。

[7] Florida and Mellander (2015, pp. 37-38).

[8] Florida and Mellander (2015, p. 28).

[9] Florida and Mellander (2015) を参照。この問題全般については、Badger (2015) を参照。モデルを用いた議論については、たとえば Sethi and Somanathan (2004) を参照。建築規制が所得による分断に及ぼす影響については、Lens and Monkkonen (2016) を参照。

[10] Reardon and Bischoff (2011a, 2011b).

[11] Florida and Mellander (2015, pp. 9, 37, passim). 大学都市で分断が激しいことの「言い訳」として、大学生が大勢いるという特殊事情が挙げられることがある。それを理由に、分断の甚だしさを示すデータを「誤った評価」と呼ぶ論者もいる。しかし、大学はどの機関にも負けず劣らず、地元の都市の雰囲気に影響を及ぼす。大学の影響力の大きさ、莫大な資産、地元の実力者とのコネなどを考えると、ほかのどの機関よりも都市の雰囲気を大きく左右している可能性がある。

[12] Campoy (2015) を参照。

的には、所得（や教育）により人口を10階層もしくは5階層にわけて考えている。たとえば、親が所得階層で上位10%に属している場合、子どもも同様の高所得層に属する確率がどれくらいかと考える。親と子どもの所得階層の相関が強ければ、所得階層の流動性は低いとみなされる。親の所得の高低が子どもの所得とどの程度相関しているのか、という言い方をしてもいい。所得階層で最下層10%もしくは20%の人の子どもがそれより高い所得階層に移行できるケースが多いほど、所得階層の流動性が高いと言える。所得階層の流動性が高いことは、所得の平等性が高いこととイコールではない。所得の平等とは、特定の時点での貧富の格差に関わるものだからだ。また、所得の流動性と、たとえば貧困を抜け出した人の数などの絶対数に関する議論も混同すべきでない。所得階層の流動性に関する指標は基本的に、世帯所得や社会的地位の相対的ランクが世代間でどの程度入れ替わるかに光を当てている。

[24] 関連するメカニズムについて、Costa and Kahn (2000) が論じている。ちなみに、この論文の著者２人は夫婦で、ともにロサンゼルスで好ましい職を見つけることができた。

[25] このような移住の減少については、Dao, Furceri, and Loungani (2014) を参照。

[26] Winship (2015, pp. 9-10) を参照。

[27] Graif (2015) を参照。貧しい世帯の子どもほど住む場所の影響を強く受けることについては、Chetty, Hendren, Kline, and Saez (2014, p. 1557) を参照。

[28] この研究については、Chetty, Hendren, and Katz (2015) を参照。Wolfers (2015) は、この研究やその他の関連する研究を要約して紹介している。13歳以上の子どもの半分に関しては、Sampson (2008) を参照。ほかにも興味深い発見がある。13～19歳で移住した子どもたちは、移住により経済状況が悪化した。おそらく、幼い頃に生活した地域の文化と規範をすでに吸収しており、質の高い学校や高度な規律に適応するのに苦労したのだろう。移住に伴う混乱によりダメージを被った可能性もある。しかも、これくらいの年齢で移住しても、好ましい環境で学べる年数は3年に満たない。このような子どもたちが大人になったときの所得は、移住しなかった子どもより13～15%少ない（ただし、この推計はあまり統計的に厳密とは言えない）。要するに、大きくなってから移住した子どもたちは、移住による恩恵に浴せなかったのだ。このような逆効果は、女の子より男の子にあらわれやすい。おそらく、女の子のほうが新しい環境に適応しやすく、危険の大きな地区から脱出することの恩恵も大きいのだろう。一方、大人の場合は、環境が変わっても経済状況は変わらないようだ。好ましい環境で育った女の子には、ほかにも恩恵がある。結婚し、子どもたちの父親と関係を維持できているケースが多く、大人になってから生活している環境も良好だ。性別と移住の関係については、Leventhal, Dupéré, and Shuey (2015, pp. 516-517) を参照。

[29] Sampson (2008) を参照。プログラムへの参加率については、Chetty, Hendren, and Katz (2015, p. 2) を参照。

[30] これらの地区については、Sampson (2000) および Chetty, Hendren, and Katz (2015, p. 13) を参照。

[5] Lemann (1991, p. 95).

[6] Lemann (1991, p. 201).

[7] Sharkey (2015).

[8] Molloy, Smith, and Wozniak (2014). 職を移る人が減っている傾向全般については、Hyatt and Spletzer (2013) を参照。

[9] Molloy, Smith, and Wozniak (2014). 地域別に見ると、いまアメリカで最も地理的移動が不活発なのは南部だ。南部はほかの地域より貧困層が多いが、移住によって貧困から抜け出すという選択肢は選ばれなくなっている。たとえば、2010年のデータによると、テキサス州生まれの女性が出産するケースの80%は、同州内での出産だ。テキサスが大きな州で、州内での移住の機会が多いという面もあるだろう。しかし、南部の住人がほかの地域に出ていかない傾向が強まっている面もあるように思える。アメリカで「専業主婦」の割合が多い上位11州のうち7州は、南部の州だ。南部以外の4州は、ウィスコンシン州、オハイオ州、インディアナ州、ミシガン州。中西部とラストベルト地帯の州である (Livingston, 2014)。

[10] Malamud and Wozniak (2010). 教育レベルと移住の間に因果関係があるという強い証拠がある。高いレベルの教育を受けると、将来の居住地に関する考え方が変わり、移住に前向きになるのだ。

[11] これらの点については、Livingston (2014) および Sharkey (2015) を参照。

[12] Davis and Haltiwanger (2014). さらに一般的な議論は、Molloy, Smith, and Wozniak (2013) を参照。

[13] Molloy, Smith, and Wozniak (2014) を参照。"Three in Ten U.S. Jobs Are Held by the Self Employed and the Workers They Hire" (2015) および Hyatt and Spletzer (2016) を参照。Molloy, Smith, Trezzi, and Wozniak (2016) もアメリカの労働市場の流動性低下を論じている。

[14] Hyatt and Spletzer (2016, p. 2).

[15] Scott (2015) を参照。

[16] Ganong and Shoag (2012) を参照。ちなみに、州間格差の縮小傾向が弱まったことは、所得の不平等にも影響を及ぼしている。1940～80年の時給格差の縮小は、約30%が州間格差の縮小によるものだった可能性がある。

[17] Hyatt and Spletzer (2013) を参照。

[18] Kleiner and Krueger (2013), Occupational Licensing (2015), Rodrigue and Reeves (2016) を参照。州間移住の少なさに関しては、Kleiner (2015) を参照。

[19] Bergin, Feenstra, and Hanson (2009) を参照。

[20] この分析は、Cadena and Kovak (2013) による。

[21] Molloy, Smith, and Wozniak (2014) はこの仮説を詳しく検討している。

[22] 教育レベルが低い働き手向けの職の不足が移住の妨げになる可能性については、たとえば Amior (2015) を参照。

[23] Davis and Haltiwanger (2014) を参照。あらためて確認しておくと、本章では所得階層の流動性に関する議論をする際、標準的な定義と枠組みを用いている。具体

注

※リンクは原著刊行時点のものです

第1章　現状満足階級の誕生

[1]　Burrough (2015, p. 5) を参照。ワッツ暴動については、Bloom and Martin (2013, p. 29) および Barber (2010) を参照。

[2]　Hsieh and Moretti (2015).

[3]　自動車文化については、Fisher (2015) を参照。Samuelson (2016) および Highway Loss Data Institute (2013) を参照。

[4]　Graeber (2015, pp. 109-110).

[5]　Steuerle (2014).

[6]　"Bailout Barometer" (2016).

[7]　Bossard (1932) および Ansari and Klinenberg (2015) を参照。

[8]　*Attica* (1972) を参照。

[9]　オースティン人気については、A. McCall Smith (2015) を参照。

[10] Sharpe (2015) および Schwarz (2015) を参照。

[11] Sax (2015, p. 59) を参照。具体的な数字は推計によってまちまちだが、その数字は総じて大きい。

[12] Sax (2015, pp. 41-42) を参照。一次資料は、Robinson (1969) および Kaiser Family Foundation (2010) を参照。

[13] 綱引きについては Boehm (2015) を、『スター・ウォーズ』については Quinn (2015) を参照。

[14] "Student Testing in America's Great City Schools" (2015) を参照。

[15] Thompson (2016) を参照。

[16] Cowen (2013, p. 53) を参照。

第2章　移住大国の変容

[1]　Jasper (2000, p. 75) を参照。

[2]　Tocqueville (1969), bk. 1, pp. 374-77.

[3]　Ferrie (2005, p. 17).

[4]　アフリカ系アメリカ人の移住が平均賃金の上昇につながるという考え方に懐疑的な議論は、Eichenlaub, Tolnay, and Alexander (2010) を参照。移住者の平均寿命が短いことを指摘したものとしては、D. Black, Sanders, Taylor, and Taylor (2015) を参照。

*

200, 216
ベル、ダニエル　247
ヘンドレン、ナサニエル　56
暴動　7-9, 24, 63, 95, 167-88, 234, 237, 242, 255
暴力　24, 25, 29, 30, 63, 65, 167-80, 187, 239, 245, 247, 263
ボウリング　248
ボルティモア暴動　163, 168, 172, 234

【マ行】

マー、ジャック（馬雲）　191-2
マイホーム　6, 41-2
マクロ経済学　261
マスク、イーロン　13, 119, 120
マッチ・ドット・コム　21, 151
マッチング　21-5, 68, 83, 129, 130-60, 196, 205, 208, 223, 244
マリファナ　26, 34, 138
マルクス、カール　268
ミズーリ大学　234, 238, 239, 240
ミレニアル世代　15-6, 29-30, 124, 144, 165-6
民主主義　209-32, 233, 254, 259-60, 268
民主党　75, 88-9, 202-3, 209, 236, 252
ミンスキー、ハイマン　261
無形資産　103
メキシコ　46, 50-1, 115, 198, 231
メディケア　210, 215
メディケイド　210
メランダー、シャーロッタ　71-2, 77
メルヴィル、ハーマン　36
メルケル、アンゲラ　229
モーテンセン、デール　152-3
モレッティ、エンリコ　12, 59-60

【ヤ行】

ユーチューブ　132-4, 142, 144, 157, 161
ユニコーン企業　9, 99, 101

【ラ行】

ラウチ、ジョナサン　204
ラムスデン、リンダ　175
リシャウスキー、マーク　15
リビア　172, 216-7, 266
劉永行　192
レーガン、ロナルド　17, 18, 55, 94, 252
レッティエリ、ジョン　30
レマン、ニコラス　39
連邦最高裁　176, 184-5, 203
ローガン、ジョン・R　85
ローダー、オリヴァー　248
ロシア　124, 243, 258-60, 264-5, 275-6
ロス、アルヴィン　150-1

【ワ行】

ワーナー、マイケル　203-4
ワシントン大行進　185
ワシントンDC　14, 72, 170, 182-4, 201, 275
ワッツ暴動　8, 168
王文銀　192-3

【ABC】

ADHD　27-8
EU離脱（イギリスの）　226-30, 255, 259, 275-6
ISIS（イスラム国）　123
LGBT　26, 72, 104, 160, 203
NIMBY　10-1, 24, 66, 176, 185
S&P500　103

転職　9, 34, 43-6, 48-9, 51-4
ドイツ　40-1, 102, 229
トインビー、アーノルド　268
トウェイン、マーク　36
投資の枯渇　104-5
同性愛者　26, 72, 137, 172, 203
同性婚　104, 172, 202-4
同類婚　23, 139, 196
トクヴィル、アレクシ・ド　37, 90, 174, 206-7, 219-24, 225-6
独占　101-4
土地利用規制　60
特許　103, 107-8, 113
ドラッグ　6, 17, 26
トランプ、ドナルド　5, 7, 31, 75, 93, 209-10, 213, 236-7, 239, 242, 244, 253-6, 264, 271-5, 277
トリガー警告　25
トルコ　259, 266-7
トレヴァートン、グレゴリー・F　263
ドローブリッジ　142

【ナ行】
ナイジェリア　243
二極化　19, 48, 69, 89, 241
ネオナチ　175

【ハ行】
ハースト、ダミアン　235
バーミングハム運動　173
バウサム、アム　172
パットナム、ロバート・D　156
バブコック、ケンドリック・チャールズ　101
パレート、ヴィルフレド　196
犯罪　7, 33, 91, 95, 167-8, 235-6　→サイバー犯罪、暴動も参照
汎神論　222-3
ピサリデス、クリストファー　152-3
ビッグデータ　158
100万人大行進　186
平等　26, 31, 160, 169, 193, 208, 221
ピンカー、スティーブン　263
貧困　55-7, 69, 73, 87, 156, 191, 193, 194-7, 206, 235-6, 260
ファーガソン暴動　7, 63, 168-9, 178-9, 234, 237
ファッション　204-7
不安定　49-53, 174, 225, 261, 263-6
フィオリーナ、モリス　89
プーチン、ウラジーミル　264
フェイスブック　21, 29, 47, 111, 124-5, 128-9, 140, 144, 193, 246, 275
フクヤマ、フランシス　8
不平等　75, 115, 139, 253-5
ブラックパンサー党　26, 168-70, 186
ブラック・ライブズ・マター　169
フランス　214-5, 263
フランス革命　174
フリードマン、ミルトン　114
ブリン、セルゲイ　199
プリンストン大学　100, 238
プロファイリング　159
フロリダ、リチャード　32, 71-2, 77, 262
分断　→全章
米国愛国者法　183
ヘーゲル、ゲオルグ・ヴィルヘルム　268
ペット　147-8
ベトナム戦争　17, 168, 170, 171, 172,

所得（給料）　16, 39, 42, 45, 48, 52-3, 59, 113-6, 128, 135, 152, 255, 279
所得階層　10, 12, 63, 67, 68-70, 75, 88, 116, 193-9, 208, 254
ジョンソン、ロン　177
シリア　123, 172, 217, 264-6
シリコンバレー　14, 38, 47, 73, 85-6, 96, 112, 121, 158, 206, 278
新興企業　9, 30, 34, 77, 96-7, 99, 233
人種差別　38, 67-9, 79-83, 90, 173, 185, 238-40, 242
進歩主義　75, 87
ステゥーリ、C・ユージン　211
ストゥーリ・ローパー財政民主主義指数　211
ストーンウォールの反乱　172
スポティファイ　21, 130-3 , 133, 151
生活水準　5, 31, 66, 93, 96, 113-7, 124-5, 129, 148, 197, 231, 233
生産性　3, 12, 18, 20, 32, 48, 52, 58, 60, 93-4, 108-13, 115, 124-9, 151, 157, 159, 161, 233, 257, 259
政治学　218-9
製造業　31, 39, 44-6, 48, 71, 74, 102, 103, 107, 209
性的指向　137, 160
政府への信頼　250-1
政府予算　19, 211-6
セルマ大行進　180
全要素生産性（TFP）　108-10
創造性　53-54, 72, 78, 107, 222　→イノベーションも参照
ソーシャルメディア　15, 22, 27, 109, 111, 135, 158-9, 176, 186, 239, 245, 275

【タ行】

ダーション、ホアン　178
ターナー、フレデリック・ジャクソン　36
大学都市　10, 72, 76-8
大恐慌　38
ダイナミズム（流動性／変化）　4, 12, 17-20, 32-3, 38, 53, 95-101, 189-208, 233, 241, 256-8
第二次世界大戦　13, 18, 38, 44, 121, 263, 266, 268
大不況　52, 97, 114, 212, 234-6
ダウンズ、アンソニー　218-9
多文化主義　3, 76
多様性（ダイバーシティ）　76, 84-5, 122, 160-1
タレブ、ナシーム・ニコラス　249-50, 263
チェティ、ラジ　56
チャーチル、ウィンストン　213
中国　50, 189-97, 207, 223-4, 227, 231, 243, 258-60
中東　123, 258, 260, 262, 264-7
中南米　46, 51, 55-7, 67, 69, 79-81, 230-1
中流層　6-8, 66, 69-70, 73, 116, 125, 144, 148, 174, 196, 231, 259
ツイッター　21, 95-6, 201, 275
ティール、ピーター　13, 121
停止状態　7, 10-1, 14, 18, 32-3, 62, 68, 77, 96, 98, 101, 104, 115-6, 118, 129, 156, 196, 212-4, 220, 222, 225, 230, 232, 237
停滞　17-21, 30, 53, 93-5, 108-13, 125, 187, 189, 208, 221, 233, 259
テレビ　28, 63, 117-8, 142-3, 153, 186-7

教育レベル　5, 42, 68, 70, 71-7, 83-4, 87, 115-6, 156-7, 180, 205, 238, 254, 257
共産主義　17, 114, 122, 124, 191-4, 268
共和党　75, 89, 93, 202-3, 209, 236, 252, 253, 255
ギリシャ　261, 266-7
キング、マーティン・ルーサー　173
金融危機　33, 55, 109, 253, 260-1
グーグル　47, 85, 103-4, 111-2, 124-5, 127, 132-3, 155, 157-8, 199, 206, 278
グライフ、コリーナ　55
クライン、エリック・H　267
クリントン、ヒラリー　209, 236, 255, 271-2
グレーヴァー、デヴィッド　16
クレディ・スイス　160
グローバリゼーション　43, 49-50, 183
警察　7, 24, 63, 65, 95, 168-9, 172-3, 176-83, 186, 245-6, 248
ゲイツ、ビル　95-6, 206
刑務所暴動　24
ケインズ、ジョン・メイナード　152
結婚　10, 21-3, 136-9, 146, 153-4, 203, 252
ケルアック、ジャック　36
研究開発　106-7
現状満足階級　→全章
建築規制　12, 58, 60-1, 83
ケント州立大学　170
言論の自由　104, 178, 181, 184-5, 191, 231
恋人探しサイト　136-9, 140-1, 153
抗鬱剤　27, 256
抗議活動　24, 73, 169-71, 174-78, 180-88, 234, 238-41
高級化　14, 67, 70, 78, 84, 279
公的年金　210
高等教育　93, 100-101, 148-9
行動経済学　163
幸福感（幸福度）　7, 22, 72, 130-66, 196
幸福資本　143-8
公民権運動　63, 80, 86, 173-75, 180
国際通貨基金（IMF）　229
国内総生産（GDP）　12, 22, 60, 105, 106, 122, 124-9, 134, 214, 233-4

【サ行】
サイバー戦争　243, 278-9
サイバー犯罪　242-9, 278-9
ザッカーバーグ、マーク　191, 193
サブプライムローン　234-6
サミュエルソン、ポール　114
サリヴァン、アンドリュー　203-4
サンダース、バーニー　5, 93, 180, 209, 236
シヴァーソン、チャド　127
謝長泰　12, 59-60
ジェンダー　30-1, 52, 113-4, 139, 160, 169, 203
慈善活動　91, 145, 206, 215
自動車文化　15-6, 120-1, 201
資本サービス量　105
市民的不服従　24
ジャスパー、ジェームズ・M　35
シュペングラー、オズヴァルド　268
シュワルツ、バリー　163
循環理論　260, 268
情報喰い　155
情報テクノロジー　4, 9, 21, 24, 41, 109, 112, 126-9, 141, 155-6, 241, 259
「女性化」された文化　30-1

索 引

【ア行】
アイゼン、ローレン゠ブルック　248
アイチューンズ　132, 134
アウトソーシング　46, 49-53, 110, 159
アッティカ刑務所暴動　24
アップル　14-5, 106, 111, 132-3, 278
アパルトヘイト・スクール　84
アマゾン　14, 121, 132, 134, 142, 145-6, 201, 246, 278
アレン、ウディ　25
イーベイ　143-6
イギリス　37, 226-30, 255, 259
移住　9, 12-61, 98, 149, 163, 198-9, 220-1, 233, 256, 258
イップ、グレッグ　262
イノベーション　3, 10, 18, 26, 33, 38, 93-129, 159, 171, 249, 279　→創造性も参照
移民　38, 46, 64, 67, 77, 80, 86, 115, 197-200, 209, 227, 230, 258, 277-8
イラク　123, 181, 216-7, 265, 267
イラン　243, 265, 267
医療　6, 102, 115, 123, 148-50
医療保険改革（オバマケア）　123
ヴィーコ、ジャンバッティスタ　268
ウィキペディア　73, 122, 124, 129, 186
ウーバー　16, 30, 43, 97
ウォール街占拠運動　178-80
ウクライナ　124, 258, 264
エアビーアンドビー　30, 97
エヴァーズ、メドガー　173
エドワーズ対サウスカロライナ州判決　185
オイル・ショック　18
欧州委員会　229
欧州中央銀行　229
欧州連合（EU）　226-30, 259
大いなる平穏　260-1
大いなるリセット　32-3, 237, 247, 253, 262
オースティン、ジェーン　25, 70-1
オバマ、バラク　64, 67, 123, 172, 202, 211, 216, 272
音楽産業　134-5

【カ行】
カーター、ジミー　94
カウンターシグナリング　205-6
カッツ、ローレンス　56
カナダ　248
カリア、アジャイ　131
寛容性　3, 5, 23, 76-7, 137, 160, 204, 268
北アフリカ　264-5
9.11 テロ　7, 182-3, 250, 259
教育　4-6, 31, 42, 61, 62, 65, 68, 71-8, 83-5, 100-1, 113, 116, 139, 171, 197, 215, 256　→教育レベル、高等教育も参照

著者紹介

タイラー・コーエン（Tyler Cowen）

米国ジョージ・メイソン大学経済学教授・同大学マルカタスセンター所長。一九六二年生まれ。ハーバード大学にて経済学博士号取得。「世界に最も影響を与える経済学者の一人」（英エコノミスト誌）。人気経済学ブログ「Marginal Revolution」（www.marginalrevolution.com）、オンライン教育プロジェクト「MRUniversity」（www.mruniversity.com）を運営するなど、最も発信力のある経済学者として知られる。著書に全米ベストセラー『大停滞』『大格差』（以上、NTT出版）、『フレーミング』（日経BP社）など。ニューヨーク・タイムズ、ウォール・ストリート・ジャーナル、ワシントン・ポストほか各紙にも寄稿。

解説者紹介

渡辺靖（わたなべ・やすし）

慶應義塾大学SFC教授。専門はアメリカ研究、文化政策論。一九六七年生まれ。ハーバード大学大学院博士課程修了（Ph.D. 社会人類学）。ハーバード大学国際問題研究所、オクスフォード大学シニア・アソシエート、ケンブリッジ大学フェローなどを経て現職。著書に『アフター・アメリカ』（慶應義塾大学出版会、サントリー学芸賞）、『リバタリアニズム』（中公新書）他多数。

訳者紹介

池村千秋（いけむら・ちあき）

翻訳家。訳書にコーエン『大停滞』『大格差』、ボネット『WORK DESIGN』（以上、NTT出版）、モレッティ『年収は「住むところ」で決まる』（プレジデント社）、グラットン＋スコット『LIFE SHIFT』（東洋経済新報社）他多数。

大分断

――格差と停滞を生んだ「現状満足階級」の実像

二〇一九年七月四日初版 第一刷 発行

著者 タイラー・コーエン
解説者 渡辺靖
訳者 池村千秋
発行者 長谷部敏治
発行所 NTT出版株式会社
〒一四一-八六五四 東京都品川区上大崎三-一-一
JR東急目黒ビル
営業担当 電話 〇三-五四三四-一〇一〇
ファクス 〇三-五四三四-一〇〇八
編集担当 電話 〇三-五四三四-一〇〇一
http://www.nttpub.co.jp/

装丁 松田行正＋杉本聖士
本文組版 株式会社キャップス
印刷・製本 精文堂印刷株式会社

ISBN 978-4-7571-2363-2 C0033
乱丁・落丁本はおとりかえいたします。
定価はカバーに表示しています。